DERIVAÇÃO E POSITIVAÇÃO NO DIREITO TRIBUTÁRIO

CIP-BRASIL. CATALOGAÇÃO NA PUBLICAÇÃO
SINDICATO NACIONAL DOS EDITORES DE LIVROS, RJ

C327d
2. ed.

Carvalho, Paulo de Barros

Derivação e positivação no direito tributário, volume II / Paulo de Barros Carvalho. - 2. ed. - São Paulo : Noeses, 2017.

416 p. ; 23 cm.

Sequência de: Derivação e positivação v. I

Continua com: Derivação e positivação v. III

Inclui bibliografia

ISBN 978-85-8310-091-1

1. Direito tributário - Brasil. I. Título.

17-44683 CDU: 34:351.713(81)

Paulo de Barros Carvalho
Professor Emérito e Titular da PUC/SP e da USP

DERIVAÇÃO E POSITIVAÇÃO NO DIREITO TRIBUTÁRIO

2ª Edição

LIVRO II

editora e livraria
NOESES
2017

Fundador e Editor-chefe: Paulo de Barros Carvalho
Gerente de Produção Editorial: Rosangela Santos
Arte e Diagramação: Equipe Noeses
Revisão: Equipe Noeses
Designer de Capa: Aliá3 - Marcos Duarte

2017

editora e livraria
NOESES

Editora Noeses Ltda.
Tel/fax: 55 11 3666 6055
www.editoranoeses.com.br

Ao prezado amigo Senador José Agripino Maia, modelo de competência política e de seriedade de conduta na vida parlamentar brasileira.

Aos ilustres advogados que há muito tempo me acompanham:

Antonio Sergio Falcão
Maria Leonor Leite Vieira
Fabiana Del Padre Tomé
Sandra Cristina Denardi
Robson Maia Lins
Tácio Lacerda Gama

NSC

PLANO DA OBRA

LIVRO I

Sistema Constitucional Tributário

Competência Tributária e Imunidade

Sanções Tributárias

LIVRO II

Tributos Federais

Tributos Estaduais

Tributos Municipais

LIVRO III

Sujeição Passiva

Procedimento e Processo Tributário

Deveres Instrumentais

ÍNDICE

Tributos Federais

Tributos Municipais

A questão jurídico-tributária concernente à cobrança do Imposto sobre Serviços de Qualquer Natureza (ISS) dos prestadores de serviços notariais e de registros públicos

NOTAS PARA A SEGUNDA EDIÇÃO DESTE LIVRO

Os assuntos versados neste volume são questões de fundo prático, cujo encaminhamento sugere respostas objetivas, animadas pelo propósito de oferecer referências doutrinárias aplicadas em decisões produzidas no âmbito mesmo de concretude da experiência diária na aplicação dos tributos. Distam de ser, portanto, meros exercícios de reflexão sobre o impacto jurídico, político ou econômico das exações fiscais acerca dos vários temas aqui tratados e desenvolvidos. Advém daí o caráter técnico da linguagem utilizada, porque o direito positivo não se exprime de outra maneira e falar dele, discutindo-lhe os termos, ainda que pudesse assumir a multiplicidade possível das metalinguagens, supõe o exame inicial pelo ângulo técnico.

Aproveito, porém, para dizer que não existe aquilo que poderíamos chamar de linguagem "quimicamente pura". A qualificação se rege pela dominância, apurada pelos princípios inerentes à coesão e à consistência. Associa-se a primeira às ideias de aglutinação, concentração, conexão entre argumentos, ao passo que a segunda nos conduz ao grau de sustentação que o grupamento oferece ao todo textual. Ambos os conceitos não se confundem, tendo suas especificidades. Ali onde houver a insistência de termos filosóficos, científicos, técnicos ou de linguagem natural, obviamente agrupados em porções significativas que possam caracterizá-los como prevalecentes ou preponderantes, perceberemos que o texto ficará impregnado por aquela tendência, por aquele "valor", de tal modo que se justifica chamá-lo de filosófico, científico, técnico ou vertido em linguagem ordinária ou natural.

Eis o caso das comunicações passadas com os temas desta segunda edição, espaços em que predominam os termos da linguagem técnica, pontuados por marcadores de conectividade, cadeias de referência e progressões temáticas que confirmam esse nível de qualificação textual.

São Paulo, 10 de setembro de 2.017

Paulo de Barros Carvalho

INTRODUÇÃO QUE TAMBÉM MUITO IMPORTA LER

O movimento a que chamamos *derivação* está integralmente contido no âmbito da *interpretação*. Esta, porém, é mais abrangente, assumindo a forma de atividade que se propõe atribuir sentido ao texto normativo ou nomear o próprio resultado dessa ordem sequencial. Eis a *interpretação* como processo/produto, dualidade que costuma trazer certos problemas de índole semântica, num discurso que se pretenda mais rigoroso. De minha parte, não utilizo a palavra no sentido de descobrir, extrair, revelar, mas sim de construir, elaborar, atribuir e outros sinônimos, como se fora uma tradução, pois reformula o texto examinado, oferecendo-o em outros padrões linguísticos. Na sua ínsita bidirecionalidade (aspecto já mencionado no primeiro volume), a interpretação é pressuposto indeclinável da aplicação, onde se situa a positivação do direito e abriga igualmente o processo conhecido por integração, quando o intérprete se depara com lacunas e antinomias. Não fosse assim, aliás, e as porções de enunciados prescritivos que exibissem problemas desse teor seriam ininterpretáveis, o que me parece uma conclusão absurda. Tenho por assente que a integração é apenas um momento do percurso gerador de sentido, fazendo parte do processo interpretativo.

Aproveito a oportunidade para fixar alguns termos que darão mais firmeza à mensagem. Em escritos anteriores, tenho utilizado a dualidade *norma jurídica em sentido amplo* e *norma jurídica em sentido estrito*, fazendo valer um recurso clássico do pensamento cognoscitivo, que propicia o avanço do raciocínio nos horizontes da ciência e da filosofia. Desse modo, toda e qualquer frase lavrada em documentos normativos, ainda que não apresentada mediante referências deônticas, adquiriria o status de *norma jurídica em sentido amplo*, ao passo que as construções de sentido que nossa mente organiza segundo o esquema lógico do juízo hipotético receberia o nome de *norma jurídica em sentido estrito*. De ver está que estas últimas nunca aparecem revestidas da forma de enunciados prescritivos. Não aparecem, mas comparecem na condição de conteúdo daquelas formas. Mesmo que o legislador apresente o comando montado segundo modelo condicional-hipotético, o destinatário terá de adjudicar significação às peças do juízo, para outorgar substância à mensagem legislada. Quer isso dizer que as *normas jurídicas em sentido estrito* não dispensam o trabalho interpretativo de construção do significado, o que implica reconhecer que o mundo dessas normas (em sentido estrito) é da ordem do inefável, insusceptível, portanto, ao conhecimento pela via da intuição sensível, pela singela leitura, por exemplo, se estivermos tratando de texto escrito. Dou como premissa também que o processo interpretativo é sempre necessário: de que maneira afirmar a clareza de um dispositivo sem atribuir-lhe significação? Penso ser, por isso, absolutamente descabido o brocardo latino *in claris non fit interpretatio* ou *interpretatio cessat in claris*. O tema da interpretação é amplo e requer apurado esforço de pesquisa para fins de sistematização apropriada. O que se faz aqui são simples anotações, proporcionando material para pensarmos um pouco mais a respeito do assunto. No hemisfério das correlações, que tanto favorecem o conhecimento e a absorção das ideias, poderíamos dizer que a *derivação* está para a *interpretação*, assim como a *positivação* está para a *aplicação* do direito. Formalizando, $D : I :: P : A$.

Pois bem, foi em função de reflexões como essas que entendi mais recomendável à precisão da linguagem normativa, utilizar a expressão *enunciado prescritivo* para mencionar a forma escrita consignada no texto, reservando a entidade *norma* para aludir à construção de sentido que o intérprete elaborou (refiro-me, novamente, ao documento escrito, mas vale para outras linguagens em que o direito se manifeste). Não travamos contacto com as normas pela visão ou por outra intuição sensível, de modo que, se quisermos transmiti-las, deveremos criar formas específicas que, por sua vez, serão objeto de interpretação por quem as recebe. A intermediação da forma é indispensável. Se o sujeito A pretende transmitir ao sujeito B u'a norma N, deverá expedir a forma F, que será interpretada pelo receptor. Sendo eficaz a escolha da forma, B terá em sua mente o conteúdo de significação pensado por A. Agora, de quantos enunciados prescritivos precisarei para chegar a u'a norma, isso vai depender do grau de complexidade da elaboração legislativa. Claro está que a produção de uma simples unidade costuma não ter o condão de fazê-lo. Todavia, de uma pluralidade de enunciados, como soe acontecer, chegaremos ao mandamento do legislador (empregada a palavra aqui, em sentido largo).

Aproveito para estipular, também, a expressão *documento jurídico-prescritivo* como aquele que contém enunciados dessa ordem. Seja ele o Estatuto Supremo, uma lei, atos do Poder Judiciário, atos do Poder Executivo e até os do setor privado, no modo próprio que a ordem jurídica prevê, como o testamento, os contratos, os atos unilaterais de vontade etc. O *documento jurídico-prescritivo* é a base física, o substrato material em que os sujeitos de direito materializam seus atos de fala. Trata-se de dado tangível que chega ao destinatário para ser objeto de interpretação.

Sendo assim, a matéria de que se ocupa a Ciência do Direito não é, somente, o conjunto das normas positivadas pelos órgãos do sistema, mas tudo começa no encontro com os *enunciados* inscritos nos *documentos prescritivos*. As "normas" ou "regras", como indistintamente venho empregando, são construções do intérprete que assim opera, seja para ter acesso à substância da mensagem, com animo cognoscitivo, seja para aplicar o direito ao caso concreto, realizando sua eficácia prescritiva. O primado da *intermediação da forma* brilha novamente pela sua presença. Aquele que pretenda simplesmente conhecer o conteúdo jurídico do direito positivo terá que partir da forma dos enunciados e construir as unidades normativas, estruturando-as, depois, na forma superior de sistema. De igual maneira, as autoridades competentes, enquanto órgãos credenciados, terão que empreender idêntico processo, partindo da base empírica (forma) dos enunciados, para compor os juízos hipotético-condicionais, esquema inafastável do aparecimento das normas. Ambos, porém, tanto o agente do conhecimento, como o aplicador, responsável pela positivação do direito, haverão de expressar os conteúdos obtidos mediantes outras formas. O método empírico-dialético, próprio dos objetos culturais, como o direito, aparece aqui com toda a força de sua evidência.

Dessas anotações advém uma conclusão importante: o percurso de acesso que nos leva à formação das normas não é privilégio dos aplicadores, nem exclusividade do cientista. É *estação obrigatória para os dois*. O primeiro, como condição da expedição de outras normas; o segundo, como instância imprescindível para desenvolver a tarefa crítico-descritiva que se propõe realizar.

Aproveito o espaço para intercalar esclarecimento muito importante: nesta obra, diferentemente daquilo que o leitor poderia supor, não estão ainda consignados os termos que acima propus. Tratando-se de coleção de estudos e pareceres feitos há algum tempo, por certo não conterão os acréscimos correspondentes àquelas reflexões.

O segundo volume, todavia, segue a sorte do primeiro: estudos jurídicos organizados sobre situações submetidas à análise mediante questões bem definidas e apresentadas a título de perguntas. O procedimento retórico desenvolve-se com os mesmos traços dialógicos, oferecendo variações ocorrentes em virtude de conteúdos que oscilam de capítulo para capítulo. São três as partes em que se divide o presente trabalho: tributos federais, tributos estaduais e tributos municipais. Na parte final, as dúvidas foram relacionadas, ponto por ponto, facilitando eventuais procuras.

Reitero as explicações que aduzi a respeito das referências bibliográficas e renovo a promessa de oferecer índice remissivo de matérias e de autores ao editar o terceiro livro da série.

São Paulo, 25 de fevereiro de 2.013

Paulo de Barros Carvalho

TRIBUTOS FEDERAIS

TRIBUTOS FEDERAIS

Tema XIII

AS OPERAÇÕES DE "FACTORING" E O IMPOSTO SOBRE OPERAÇÕES FINANCEIRAS

Sumário: 1. Metodologia de aproximação. 2. Operações de "factoring" – características e natureza. 3. Princípios gerais de direito privado – algumas regras de interpretação. 4. O conceito de tributo e sua natureza. 5. Subsunção do conceito do fato ao conceito da norma. 6. Dos Impostos sobre Operações Financeiras – IOF: sua hipótese de incidência. 7. As operações de "factoring" e o critério material do imposto sobre operações financeiras. 8. Conclusões.

1. METODOLOGIA DE APROXIMAÇÃO

A qualquer trabalho que pretenda assumir foros de seriedade científica há de pressupor uma linha diretiva apta para demonstrar, a cada instante, o grau de desenvolvimento do raciocínio, o modo de elaboração das ideias e o esquema de concatenação que o autor julgar apropriado para organizar a pesquisa e apresentar os resultados pretendidos.

A referência ao método é de substancial interesse ao leitor, pois facilita, sobremaneira, o acompanhamento seguro dos conceitos expostos, permitindo, àquele que lê, a possibilidade de aferir a consistência do raciocínio e a coerência do discurso. Sem adoção de plano metodológico definido e conveniente ao arranjo descritivo, o esforço poderia significar a somatória de informações e de dados que diriam sobre o assunto sem tocar-lhe a índole; esclareceriam a matéria, sem apreender-lhe a natureza. Mas, se a declaração antecipada dos caminhos a serem percorridos tem o condão de favorecer o entendimento das ideias que se entrelaçam, por outro lado se apresenta como ameaça constante para desvelar os tropeços e equívocos que o trabalho abriga, servindo de índice implacável de seus desacertos e de suas contradições. Esse risco, todavia, não há de ser contornado.

Tomarei o direito positivo em vigor no Brasil como corpo de linguagem prescritiva que se dirige à região material da conduta humana, nas suas relações de intersubjetividade. Simplesmente opto, dentro da pluridimensionalidade com que se apresenta o fenômeno jurídico, pelo segmento da linguagem, como algo inerente e indissociável a toda e qualquer manifestação do direito. Se procede a proposição afirmativa segundo a qual onde houver direito haverá sempre normas jurídicas, não menos verdade será que, ali onde houver regras de direito haverá, necessariamente, uma linguagem em que elas se manifestem. E é pelo *factum* da linguagem que me proponho ingressar no seu estudo, para poder observá-lo e conhecê-lo na sua intimidade constitutiva.

A tradição nos oferece vários métodos interpretativos. Os modernos estudos realizados pela Hermenêutica Jurídica, porém, nos levam a interpretar o direito de maneira sistemática, quer dizer, sendo a norma qualificada como jurídica porque faz parte do sistema do direito positivo, deve ela ser compreendida com base no conhecimento desse sistema. E a primeira providência é tomar contato com a literalidade dos textos do direito posto, passando, em seguida, aos demais instrumentos de construção de sentido e organização hierárquica.

Tudo como forma de concluir a respeito da possibilidade de enquadrar a atividade de *factoring* no campo material das condutas sujeitas à incidência do Imposto sobre Operações Financeiras – IOF.

Cravando o pressuposto da imprescindibilidade de uma metodologia para toda Ciência que pretenda resultados objetivos, formularei, logo adiante, indagações acerca do tema proposto, com o intuito de tomá-las como fio condutor para a análise que se seguirá. Aqui estão:

1. Em que consiste a operação de "factoring"? Quais as vantagens em se optar pela "factorização"?

2. É possível equiparar as atividades das instituições financeiras às atividades das empresas de "factoring"? A cessão de crédito das empresas de"factoring" poderia ser equiparada à operação de crédito das instituições financeiras?

3. Qual é o critério material do IOF? É possível presumir a ocorrência da hipótese de incidência do IOF nas operações de "factoring"?

2. OPERAÇÕES DE "FACTORING" – CARACTERÍSTICAS E NATUREZA

Em tempos passados, quando o comércio era fundado nas trocas de mercadorias, surgia a figura do agente mercantil para facilitar o levantamento de recursos indispensáveis para que o comerciante pudesse impulsionar e girar seus negócios, mesmo porque inexistia moeda. Comprar créditos comerciais para obter recursos é prática das mais remotas épocas da civilização.

Na fase dos descobrimentos, com a conquista dos territórios ultramarinos, foram estabelecidas nas colônias as "factorias", que representavam centros comerciais convergentes entre a Metrópole, as colônias e os povos vizinhos. Nos Estados Unidos da América, ainda colônia da Inglaterra, os *"factors"* não apenas administravam os estoques de produtos, mas garantiam o pagamento como agentes *del credere*.

Com a venda dos créditos, que advinham da comercialização dos bens, pelos produtores ou fornecedores, os "factors" sentiram-se no direito de cobrá-los como se seus proprietários fossem. O "factor", que a princípio se limitava a prestar serviços de comercialização, distribuição e administração, passou a exercer o papel de fornecedor de recursos.

Procurando as raízes históricas, observamos que a "faturização" – em tradução livre – encontra origens no próprio direito comercial: ambos apareceram em razão das necessidades próprias de uma época. Assim como o segundo decorreu de desdobramento do direito romano-canônico, então vigente, a primeira derivou de soluções ditadas por exigências econômicas. Com o desenvolvimento das colônias, o comércio reclamava por institutos que pudessem contribuir para a superação dos novos problemas surgidos, tais como a precariedade das vias de comunicação, a distância entre o local da produção dos bens a serem comercializados e o de sua efetiva comercialização, os riscos inerentes ao próprio transporte das mercadorias e, ainda, a necessidade de conhecer, à distância, os desejos da clientela e a forma mais adequada de colocar os produtos.

Acompanhando o passar dos anos, a "faturização" sofreu modificações importantes, advertindo alguns estudiosos que teria perdido o caráter comercial, para assumir feição nitidamente financeira, em virtude dos novos mecanismos de troca surgidos com a expansão industrial. Outros, contudo, não vêem a possibilidade de generalização, em face das características comerciais que permeiam toda a atividade.

No Brasil, a Circular n. 703 do Banco Central, editada em 1.982, pretendeu esclarecer a natureza daquelas operações de "faturização", bem como reservar a competência do Conselho

Monetário Nacional para disciplinar a matéria, dispondo que as operações conhecidas por "factoring", compra de faturamento ou denominações semelhantes, nas quais ocorrem a aquisição, administração e garantia de liquidez dos direitos creditórios de pessoas jurídicas, decorrentes do faturamento da venda de seus bens e serviços, apresentam, na maioria das vezes, características e particularidades parecidas com aquelas privativas de instituições autorizadas pelo Banco Central.

Em 1.982, após longa caminhada para decifrar e adequar o conceito de "factoring", ficou estabelecido que poderia servir, principalmente, como apoio técnico, administrativo e gerencial às pequenas e médias empresas. No ano de 1.986, o extinto Tribunal Federal de Recursos, de forma unânime e irrecorrível, decidiu que "factoring" é *atividade essencialmente comercial*. Por conseguinte, o Banco Central editou a Circular n. 1.359/88, reconhecendo a atividade como *"comercial não-financeira"*.

Tecidas essas notas, posso asseverar que a operação de "factoring", elaborada por intermédio de contrato atípico, consiste na prestação de serviços pela empresa de "factoring" ("factor") à empresa vendedora de mercadorias ou prestadora de serviços ("faturizada"), serviços esses que vão além da aquisição de faturamento, para abranger o cadastro de compradores e clientes, obtenção de informes sobre a situação econômico-financeira desses últimos, cobrança de títulos, repactuação da fórmula de recebimento de créditos e outras atividades correlatas, podendo compreender toda a gama dessas operações ou apenas parte delas, conforme avenças firmadas pelos contratantes. Algumas características podem ser destacadas da sua definição:

- O contrato de "factoring" acarreta a cessão do faturamento da empresa faturizada à empresa "factor", sem direito de regresso desta contra aquela, correndo, portanto, por conta desta última os riscos da cobrança e respondendo, a empresa faturizada, apenas pela existência e regularidade dos créditos em sua origem. Com isso, o "factor" torna-se proprietário definitivo e irreversível, desde o ato de cessão, dos créditos perante os compradores e clientes da empresa faturizada, passando a operar na cobrança, em seu próprio nome;

- A remuneração da empresa de "factoring" é estipulada em percentagem do faturamento a ela cedido, e estabelecida em correlação com o maior ou menor conjunto de ações requeridas do "factor", além do grau de risco nos recebimentos dos créditos, que será determinado em função dos aspectos anteriormente mencionados;

- O pagamento dos créditos pelo "factor" à empresa faturizada pode ser feito antecipadamente, no ato da cessão, ou na data do vencimento dos créditos. Havendo pagamento antecipado aos vencimentos dos créditos cedidos, na fixação do valor da remuneração do "factor", será considerado o custo financeiro correspondente;

- O objeto do contrato de "factoring", embora possa ter tríplice função (gestão de faturamento e crédito, garantia e, no caso de pagamento antecipado à empresa faturizada, uma forma de financiamento) não há de ser confundido com qualquer outro, especialmente o de seguro de crédito, desconto de títulos e financiamento.

A cessão de crédito na operação de "factoring" desenvolve-se de duas maneiras: com ou sem a emissão de título de crédito.

Para o Código Civil, basta que o devedor se declare ciente – por escrito, mediante instrumento particular ou público – da cessão de créditos realizada para que ela passe a ter eficácia em relação a sua pessoa. Mas, para operar efeitos contra terceiros, a cessão deve celebrar-se mediante instrumento público ou particular que se revista das formalidades de estilo prescritas no §1º do art. 654 do CC. O cedente não responde pela solvência do devedor, com exceção das hipóteses de estipulação expressa em sentido contrário.

Por outro lado, nos antigos domínios do direito comercial (quando existia a separação didática desses ramos do direito), a figura do "factoring" estava facilitada pela presença de títulos de crédito, entre eles a "duplicata", peculiar à venda mercantil e de fácil circulação.

Maria Helena Diniz define a atividade de "factoring", como:

> Contrato em que um industrial ou comerciante (faturizado) cede a outro (faturizador), no todo ou em parte, os créditos provenientes de suas vendas mercantis a terceiro, mediante o pagamento de uma remuneração, que consiste no desconto sobre os respectivos valores, ou seja, conforme o montante de tais créditos. Esse contrato que se liga à emissão e a transferência de fatura, é uma técnica de mobilização do preço oriundo de vendas comerciais. Constitui, na verdade, um financiamento de créditos a curto prazo, ligado à necessidade de reposição de capital de giro. Apresenta-se, portanto, como uma técnica financeira de gestão comercial, tendo tríplice objetivo: a) a garantia prestada pelo 'factor', que consiste na liquidação dos créditos cedidos pelo menos no vencimento, podendo, ainda, haver antecipação no 'conventional factoring'; b) a gestão comercial, ou gestão de créditos, ante a interferência do faturizador (factor) nas operações do faturizado, selecionando seus clientes, fornecendo-lhes informações sobre o comércio em geral e prestando serviços que diminuam seus encargos comuns; c) o financiamento da empresa faturizada, na medida em que o faturizador adquire seus créditos, pagando-os ao faturizado, e assume o risco com a cobrança e o não-pagamento das contas, sem ter direito de regresso contra aquele, isto é, em caso de falta de pagamento, deverá arcar sozinho com os prejuízos.[1]

---

1. *In Dicionário Jurídico*, São Paulo, Ed. Saraiva, 1.998, Vol. 2, p. 500.

Em apertada síntese, a "factoring" (função específica e exclusiva) assume o conjunto de operações e responsabilidades contábeis, de recuperação de créditos com os clientes de uma empresa industrial ou comercial. Dessa maneira, a empresa "faturizada" fica liberada de eventuais problemas contábeis, recuperação de crédito e contencioso, cedendo às mãos do "faturizador". É, portanto, uma forma de permitir que determinado segmento da economia consiga desenvolver-se possibilitando que um empresário-produtor aliene os direitos creditórios de sua produção aos empresários de "factoring" (serviços) que o substitui e passa a ser o verdadeiro titular daquela operação mercantil. Não há a intermediação bancária, o que reduz o custo operacional, e as empresas passam a receber a produção alienada com deságio, sendo a diferença entre o valor do título final e o pago para a empresa "faturizada", a receita da empresa de "factoring".

Diferentemente, as operações bancárias propõem-se realizar funções econômicas do crédito e versam sobre captação de capitais móveis e sua aplicação. Nas operações bancárias, portanto, a intermediação especulativa é o elemento caracterizador do ato de comércio, versando sobre os dois polos: captação e colocação de valores pecuniários. Quer isso significar que conquanto possam ser encontrados, na faturização, elementos símiles àquel'outros próprios de instituições financeiras – adiantamento, desconto e financiamento –, tais operações são realizadas com recursos próprios, além de não se acharem sob controle do Banco Central, não sendo revestidas das mencionadas qualificações inerentes às entidades bancárias, principalmente intermediação especulativa.

No magistério de Caio Mário da Silva Pereira, o contrato de "factoring", considerado como "cessão de crédito", é

> um ato jurídico não criador, mas meramente transmissor da titularidade do crédito, no qual ressalta a substituição do primitivo credor pelo seu atual adquirente, enquanto subsiste objetivamente inalterado.[1A]

1A. *In Instituições de direito civil*, 19ª ed., Rio de Janeiro, Forense, 2001.

A disciplina do Código Civil de 1916, encontrava-se no artigo 1.065, nos seguintes termos:

> O credor pode ceder o seu crédito, se a isso não se opuser a natureza da obrigação, a lei, ou a convenção com o devedor.

Está presente hoje, no Código Civil de 2002, artigo 286, com a seguinte complementação:

> (...); a cláusula proibitiva da cessão não poderá ser oposta ao cessionário de boa-fé, se não constar do instrumento da obrigação.

Enfim, "factoring" é operação segundo a qual uma empresa adquire, por cessão onerosa, a totalidade ou parte de créditos líquidos oriundos da atividade empresarial de outra, mediante o pagamento de taxa remuneratória, sem direito de regresso.

A Lei n. 4.595, de 31.12.64 estabelece as características específicas para a identificação das instituições financeiras e a elas equipara as pessoas jurídicas ou físicas que realizem qualquer das atividades descritas no seu art. 17, acatando-as como se tivessem a mesma natureza, se bem que não as sujeitando ao controle e fiscalização do Banco Central do Brasil, o que deixa mais claro ainda o entendimento de que a compra de direito creditório não constitui operação de crédito, atividade *típica de instituição financeira*, não reunindo os pressupostos do art. 17, quais sejam: *coleta, intermediação e aplicação de recursos próprios ou de terceiros.*

Com efeito, a caracterização jurídica do *"factoring"* não dá espaço a que possa ser confundida com operação de crédito, compra e venda de mercadorias ou, até mesmo, prestação de serviços na parcela relativa à diferença entre o valor nominal do crédito e o preço da cessão, se não houver prestação de serviços de assessoria creditícia mas, tão somente, assunção de riscos com alienação de créditos. Waldirio Bulgarelli acrescenta:

> A operação de factoring repousa na sua substância, numa mobilização dos créditos de uma empresa: necessitando de recursos, a empresa negocia os seus créditos cedendo-os à outra, que se incumbe de cobrá-los, adiantando-lhe o valor desses créditos ('conventional factoring') ou pagando-os no vencimento ('maturity factoring'); obriga-se contudo a pagá-los mesmo em caso de inadimplemento por parte do devedor da empresa.[2]

Na trajetória desse raciocínio, também, o entendimento manifestado pelo Poder Judiciário, como se verifica do seguinte acórdão:

> Ora, a realização de empréstimos, com meios próprios e sem captação de recursos de terceiros não se pode equiparar às atividades específicas das instituições financeiras, que consistem, como expresso no texto legal, na 'coleta, intermediação ou aplicação de recursos financeiros próprios ou de terceiros'. O traço característico das chamadas 'financeiras' é a captação de recursos do público em geral para investimentos financeiros, cujos resultados são atribuídos aos respectivos subscritores.[3]

Em outra oportunidade, decidiu o Colendo Tribunal:

> Atuação como instituição financeira. Somente com a conjugação dos três pressupostos do caput do art. 17 da Lei n. 4.595, de 1964 – coleta, intermediação e aplicação de recursos financeiros próprios ou de terceiros – se há caracterizado a atividade privativa de instituição financeira.[4]

---

2. Contratos Mercantis, 9ª ed. Ed. Atlas: São Paulo, 1.997, p. 533.

3. Habeas Corpus n. 2.555/ES. Rel. Ministro Godoy Ilha – 2ª Turma do TFR – Ac. de 09-08-1971.

4. Ap. Criminal n. 3.168 – Paraná – Acórdão de 20-4-79 – 4ª Turma – DJ de 13-6-79.

O órgão administrativo encarregado de examinar a matéria – Conselho de Recursos do Sistema Financeiro Nacional (CRSFN) – vem decidindo assim:

> Recurso Voluntário – Exercício de atividades típicas de instituição financeira sem a competente autorização do Banco Central do Brasil – Simulação – Venda financiada de veículos com recursos captados de exportadores – Irregularidade não configurada – Apelo provido...
>
> Vistos, relatados e discutidos os presentes autos ... Julgou o CRSFN que, mesmo analisando globalmente, as operações em tela (cessões de crédito de exportação e contratos de assunção de dívidas ligadas à venda de veículos) não se apresentaram de forma dissimulada e tampouco resvalaram na intermediação financeira, caracterizada pela captação de recursos do público e subsequente empréstimos a terceiros".[5]
>
> Comercial – "Factoring"- Atividade não abrangida pelo sistema financeiro nacional – Inaplicabilidade dos juros permitidos às instituições financeiras.
>
> I – O "factoring" distancia-se de instituição financeira justamente porque seus negócios não se abrigam no direito de regresso e nem na garantia representada pelo aval ou endosso. Daí que nesse tipo de contrato não se aplicam os juros permitidos às instituições financeiras. E que as empresas que operam com o "factoring" não se incluem no âmbito do sistema financeiro nacional.
>
> II – O empréstimo e o desconto de títulos, a teor de art. 17, da Lei 4.595/64, são operações típicas, privativas das instituições financeiras, dependendo sua prática de autorização governamental.
>
> III – Recurso não conhecido.[6]

Visto como foi, o "factoring" não envolve operação de crédito, assim considerada aquela pela qual se tem a aquisição

---

5. Recurso n. 2.970 – 178ª Sessão, Rel. José Fernando Monteiro Alves.

6. Recurso Especial não conhecido, unânime – STJ – RESP 119705/RS.

presente de qualquer coisa que tenha valor (dinheiro, bens ou serviços) em troca de promessa de devolução futura, pois que, em tal modalidade, o faturamento da empresa, representado pelos créditos oriundos de venda ou de prestação de serviços, é cedido ao "factor" em caráter definitivo e a empresa cedente não assume qualquer responsabilidade pela liquidação dos créditos, nos seus vencimentos, pelos respectivos clientes ou devedores. Também, no contrato de "factoring" o preço de aquisição do faturamento representado pelos créditos cedidos pode ser feito pelo "factor" no ato da transferência do faturamento ou no vencimento de cada crédito cedido, conforme seja estipulado no contrato.

A atividade da empresa, seja pessoa jurídica ou física, que tenha por objeto o contrato de "factoring", pode ser diferençada daquelas realizadas pelas instituições financeiras, pois é dotada de características próprias, demonstradas ao longo deste trabalho e sintetizadas no quadro abaixo:

Factoring	***INSTITUIÇÃO FINANCEIRA***
Atividade comercial não-financeira	Realiza funções econômicas do crédito
Contrato atípico: cessão de faturamento da empresa faturizada à empresa factor, sem direito de regresso desta contra aquela – assunção de risco com alienação de crédito	Atividade típica: operações de crédito
Não controlada pelo Banco Central	Controlada pelo Banco Central
Factor é proprietário definitivo e irreversível dos créditos da faturizada	Captação de capitais móveis e sua aplicação

Operações são realizadas com recursos próprios, devidamente autorizadas por lei.	Operações utilizadas com recursos de terceiros
Factor age em nome próprio quando da cobrança	Age, não raras vezes, em nome do cedente
Remuneração: percentagem do faturamento cedido, de acordo com o conjunto de ações requeridas do factor	Vários tipos de remuneração
Pagamento dos créditos: pode ser efetuado tanto no ato da cessão como na data do vencimento do crédito	
Não há intermediação bancária, o que reduz os custos operacionais	A intermediação é inerente às suas atividades
Receita da factoring: diferença entre o valor do título final e o pagamento para a empresa faturizada	Diversos tipos de receitas
Recuperação de crédito: riscos de inadimplência por conta da empresa factor	Em muitas operações, não corre o risco de inadimplência

Postuladas as características das operações de "factoring" e suas diferenças com as atividades das instituições financeiras, cumpre, agora, empreender análise nos domínios do sistema tributário, para verificar a possibilidade de incluí-las, no conceito de classe previsto na hipótese de incidência do

Imposto sobre Operações Financeiras ("IOF"). Iniciemos este percurso cognitivo a partir dos mais altos escalões do ordenamento, avançando em direção aos domínios mais específicos da matéria ora estudada, para apreender o sistema em sua completude.

3. PRINCÍPIOS GERAIS DE DIREITO PRIVADO – ALGUMAS REGRAS DE INTERPRETAÇÃO

Se o direito positivo, como vimos, é uma camada linguística vazada em termos prescritivos, com um vetor dirigido ao comportamento da sociedade, nas relações intersubjetivas, é natural que exija, para seu amplo conhecimento, a construção do conteúdo legislado, obedecendo à hierarquia e, de modo especial, aos rígidos princípios estatuídos no Texto Constitucional.

Dentro desse quadro, e passando ao largo de outros itens que não serão desenvolvidos neste trabalho, convém ingressar no exame de alguns princípios constitucionais gerais que não podem ser modificados pelo legislador infraconstitucional para produzir efeitos tributários. Assim é, não só porque estejam arrolados nos artigos 109 e 110 do Código Tributário Nacional, mas, sim, como imposição lógica da hierarquia de nosso sistema.

Os comandos estatuídos na Lei n. 5.172/66 (CTN), conquanto redigidos de forma aparentemente inovadora, não podem senão absorver, no seu texto, os imperativos constitucionais. Sendo assim, andou bem o legislador ao prescrever de forma expressa que:

> Art. 109. Os princípios gerais de direito privado utilizam-se para pesquisa da definição, do conteúdo e do alcance de seus institutos, conceitos e formas, mas não para definição dos respectivos efeitos tributários.

> Art. 110. A lei tributária não pode alterar a definição, o conteúdo e o alcance de institutos, conceitos e formas de direito privado, utilizados, expressa ou implicitamente, pela Constituição Federal, pelas Constituições dos Estados, ou pelas Leis Orgânicas do Distrito Federal ou dos Municípios, para definir ou limitar competências tributárias.

O empenho do constituinte cairia em solo estéril se a lei infraconstitucional pudesse ampliar, modificar ou restringir os conceitos utilizados naqueles diplomas para desenhar as faixas de competências oferecidas às pessoas políticas. A rígida discriminação de campos materiais para o exercício da atividade legislativa dos entes tributantes, tendo estatura constitucional, por si só já determina essa inalterabilidade. Em todo caso, é apenas oportuna a lembrança, que o artigo 110 do CTN aviva, já que não gera modificações no ordenamento jurídico.

Quanto ao tema. Alfredo Augusto Becker é peremptório:

> Não existe um legislador tributário distinto e contraponível a um legislador civil ou comercial. Os vários ramos do direito não constituem compartimentos estanques, mas são partes de um *único* sistema jurídico, de modo que qualquer regra jurídica exprimirá sempre uma *única regra* (conceito ou categoria ou instituto jurídico) válida para a *totalidade* daquele *único* sistema jurídico. Esta interessante fenomenologia jurídica recebeu a denominação de *cânone hermenêutico da totalidade do sistema jurídico.*[7]

E conclui mais adiante:

> Em resumo: as regras jurídicas que geram as relações jurídicas tributárias são regras jurídicas organicamente enquadradas num *único* sistema que constitui o ordenamento jurídico emanado de um Estado. Desta homogeneidade sistemática (homogeneidade essencial para o funcionamento de qualquer organismo e, portanto, essencial para a

7. *Teoria Geral do Direito Tributário,* São Paulo, Noeses, 2007, p. 129.

> *certeza do direito* que deve derivar do organismo jurídico), decorre a consequência de que a regra de Direito Tributário ao fazer referência a conceito ou instituto de outro ramo de direito, assim o faz, aceitando o mesmo significado jurídico que emergiu daquela expressão (fórmula ou linguagem literal legislativa), *quando ela entrou para o mundo jurídico* naquele outro ramo do direito. Somente há deformação ou transfiguração pelo Direito Tributário, quando este, *mediante regra jurídica*, deforma ou transfigura aquele conceito ou instituto; ou melhor, quando o Direito Tributário cria uma nova *regra jurídica*, tomando como "dado" (matéria-prima para elaboração da nova regra jurídica) o "construído" (o conceito ou instituto jurídico de outro ramo do direito).[8]

4. O CONCEITO DE TRIBUTO E SUA NATUREZA

Tributo é nome de uma classe de objetos construídos conceptualmente pelo direito positivo. Trata-se de palavra ambígua que pode denotar distintas classes de objetos (relação jurídica, direito subjetivo, dever jurídico, quantia em dinheiro, norma jurídica e, como prefere o CTN, a relação jurídica, o fato e a norma que juridiciza o fato). Fixemos aqui nosso interesse na acepção de "tributo" com as proporções semânticas que o artigo 3º, da Lei n. 5.172/66 lhe outorga. Vejamo-lo:

> Tributo é toda prestação pecuniária compulsória, em moeda ou cujo valor nela se possa exprimir, que não constitua sanção de ato ilícito, instituída em lei e cobrada mediante atividade administrativa plenamente vinculada.

Mesmo em função estipulativa, como convém à prescritividade jurídica, "definir" uma palavra é indicar seu significado. Uma definição como esta de "tributo" compõe-se de duas

8. *Teoria Geral do Direito Tributário*, São Paulo, Noeses, 2007, p. 132.

partes, o *definiendum* (a palavra a definir) e o *definiens* (a enunciação do significado). E a definição transcrita é da categoria das conotativas, isto é, o *definiens* determina as características que conformam o critério de uso da palavra "tributo". Simultaneamente, esses critérios seletores constituem uma dicotomia: a classe dos tributos e a classe dos não tributos. Enumeremos os critérios que compõem a demarcação do conceito de "tributo":

a) prestação pecuniária compulsória;

b) em moeda ou cujo valor nela se possa exprimir;

c) que não constitua sanção de ato ilícito;

d) instituída em lei; e,

e) cobrada mediante atividade administrativa plenamente vinculada.

Observe-se que os critérios (a), (b) e (c) dizem respeito ao contorno da figura relacional como "obrigação compulsória", "patrimonial", e que "decorre de um ato lícito". Por outro lado os critérios (d) e (e) referem-se, respectivamente, à sua forma de veiculação (mediante lei) e arrecadação (atividade administrativa plenamente vinculada).

Sublinhe-se. Os critérios (a), (b) e (c) cuidam de prescrever como será o vínculo relacional do tributo. Os critérios (d) e (e) não se ocupam da relação jurídica em si mesma, mas estabelecem a forma válida para a instituição e arrecadação do gravame. Ser instituída em lei e ser cobrada mediante atividade administrativa plenamente vinculada não faz de nenhuma obrigação tributo, da mesma forma que ser relação jurídica de cunho patrimonial também não basta. O vulto jurídico da figura vai surgir exatamente na coalescência das cinco cláusulas estatuídas no art. 3º, do Código Tributário Nacional. Cada uma delas será, antes de mais nada, condição necessária para a edição de tributo válido.

5. SUBSUNÇÃO DO CONCEITO DO FATO AO CONCEITO DA NORMA

É clássico e tradicional o enunciado de que o fato se subsome à norma jurídica, propagando-se os efeitos de estilo. O modo de dizer, embora cediço, não está corretamente formulado. A subsunção, como operação lógica que é, só se opera entre iguais. Em homenagem à precisão que devemos incessantemente perseguir, o certo é falarmos em subsunção do conceito do fato ao conceito da norma e, toda vez que isso ocorre, com a consequente efusão de efeitos jurídicos típicos, estamos em presença da própria essência da fenomenologia do direito. Em substância, recorta o legislador eventos da vida real e lhes imputa a força de suscitar os comportamentos que entende valiosos, garantindo seu ato de vontade, mediante a pressão psicológica de sanções, associadas, uma a uma, a cada descumprimento de dever estabelecido. Mas o súdito do Estado, resistindo ao temor de punição, pode ser alvo do aparato coativo, inerente ao Poder Público, momento em que se desenvolverá, efetivamente, o procedimento sancionatório.

O quadramento do conceito do fato ao conceito da hipótese normativa tem de ser completo, para que se dê, verdadeiramente, a subsunção. É aquilo que se tem por *tipicidade*, que no direito tributário, assim como no direito penal, adquire transcendental importância. Para que se configure o *fato jurídico tributário,* a ocorrência da vida real tem de satisfazer a todos os critérios identificadores tipificados na hipótese. Que apenas um não se verifique, e a dinâmica aqui descrita ficará inteiramente comprometida.

Assim, o caminho que os agentes do Poder Tributante devem seguir, no sentido de manter-se dentro dos parâmetros da lei e do sistema, aponta para o afastamento de hipóteses presuntivas, no que diz respeito à ocorrência do fato jurídico tributário, bem como realizar a devida prova dos indícios para, a partir deles, demonstrar a existência da relação de causalidade com o fato que se pretende dar por ocorrido.

Tudo isso foi dito para que se tenha presente que a atividade jurídico-tributária, no Brasil, há de ser desenvolvida em clima de total aderência aos textos legais, além de observância rigorosa dos grandes primados que a Lei Fundante proclama. Tal concepção, que penetra hoje os sistemas positivos de todos os países civilizados, dista de permitir qualquer traço de arbitrariedade, afastando, também, quase sempre, os atos de competência discricionária que poderiam vir a ser praticados pelos funcionários do Estado-Administração, nesse campo de atividade administrativa plenamente vinculada.

6. DO IMPOSTO SOBRE OPERAÇÕES FINANCEIRAS – IOF: SUA HIPÓTESE DE INCIDÊNCIA

A Constituição da República incluiu, na competência da União, o imposto sobre "operações de crédito, câmbio e seguro, ou relativas a títulos ou valores mobiliários" (artigo 153, V), ou, como é mais conhecido o Imposto sobre Operações Financeiras – IOF, dispondo, ainda, a respeito do assunto, que "é facultado ao Poder Executivo, atendidas as condições e os limites estabelecidos em lei, alterar as alíquotas dos impostos enumerados nos incisos I, II, IV e V" (§ 1º, do mesmo artigo), o que lhe confere características predominantemente extrafiscais, já que se presta como instrumento de política de crédito, câmbio, seguro e transferência de valores. Justamente por isso, a competência para sua criação foi outorgada à União.

A percussão jurídica, portanto, é definida em quatro distintas situações: a de crédito, a relativa a câmbio, a relativa a seguro e aquel'outra relativa a títulos e valores mobiliários.

O Código Tributário Nacional definiu, estipulativamente, o presente tributo nos seguintes termos:

> Art. 63 – O imposto, de competência da União, sobre operações de crédito, câmbio e seguro, e sobre operações relativas a títulos mobiliários tem como fato gerador:
>
> I – quanto às operações de crédito, a sua efetivação pela entrega total ou parcial do montante ou do valor que constitua o objeto da obrigação, ou sua colocação à disposição do interessado;
>
> II – quanto às operações de câmbio, a sua efetivação pela entrega de moeda nacional ou estrangeira, ou de documento que a represente, ou sua colocação à disposição do interessado, em montante equivalente à moeda estrangeira ou nacional entregue ou posta à disposição por este;
>
> III – quanto às operações de seguro, a sua efetivação pela emissão da apólice ou do documento equivalente, ou recebimento do prêmio, na forma da lei aplicável;
>
> IV – quanto às operações relativas a títulos e valores mobiliários, a emissão, transmissão, pagamento ou resgate destes, na forma da lei aplicável
>
> Parágrafo único. A incidência definida no inciso I exclui a definida no inciso IV, e reciprocamente, quanto à emissão, ao pagamento ou resgate do título representativo de uma mesma operação de crédito.

Verifica-se que o referido Diploma, conceituando a hipótese de incidência dentro dos limites máximos permitidos pela lei tributária, *não modificou conceitos estatuídos em outros ramos do direito, como o civil, ou o comercial,* mas adotou parâmetros previstos na Carta Magna para indicar suas características essenciais, nos exatos termos autorizados pelo artigo 146 da Constituição.

Analisando, com minúcias, o fato jurídico tributário que faz nascer a obrigação de pagar o tributo, fica evidente que ao referir-se às operações de crédito (gênero), o constituinte já englobara as operações de títulos (espécie), sempre que tais títulos exteriorizassem uma operação daquela modalidade, por exemplo as debêntures emitidas por uma sociedade por ações.

O imposto de que nos ocupamos neste trabalho atinge, fundamentalmente, as operações relativas à circulação de valores a ele referidos, que se exteriorizam por intermédio de operações de crédito, câmbio e seguro e de quaisquer espécies de títulos *vinculados ao sistema financeiro ou à Comissão de Valores Mobiliários*, vale dizer, que transitem pelo sistema financeiro ou sejam fiscalizados, por algum de seus órgãos.

O campo de incidência do IOF está, como todos os demais tributos, delimitado, de maneira rígida e inflexível, pela Lei Maior. Os fatos jurídicos tributários, ensejadores da exigência, devem ser identificados dentro do contexto delimitado no Ordenamento Superior e na sua lei de criação.

As operações de crédito são, como assevera o Ministro Claudio Santos, do Superior Tribunal de Justiça,

> necessariamente as operações ativas praticadas pelas instituições financeiras. São as denominadas operações bancárias, aquelas em que os bancos põem dinheiro ou crédito à disposição de seus clientes, mediante atos jurídicos conceituados como contratos. Abrangem todos os negócios de mútuo mercantil fechados pelos bancos ou instituições assemelhadas e, certamente, ainda os denominados de 'créditos de firma'.
>
> Dentre as operações ativas praticadas pelos bancos, destaca o inolvidável comercialista brasileiro Carvalho de Mendonça: os empréstimos, os descontos, as antecipações, as aberturas de crédito, os créditos de firma, as operações de del credere bancário, além das operações de câmbio. Como créditos de firma, ele encaixa os créditos mediante aceite, mediante aval e mediante fiança.[9]

E continua:

9. *Tratado de Direito Comercial Brasileiro*, vol. VI. Rio de Janeiro, Tipografia do Jornal do Comércio, 1.928, p. 158 e 246.

> A operação de del credere bancário é também uma operação de garantia, de cuja prática não se tem notícia, na atualidade.[10]

Por todos os ângulos que se analise a matéria, a referência sempre presente é aquela ligada aos instrumentos financeiros, permutáveis por moeda nas trocas de mercados financeiros. A expressão "valores mobiliários" significa a espécie de títulos de crédito, utilizados como instrumentos de aplicação de capital, como fontes de renda, abrangendo os que conferem direitos de sócio (ações e bônus de subscrição), de crédito a longo prazo com vencimento periódico de juros, ou de participação nos lucros da companhia. São emitidos em massa, e não individualmente: cada emissão compreende uma quantidade de títulos iguais, fungíveis porque cada um assegura os mesmos direitos aos demais. Os valores mobiliários são emitidos em bloco ou série e, portanto, normalmente, destinados ao mercado de capitais, primário ou de balcão, ou secundário ou bursátil e é, exatamente nesses mercados, que as operações a ele relativas são tributadas.

De todo modo, compete, ao legislador infraconstitucional arrolar as espécies de bens que se enquadrem no contexto do inciso VI, do artigo 153, da Constituição da República. E, procurando fundamentos próprios, encontraremos o comando da Lei Federal n. 6.385, de 07.12.76:

> Art. 2º – São valores mobiliários sujeitos ao regime desta Lei:
>
> I – as ações, partes beneficiárias e debêntures, os cupões desses títulos e os bônus de subscrição;
>
> II – os certificados de depósito de valores mobiliários;
>
> III – outros títulos criados ou emitidos pelas sociedades anônimas, a critério do Conselho Monetário Nacional.

---

10. *Caderno de Pesquisas Tributárias*, vol. 16, Ed. Resenha Tributária, São Paulo, 1.991, p. 88.

> Parágrafo único – Excluem-se do regime desta Lei:
>
> I – os títulos da dívida pública federal, estadual ou municipal;
>
> II – os títulos cambiais de responsabilidade de instituição financeira, exceto as debêntures.

Como se verifica, a enumeração taxativa, seguindo os passos traçados pela doutrina e por balizas constitucionais suficientemente claras, cuida de papéis negociados em massa, em contraposição àqueles de emissão singular, individual, representando direitos de sócios ou empréstimos a longo prazo, contratados pelo emissor (companhia pública ou privada, Estado, etc.), mediante emissão de ações ou de obrigações, tendo como objetivo emprestar dinheiro a outro para obter um resultado, envolvendo capitais.

Assim, o valor mobiliário há de ser entendido como um título de investimento que tem como característica básica o direito de sócio ou de um empréstimo, isto é, um direito susceptível de provocar o aparecimento de renda.

Vale citar, outra vez, Waldirio Bulgarelli:

> para ser valor mobiliário, o papel necessita de alguns requisitos próprios que lhe confiram (mesmo independentemente de disposição legal) a possibilidade de mobilização em termos de negociabilidade e de títulos de massa e sua vinculação a uma empresa emitente, e por outro lado, para que atuem eficazmente como valores mobiliários necessitam tais papéis de serem dotados de alguns requisitos básicos dos títulos de crédito e sua vinculação a uma empresa emitente, sobretudo, e principalmente, no tocante à circularidade.[11]

Também, é preciso notar que a realização de um negócio jurídico, consubstanciado numa operação de crédito, câmbio,

11. Enciclopédia Saraiva do Direito – verbete "valores mobiliários"- p. 411-412.

seguro ou relativa a títulos ou valores mobiliários, poderá ensejar a irradiação de efeitos tributários. Significa dizer, a realização do negócio jurídico poderá ser tomada como suporte fáctico da descrição contida na hipótese normativa, provocando a instauração dos efeitos jurídicos de sua ocorrência em concreto, consubstanciados no surgimento da relação jurídica, em razão da qual o sujeito estará obrigado a prestar o tributo perante o sujeito ativo do liame tributário.

Afirmam por isso Gilberto de Ulhôa Campos e Aloysio Meirelles de Miranda Filho:

> Se é certo que nos quadros de formulação dos princípios referentes ao ICMS, "operações" como abrangendo negócios jurídicos se ligam às atividades de que resulte a circulação de mercadorias, no caso do IOF há de prevalecer o entendimento dos textos constitucionais, que empregam o mesmo vocábulo como significando a prática dos atos jurídicos referidos nos incisos I, II, III e IV do art. 63 do CTN; e, mesmo quanto ao ouro, que vem referido no parágrafo 5º, do art.153 da própria Constituição, não estando incorporado às normas definidoras de legislação complementar, a sua tributação está, no referido texto constitucional, claramente vinculada à existência de uma operação de circulação, que é a realização da operação de origem, assim entendendo-se o negócio jurídico de aquisição do metal que o extraiu.[12]

Como já se verificou, o vocábulo "crédito", utilizado nos dispositivos legais que cuidam de instituir o imposto, é ambíguo, no sentido de poder ser empregado em diversas acepções, servindo de suporte a vários significados. No presente contexto somente pode estar vinculado à expressão "operações", no sentido que já lhe foi dado, isto é, de operações de créditos como sendo a troca de bens no momento atual por

---

12. *In Caderno de Pesquisas Tributárias*, vol. 16, Resenha Tributária, São Paulo, 1991, p. 43.

bens em momento futuro. Aliás, é essa a doutrina de Carvalho de Mendonça:

> A operação mediante a qual alguém efetua uma prestação presente, contra a promessa de uma prestação futura, denomina-se "operação de crédito. A operação de crédito por excelência é a em que a prestação se faz e a contraprestação se promete em dinheiro. O mútuo de dinheiro é a manifestação verdadeiramente típica do crédito na sociedade moderna[13].

7. AS OPERAÇÕES DE "FACTORING" E O CRITÉRIO MATERIAL DO IMPOSTO SOBRE OPERAÇÕES FINANCEIRAS

Sendo o "factoring" um instituto regido pelo direito civil, uma única conclusão é admissível: a atividade de "factoring" não está constitucionalmente sujeita ao IOF que, nos termos do artigo 153, inciso V, do Texto Maior, só poderá incidir sobre operações vinculadas ao Sistema Financeiro Nacional, as quais, anteriorente à Emenda Constitucional n. 40/03, estavam enumeradas nos incisos do art. 192 da Constituição da República de 1988 e, atualmente, encontram-se pendentes de regulamentação por norma geral.

Introduzindo regra própria, como se encontrasse fundamento no sistema jurídico, a Lei n. 9.532, de 10.12.1997, estabeleceu, no artigo 58 que:

> A pessoa física ou jurídica que alienar, à empresa que exercer as atividades relacionadas na alínea d, do inciso III, do § 1º, do art. 15 da Lei n. 9.249, de 1.995 (factoring), direitos creditórios resultantes de vendas a prazo, sujeita-se à incidência do imposto sobre operações de crédito, câmbio e

13. José Xavier Carvalho de Mendonça, *Tratado de Direito Comercial Brasileiro*, v. II, Tomo I: Bookseller, 2001, p. 51.

> seguro ou relativas a títulos e valores mobiliários – IOF, às mesmas alíquotas aplicáveis às operações de financiamento e empréstimos praticadas pelas instituições financeiras.

Como se vê, o legislador ordinário não respeitou os princípios de direito civil e transformou, por meio de lei tributária, o perfil, delineado por aquelas regras próprias, que o "factoring" ostenta, em direito bancário, contra o disposto nos artigos 153, V, c/c o artigo 192 da Constituição Federal, que instituiu o IOF apenas para as instituições arroladas nos incisos da redação original do artigo 192 da CR, e que após sua revogação, permanecem à espera de nova disciplina.

Nessa mesma direção semântica, aliás, têm sido traçadas as linhas da jurisprudência, como se verifica nas ementas adiante reproduzidas:

> IOF – OPERAÇÕES DE CRÉDITO – EXPORT NOTES – não incide IOF sobre operações de crédito relativamente às operações que tenham por objeto export notes – Ato declaratório n. 04, de 15.01.1999. Recurso de ofício a que se nega provimento.[14]
>
> IOF – OPERAÇÕES FINANCEIRAS: Caracterizadas pela captação de recurso por Sociedade Cooperativa junto a cooperados através de "Fundo Rotativo" com fixação, no momento da operação, de prazo de resgate e rendimento de aplicação. Recurso Negado.[15]

O Ministro Leitão de Abreu, ao exarar voto no julgamento do RE 86.297, asseverou, com precisão de raciocínio hermenêutico:

Em primeiro lugar, não vale argumentar com normas de direito comum para estabelecer limites a princípios fundamentais,

14. Ac. n. 202-11.692 – Segunda Câmara do Segundo Conselho de Contribuintes.

15. Recurso n. 105344 – Conselho de contribuintes – Segunda Câmara, Rel. Antônio Carlos Bueno Ribeiro.

as normas, por isso mesmo, universais, normas necessárias, reconhecidas como tais pelo nosso país. Em lugar de argumentar da lei ordinária para a fundamental, a fim de limitar-lhe o sentido e a eficácia, cumpre é argumentar dos princípios estabelecidos na declaração de direitos para os preceitos de lei ordinária, para subordinar estes últimos aos primeiros.[16]

8. CONCLUSÕES

Diante de todas essas ponderações, cumpre-nos ainda responder às indagações formuladas no início do presente estudo. Ei-las.

1. Em que consiste a operação de "factoring"? Quais as vantagens em se optar pela factorização?

Entende-se por operação de "factoring" a realização de contrato atípico de prestação de serviços elaborado entre uma empresa de "factoring" ("factor") e uma empresa vendedora de mercadorias ou prestadora de serviços ("faturizada"), em que ocorre cessão onerosa da totalidade ou parte de créditos líquidos oriundos da atividade empresarial de outra mediante taxa remuneratória, sem direito de regresso. Esses serviços pactuados podem adquirir formas variadas, tais como (i) aquisição de faturamento, (ii) cadastramento de compradores e clientes, (iii) obtenção de informes sobre a situação econômico-financeira desses últimos, (iv) cobrança de títulos, (v) repactuação da fórmula de recebimento de créditos, (vi) e outras atividades correlatas, podendo compreender, inclusive, toda a gama dessas atividades ou apenas parte delas, conforme avenças firmadas pelos contratantes.

Com a factorização, não há a intermediação bancária, o que reduz o custo operacional, e as empresas passam a receber

16. STF – RE 86297. Rel. Min. Thompson Flores, Tribunal Pleno, DJ 26.11.76.

a produção alienada com deságio, sendo a diferença entre o valor do título final e o pago para a empresa "faturizada", a receita da empresa de "factoring".

No mais, com as operações de factoring, o empresário-produtor adquire capital de giro para o financiamento de suas próprias atividades empresariais.

2. É possível equiparar as atividades das instituições financeiras às atividades das empresas "factoring"? A cessão de crédito das empresas de "factoring" poderia ser equiparada à operação de crédito das instituições financeiras?

Como já observado, a atividade de faturização consiste na compra de direito creditório de outra empresa – "faturizada" – com origem na atividade desta. A atividade das instituições financeiras, por sua vez, comporta, nos termos do artigo 17 da Lei n. 4.595/64, três hipóteses: (i) coleta, (ii) intermediação e (iii) aplicação de recursos financeiros próprios ou de terceiros. A cessão de crédito na operação de "factoring" não reune os pressupostos do art. 17 da referida Lei e, portanto, não poderá ser entendida como constitutiva de operação de crédito, atividade típica de instituição financeira.

3. Qual é o critério material do IOF? É possível presumir a ocorrência do critério material do IOF nas operações de "factoring"?

Conforme preceitos da CR/88 – art. 153, inciso V – e do CTN – art. 63 –, o critério material do IOF comporta quatro situações: realizar operações de (i) crédito, (ii) câmbio, (iii) seguro e (iv) título mobiliário.

Com base em interpretação sistêmica do direito tributário, a subsunção do conceito do fato ao conceito da norma só se opera quando presente identidade absoluta entre um e outro, afastadas as hipóteses presuntivas, no que diz respeito à ocorrência do fato jurídico tributário. Nos termos dos princípios da estrita legalidade e da tipicidade, à administração cabe realizar a devida prova dos indícios para, a partir deles, demonstrar a existência da relação de causalidade com o fato que se pretende dar por ocorrido. Quer isso significar, no presente estudo, que, conquanto possam ser encontrados, na faturização, elementos símiles àquel'outros próprios de instituições financeiras – adiantamento, desconto e financiamento –, tais operações não se enquadram no critério material da hipótese de incidência típica do Imposto sobre Operações Financeiras, não sendo possível, portanto, qualquer imposição tributária, a título desse tributo, às operações das empresas de "factoring".

Tema XIV

PREÇOS DE TRANSFERÊNCIA NO DIREITO TRIBUTÁRIO BRASILEIRO

Sumário: 1. Anotações introdutórias sobre preços de transferência e *arm's length*. 2. A Convenção-Modelo da OCDE e sua influência na legislação brasileira. 3. Princípio *arm's length* e preços de transferência. 4. Métodos para apuração de transações *arm's length*. 5. Método do custo de produção mais lucro – CPL. 6. Método do preço de revenda menos lucro – PRL. 7. Método dos preços independentes comparados – PIC. 7.1. Similaridade dos bens negociados. 8. Impossibilidade do uso de dados e informações privilegiadas do Fisco na fixação dos preços e custos médios. 9. Aplicação do método segundo análise produto-a-produto e o *basket approach*. 10. Conclusões.

1. ANOTAÇÕES INTRODUTÓRIAS SOBRE PREÇOS DE TRANSFERÊNCIA E *ARM'S LENGTH*

O imposto sobre a renda alcança a disponibilidade econômica ou jurídica de renda, entendida esta como o resultado do trabalho, do capital ou da combinação de ambos. Essa é a hipótese de incidência do tributo, a qual deve ser confirmada e mensurada pela base de cálculo, representada pelo montante da renda auferida.

Esse esquema de tributação, aparentemente simples, tem sofrido as influências dos avanços tecnológicos dos meios de comunicação e de transporte, associado ao contínuo crescimento das grandes corporações. Diante de tão significativas mudanças no contexto econômico mundial, em que empresas instaladas em determinado país atuam fora de seus limites territoriais, mediante controladas, coligadas, ou filiais, surgiu a possibilidade fática de intervenção nos preços dos demais partícipes da operação, visualizando-se, no âmbito do imposto sobre a renda das pessoas jurídicas, a figura da distribuição disfarçada de lucros, ocorrida quando a pessoa jurídica aliena, por valor notoriamente inferior ao de mercado, bem do seu ativo a pessoa a ela vinculada, ou adquire, dessa pessoa relacionada, bem por valor notoriamente superior ao de mercado (Regulamento do Imposto de Renda – Decreto n. 3.000/99 – art. 464).

O preço de transferência é exatamente a forma encontrada para, verificando ter-se ocorrido a transação entre partes vinculadas, mediante a fixação de preço diverso do efetivamente praticado no mercado, substituir o valor maculado pela influência das partes por aquele independente do vínculo, impedindo, com isso, a distribuição disfarçada de lucros e, assim, permitindo aferir-se o real montante da renda auferida, sujeita à tributação em consonância com o princípio *"arm's length"*.

A expressão *"arm's length"* pode ser traduzida, literalmente, como *"à distância de um braço"*. Contextualizando-a, significa que o preço pactuado em determinado negócio jurídico deve corresponder a um valor independente de interferência de qualquer das partes sobre o processo de sua fixação e correspectiva aceitação pela outra parte.

Esse princípio propõe que as empresas vinculadas, ao realizarem exportações e importações, sejam tratadas como se fossem entidades não-relacionadas, exigindo que lhe sejam atribuídos os lucros que aufeririam se praticassem aquelas mesmas operações com empresa não-ligada. Em outras palavras, o preço *"arm's length"* é o valor que teria sido convencionado entre partes não relacionadas, integrantes de operações similares, em condições semelhantes. Significa que, para determinar-se a verdadeira renda tributável de um contribuinte vinculado a outra empresa, devem ser aplicados os mesmos padrões de contribuintes que transacionam *"à distância de um braço"* com empresa a eles não relacionadas. Essa é a definição adotada pela Organização para a Cooperação e o Desenvolvimento Econômico – OCDE: preço que teria sido acordado entre as partes não relacionadas, envolvidas em transações iguais ou similares, sob idênticas ou similares condições[17].

Para que se possa falar em preços de transferência, visando à tributação de transferências indiretas de lucros, é necessário ter-se verificado a transgressão ao parâmetro *"arm's length"*, mediante a fixação de preço "viciado" pelo vínculo entre as partes do negócio jurídico. Para tanto, devem estar presentes os seguintes caracteres: (i) pessoas vinculadas; (ii) com domicílio em países distintos; (iii) fixação de preço diverso daquele que seria estabelecido naquela operação caso as partes não fossem vinculadas; e (iv) vantagem fiscal para as partes contratantes. Ausente qualquer desses elementos, não há que se falar em desrespeito ao *"arm's length"*, sendo incabível a eleição de preço diverso do pactuado. Isso equivale a dizer que inexistindo distorção da renda, desnecessário efetuar ajustes.

No intuito de conferir consistência ao estudo, formulo sete quesitos para, após realizadas considerações que julgo indispensáveis ao bom desenvolvimento do raciocínio jurídico, respondê-los objetivamente. São eles:

1. Que são preços de transferência e em quais situações devem ser empregados?

17. Relatório de 1979 da OCDE.

2. *Qual o papel dos pronunciamentos e decisões da OCDE na definição dos preços de transferência?*

3. *Os métodos para cálculo dos preços de transferência arrolados na Lei 9.430/96 são taxativos? Há preferência entre eles?*

4. *Quando da operação chamada cálculo do preço de revenda menos lucro, é lícito o acréscimo de valores referentes a operações que, sem alterar a essência do produto, viabilizam ou facilitam sua revenda?*

5. *Que é preço "praticado no mercado"? Que são produtos similares para fins de cálculo de preços incidentes comparados?*

6. *É lícita a utilização de dados do SISCOMEX ou outros privativos da autoridade fiscal para o cálculo dos preços de transferência?*

7. *Em se tratando de transações que estejam relacionadas entre si, é possível a coleta conjunta de preços, considerando a totalidade das transações e não o preço de cada uma ("cesta de produtos")?*

2. A CONVENÇÃO-MODELO DA OCDE E SUA INFLUÊNCIA NA LEGISLAÇÃO BRASILEIRA

A Organização para a Cooperação e Desenvolvimento Econômico – OCDE tem, dentre seus objetivos, a expansão do comércio e dos investimentos internacionais entre seus membros. Não obstante essa organização careça de poder normativo, suas decisões e pronunciamentos gozam de elevado prestígio na comunidade internacional, influenciando as legislações internas não só dos países-membros, mas também daqueles que pretendem manter escorreitas relações internacionais.

O Brasil, conquanto não seja membro da OCDE, adota as diretrizes firmadas por essa Organização. O legislador brasileiro, ao disciplinar os preços de transferências, editou a Lei n. 9.430/96, consignando, em sua exposição de motivos, a manifesta pretensão de seguir os parâmetros firmados pela OCDE, nos seguintes termos:

> 12. As normas contidas nos arts. 18 a 24 representam significativo avanço da legislação nacional face ao ingente processo de globalização experimentado pelas economias contemporâneas. No caso específico, em conformidade com regras adotadas nos países integrantes da OCDE, são propostas normas que possibilitam o controle dos denominados "Preços de Transferência", de forma a evitar a prática, lesiva aos interesses nacionais, de transferência de recursos para o Exterior, mediante a manipulação dos preços pactuados nas importações ou exportações de bens, serviços ou direitos, em operações com pessoas vinculadas, residentes ou domiciliadas no Exterior.

Não se pode negar, portanto, a influência da Convenção-Modelo da OCDE na legislação pátria, fazendo-se necessária a observância das diretrizes ali traçadas.

3. PRINCÍPIO *ARM'S LENGTH* E PREÇOS DE TRANSFERÊNCIA

A principal recomendação da OCDE é para que seja aplicado o princípio *"arm's length"*, segundo o qual o preço praticado entre empresas vinculadas, situadas em países diferentes, deve corresponder ao valor que seria fixado por pessoas não relacionadas, pactuados de forma independente, sem interferência de uma das partes sobre o processo decisório de aceitação do preço pela outra. Nesse sentido, o preço *"arm's length"* seria aquele acordado entre partes não relacionadas, envolvidas em transações iguais ou similares, sob idênticas ou similares condições.

Ocorre que, em virtude do relacionamento existente entre os participantes da operação, o preço convencionado pode não corresponder àqueles praticados no mercado entre parceiros comerciais desvinculados. Essa cobrança a maior ou menor, porém, é repudiada pelo ordenamento jurídico, por implicar desvios de lucros, distorcendo os resultados da empresa e, com isso, influindo na sua tributação, seja na esfera dos tributos aduaneiros, seja nos incidentes sobre a renda.

Paulo Ayres Barreto é preciso ao explicar que a sistemática dos preços de transferência[18]:

> [...] visa à identificação de eventual transferência indireta de lucro nas operações entre partes vinculadas. Presente tal situação, procede-se a um ajuste na base calculada do imposto sobre a renda, incidindo, assim, o referido imposto sobre a parcela de lucro transferida indiretamente por intermédio de preços manipulados por força das relações existentes entre as partes vinculadas. Centra-se a questão na apuração da base calculada do imposto sobre a renda.

Assim, é possível afirmar que o denominado "preço de transferência", consistente no valor cobrado por determinada empresa na venda ou transferência de bens, serviços ou propriedade intangível para outra empresa a ela vinculada, é tema de grande relevância, que tem merecido a atenção do legislador brasileiro, apresentando dois enfoques: (i) no âmbito da valoração aduaneira, visando à fixação do preço normal do produto importado; e (ii) no campo da tributação sobre a renda, objetivando verificar a existência ou não de desvio de lucros.

Em razão dessa dualidade, o preço fixado para fins de valoração aduaneira não coincide, necessariamente, com o preço de transferência. Pode ocorrer que, em determinada

18. *Imposto sobre a renda e preços de transferência*. São Paulo: Dialética, 2001. p. 152.

transação, o valor praticado seja inferior ao valor do bem no mercado, necessitando, portanto, de ajuste, mas inocorra deturpação dos resultados das empresas comerciais participantes. Logo, ao examinar os preços de quaisquer operações, é imprescindível ter em conta o princípio "*arm's length*", diretriz recomendada pela OCDE e adotada pela legislação de preços de transferência, sob pena de, mediante inapropriados ajustes, desvirtuar-se o comando legislativo, tributando-se valores que não caracterizam renda.

4. MÉTODOS PARA APURAÇÃO DE TRANSAÇÕES *ARM'S LENGTH*

No sentido de apurar o preço utilizado em operações independentes, para obter os ajustes dos valores fixados nos negócios realizados por partes vinculadas, a OCDE indica métodos para verificação de tais montantes. Esses métodos são meros instrumentos para concretizar-se o princípio "*arm's length*", não configurando um fim em si mesmos. A comparação entre o preço de transferência acordado em certo negócio jurídico e aquele realizado segundo um dos métodos previstos objetiva exatamente verificar se o preço fixado corresponde ao valor de mercado, estabelecido independentemente e, portanto, livre de distribuições indiretas de lucros.

Os principais métodos eleitos pela OCDE e acolhidos pela legislação brasileira são: (i) método do custo de produção mais lucro; (ii) método do preço de revenda menos lucro; e (iii) método dos preços independentes comparados. A doutrina especializada acrescenta, ainda, uma série de outras fórmulas, desde que satisfaçam ao princípio "*arm's length*". Nessa linha de pensamento, registra Luís Eduardo Schoueri que

> a OCDE, ao sugerir o emprego de seus métodos de apuração de preços de transferência, apresenta-os como formas de aplicação do princípio *arm's length*. Mais do que isso, a

> OCDE não hesita em afirmar que os métodos apresentados não são cogentes, tendo as empresas a liberdade de adotar outros métodos, desde que os preços assim obtidos satisfaçam o princípio *arm's length*.[19]

No que diz respeito às operações de importação, a legislação brasileira alude aos três métodos tradicionais acima referidos, sem demonstrar preferência por qualquer deles. Assim como recomendado pela OCDE, deixou a cargo do contribuinte optar por aquele que entender mais conveniente, podendo, também, utilizar mais de um deles (art. 18, § 4º, da Lei n. 9.430/96).

Examinemos, brevemente, os principais métodos de apuração dos preços de transferência:

> *(i) Método do custo de produção mais lucro*: adiciona-se uma margem de lucro apropriada ao custo da produção, considerando-se, para sua fixação, as transações similares, praticadas entre partes não relacionadas.
>
> *(ii) Método dos preços independentes comparados*: compara-se o preço pactuado em operação realizada entre partes vinculadas com preços estabelecidos, para os mesmos bens ou serviços, em idênticas condições negociais, por pessoas não relacionadas.
>
> *(iii) Método do preço de revenda menos lucro*: deduz-se, do preço de revenda do bem ou serviço adquirido de parte vinculada, uma margem bruta relativa às despesas operacionais do revendedor.

Vejamos como cada um desses métodos foi incorporado à ordem jurídica nacional.

5. MÉTODO DO CUSTO DE PRODUÇÃO MAIS LUCRO – CPL

O método do custo de produção mais lucro consiste, nos

19. *Preços de transferência no direito tributário brasileiro*, São Paulo: Dialética, 1999, p. 19.

termos do art. 18, III, da Lei n. 9.430/96, no cálculo do preço de comparação com base no:

> custo médio de produção de bens, serviços ou direitos, idênticos ou similares, no país onde tiverem sido originalmente produzidos, acrescido de impostos e taxas cobrados pelo referido país na exportação e de margem de lucro de vinte por cento calculada sobre o custo apurado.

Esse método implica uma comparação meramente hipotética com terceiros independentes, pois presume a margem de lucro a ser adotada.

A aplicação do método CPL encontra dificuldades em virtude da necessidade de determinação dos custos. Chega até mesmo a tornar-se inviável em alguns casos, como quando a parte vinculada não é produtora do bem, pois obter o montante dos custos de produção de terceiros, localizados no exterior e sem vinculação com a empresa importadora, é tarefa penosa e de êxito duvidoso.

6. MÉTODO DO PREÇO DE REVENDA MENOS LUCRO – PRL

A operacionalização do denominado *"método do preço de revenda menos lucro"* dá-se mediante a dedução, do preço de revenda (assim considerado o valor pelo qual o bem ou direito é revendido a empresas independentes), de uma margem de lucro bruto correspondente ao montante das despesas operacionais e de venda, acrescido de lucro considerado "apropriado". Dito de outro modo, o preço de transferência é determinado pela média aritmética do preço de revenda, subtraídos (i) os descontos incondicionais; (ii) os impostos e contribuições incidentes sobre as vendas; (iii) as comissões e corretagens pagas; e (iv) a margem de lucro. Ainda mais, sofrendo o bem alguma forma de manipulação antes da revenda, que implica valoração do produto, devem ser efetuados os ajustes cabíveis, sendo também nessa hipótese perfeitamente aplicável o "método do preço de revenda menos lucro". (art. 18, II, da Lei n. 9.430/96).

O fato de o revendedor agregar algum valor ao produto, aprimorando-o para o consumo, não é empecilho ao emprego desse método, especialmente quando o valor agregado é quantificável e configure a razão preponderante da aquisição pelo consumidor. Nesse sentido, manifesta-se Fortunato Bassani Campos, em obra coordenada pela Delegacia da Receita Federal de Julgamento de São Paulo, exemplificando:

> Se eu importar um barril de azeitonas em salmoura e revender essas azeitonas em vidro, depois de devidamente beneficiadas e limpas, ninguém vai negar que as azeitonas importadas no barril de salmoura são as mesmas azeitonas que eu pus no vidrinho e estou revendendo.[20]

E continua esse autor, agora se referindo aos medicamentos e à necessidade de serem eles fisicamente transformados para possibilitar seu consumo, sem que isso interfira na aplicação do método do preço de revenda:

> Outro exemplo: se eu importar um pozinho para alergia na pele, que dependa, para sua fixação na pele, da agregação de outro produto, que não altera em nada a essência do pozinho, destinando-se apenas a torná-lo um creme ou uma pomada, de maneira que o medicamento atinja seus objetivos?
>
> Eu posso também importar cápsulas, importar o pozinho e depois encapsular e vender. Isso é preço de revenda? E se eu solidificar o pó numa pílula? Também será preço de revenda? Seria outro produto e, para efeito do IPI, até é

20. Preço de transferência na Lei n. 9.430/96, *in Temas de Legislação Tributária*, São Paulo: Delegacia da Receita Federal de Julgamento de São Paulo, 1998, p. 28-29.

> uma industrialização, mas do ponto de vista estritamente lógico e prático, não é. *O medicamento final que eu estou vendendo é o mesmo. O fato de eu encapsular ou transformar o pozinho numa pílula e embalá-la para venda não altera basicamente o medicamento que eu comprei. O remédio, o efeito e o objetivo não sofreram alteração.*
>
> E os agregados, os aditivos, enfim, os diluentes, o que for necessário para transformar o medicamento que eu importei em medicamento passível de digestão geram custo mínimo e não aumentam o preço, na maior parte dos casos, mais que 5%; excepcionalmente, podem chegar no máximo a 10%, se for considerada a embalagem. *De toda forma, é o mesmo produto, que é importado e revendido.* [21]

A transcrição é longa, porém elucidativa, pois demonstra que o fato de serem agregados valores aos bens importados não implica, necessariamente, produção de novo bem, estruturalmente diverso daquele que ingressou no país.

Em consequência, inexistirá incompatibilidade entre o método do preço de revenda e a circunstância de haver produção local, quando esta não altera as particularidades do bem importado. O conceito de *"revenda"* não exclui o de *"industrialização"*.

Nos termos do art. 4º do Regulamento do Imposto sobre Produtos Industrializados (RIPI/02), configura industrialização "qualquer operação que modifique a natureza, o funcionamento, o acabamento, a apresentação ou finalidade do produto, ou o aperfeiçoe para consumo".

A revenda, por sua vez, não pode ser tomada tão somente como a operação mercantil em que o comerciante adquire mercadorias e torna a vendê-las no exato estado em que as comprou, pois muitas vezes, para dar-se o repasse ao consumidor são

---

21. Preço de transferência na Lei n. 9.430/96, *in Temas de Legislação Tributária*, São Paulo: Delegacia da Receita Federal de Julgamento de São Paulo, 1998, p. 28-29.

necessárias alterações relativas ao acondicionamento e apresentação do bem. A revenda pode englobar, então, formas mais simples de industrialização, que modificam a aparência do produto sem, no entanto, influir em suas características intrínsecas, como natureza, funcionamento e finalidade.

É o que se depreende do Relatório elaborado pela Comissão de Assuntos Fiscais da OCDE, de 1995, nos seguintes termos:

> 2.22. Uma margem apropriada de preço de revenda é mais fácil de ser determinada onde o revendedor não acrescenta nada substancial ao valor do produto. Diferentemente, pode ser mais difícil de usar o método do preço de revenda para alcançar um preço *arm's length* quando, antes da revenda, os bens são processados ou incorporados em um produto mais complicado, de tal modo que sua identidade se perde ou se transforma (por exemplo quando componentes se agregam em produtos acabados ou semi-acabados).

Com efeito, se há revenda mesmo nas hipóteses em que a própria identidade do produto é modificada, com maior razão esta se verifica nos casos de mera agregação de valores em decorrência do aperfeiçoamento para consumo. Por consequência, seria perfeitamente possível, a princípio, aplicar o método do preço de revenda menos lucro em ambas as situações. A Instrução Normativa n. 38/97 da Secretaria da Receita Federal do Brasil, porém, em seu art. 4º, § 1º, vedou o emprego desse método nas situações em que *"o bem, serviço ou direito houver sido adquirido para emprego, utilização ou aplicação, pela própria empresa importadora, na produção de outro bem, serviço ou direito"*. Assim, nos termos dessa disposição infralegal, havendo produção de "outro bem", com perda da identidade do produto importado, mediante a transformação de sua essência, inadmissível seria a aplicação do método preço de revenda menos lucro.

Essa Instrução Normativa, todavia, foi revogada pela IN SRF n. 243/02 a qual, ao dispor sobre a específica matéria, autorizou a utilização do método do PRL em tais situações, desde que a margem de lucro aplicada para fins de abatimento fosse apenas a de 60% (sessenta por cento), que é o percentual previsto para a hipótese de *bens, serviços ou direitos importados aplicados na produção* (art 4º, § 1º).

Ao assim dispor, passou a ser compatível com a Lei que lhe empresta fundamento de validade art. 18, II, "d" da Lei n. 9.430/96, com a redação dada pela Lei n. 9.959/00 a qual, ao desdobrar o método preço de revenda menos lucro, adota percentuais diversos (20% e 60%), conforme haja, ou não, agregação de valor local, o que corrobora a adoção do conceito amplificado de "revenda".

7. MÉTODO DOS PREÇOS INDEPENDENTES COMPARADOS – PIC

O método dos preços independentes comparados consiste, nos termos prescritos pelo art. 18, inciso I, da Lei n. 9.430/96, na "média aritmética dos preços de bens, serviços ou direitos, idênticos ou similares, apurados no mercado brasileiro ou de outros países, em operações de compra e venda, em condições semelhantes". É imprescindível, portanto, que a comparação se dê entre o preço do negócio jurídico praticado por partes vinculadas e aqueles realizados à mesma época e em idênticas condições, entre empresas não vinculadas. Tarefa desse jaez é árdua e requer atenção a todas as especificações do produto importado, bem como às circunstâncias negociais que o envolvem.

Essa a razão por que a Instrução Normativa n. 243/02, disciplinando o assunto, determina sejam considerados, para fins de comparabilidade, os preços de bens, serviços ou direitos, idênticos ou similares (i) vendidos pela mesma empresa exportadora a pessoas jurídicas não vinculadas, residentes ou não-residentes; (ii) adquiridos, pela mesma importadora, de pessoas jurídicas não vinculadas, residentes ou não-residentes; ou (iii) objeto de operações de compra e venda praticadas entre outras pessoas jurídicas não vinculadas, residentes ou não-residentes (art. 8º).

Não são, porém, quaisquer operações realizadas por pessoas não vinculadas que podem ser utilizadas como parâmetro para a fixação do método dos preços independentes comparados. É imprescindível que os bens negociados sejam similares e as condições comerciais semelhantes.

7.1. Similaridade dos bens negociados

Inexistindo, na Lei n. 9.430/96, definição do que sejam "bens, serviços ou direitos, idênticos ou similares", cabe utilizar aquela constante no Acordo de Valoração Aduaneira, segundo a qual são idênticas as mercadorias iguais em tudo, inclusive nas características físicas, qualidade e reputação comercial. É necessário que apresentem composição material semelhante, permitindo que cumpram as mesmas funções, bem como semelhante reconhecimento pelo consumidor, sendo permutáveis comercialmente. Esse é também o caminho trilhado pela Instrução Normativa n. 243/02, que considera presente a similaridade entre dois bens, em condições de uso na finalidade a que se destinam, quando tiverem a mesma natureza e a mesma função, puderem substituir-se mutuamente na função a que se destinem e possuírem especificações equivalentes (art. 28). Faltando qualquer desses requisitos, não há que se falar em identidade ou similaridade.

A similaridade, portanto, não diz respeito apenas a aspectos físicos dos produtos. Há que se tomar em consideração, necessariamente, as condições peculiares de cada produto, tais como capacitação técnica do seu fornecedor, marca, qualidade e reputação comercial do bem e de seu fabricante.

Imprescindível considerar-se, ainda, o volume das transações comparadas, pois é de conhecimento geral que a negociação de maior quantidade do produto acarreta alterações no preço individual do bem, tornando-se imprestável para comparação com transações envolvendo volumes menores.

A origem dos bens importados é também de extrema relevância, pois as transações realizadas com empresas de países com tributação favorecida impossibilitam seu uso para fins de comparação dos preços. É o caso, por exemplo, da China e do Panamá, tornando-se inviável comparar os bens de lá oriundos com aqueles provenientes de países onde a tributação não é atípica. Nesse sentido, registra Fortunato Bassani Campos:

> Para evitar, talvez, esse tipo de problema a instrução normativa se reporta a operações atípicas, mas também de uma forma muito genérica, dizendo que não deverão ser incluídos na avaliação dos preços médios os valores considerados em operações atípicas e cita, como exemplos, a queima de estoques, o início de atividades, o final de atividades, *produtos que são adquiridos em países com subvenções governamentais (é o caso de produtos importados da China e de outros países que subvencionam o custo de exportação) etc.*[22]

Com efeito, os produtos, para serem comparáveis, devem não apenas possuir as mesmas características físicas, mas também apresentar-se semelhantes relativamente a quaisquer itens que possam influir em seu preço.

Outro fator há, ainda, de grande influência na formação dos preços e, consequentemente, na comparabilidade: a reputação comercial. A certeza de qualidade que o consumidor acredita encontrar em produto de boa marca influencia significativamente seu preço.

---

22. Preço de transferência na Lei n. 9.430/96, *in Temas de Legislação Tributária*, São Paulo: Delegacia da Receita Federal de Julgamento de São Paulo, 1998, p. 24.

8. IMPOSSIBILIDADE DO USO DE DADOS E INFORMAÇÕES PRIVILEGIADAS DO FISCO NA FIXAÇÃO DOS PREÇOS E CUSTOS MÉDIOS

Como já afirmei, procurando implementar o princípio "*arms's length*", a legislação brasileira prevê métodos para a fixação dos preços praticados nas operações de importação e exportação entre partes vinculadas. Na aplicação de qualquer desses métodos, há impreterível necessidade de considerar preços e custos médios (valores de mercado). Disciplinando o assunto e visando a eleger critérios seguros para estabelecer referidos valores, o legislador brasileiro indicou, no art. 21 da Lei n. 9.430/96, quais documentos podem servir de base para a apuração dos preços e custos a ser adotados:

> Art. 21. Os custos e preços médios a que se referem os arts. 18 e 19 deverão ser apurados com base em:
>
> I – publicações ou relatórios oficiais do governo do país do comprador ou vendedor ou declaração da autoridade fiscal desse mesmo país, quando ele e o Brasil mantiverem acordo para evitar a bitributação ou para intercâmbio de informações;
>
> II – pesquisas efetuadas por empresa ou instituição de notório conhecimento técnico ou publicações técnicas, em que se especifiquem o setor, o período, as empresas pesquisadas, bem como identifiquem, por empresa, os dados coletados e trabalhados.
>
> § 1º. As publicações, as pesquisas e os relatórios oficiais a que se refere este artigo somente serão admitidos como prova se houverem sido realizados com observância de métodos de avaliação internacionalmente adotados e se referirem a período contemporâneo com o de apuração da base de cálculo do imposto de renda da empresa brasileira.
>
> § 2º. Admitir-se-ão margens de lucro diversas das estabelecidas nos arts. 18 e 19, desde que o contribuinte comprove, com base em publicações, pesquisas ou relatórios elaborados de conformidade com o disposto neste artigo.

> § 3º. As publicações técnicas, as pesquisas e os relatórios a que se refere este artigo poderão ser desqualificados mediante ato do Secretário da Receita Federal, quando considerados inidôneos ou inconsistentes.

É fácil perceber que as informações a que se refere o dispositivo acima transcrito devem, necessariamente, constar em documentos públicos, acessíveis ao contribuinte à época do negócio por ele celebrado.

O artigo 21 é regulamentado pelo artigo 29 da Instrução Normativa n. 243/02, sob o título de "elementos complementares de prova", que acrescenta outros elementos de conhecimento público, com efeito probatório relativamente aos preços e custos médios, como é o caso das (i) cotações de bolsas de valores de âmbito nacional; (ii) cotações de bolsas reconhecidas internacionalmente; e (iii) pesquisas efetuadas sob a responsabilidade de organismos internacionais, como a OCDE e OMC. Sempre, informações acessíveis às partes envolvidas no negócio jurídico.

Nem poderia ser diferente, já que os preceitos de base do texto constitucional brasileiro privilegiam o contraditório e a ampla defesa. Trata-se de princípio que mereceu referência aberta em nossa Carta Constitucional, consoante se vê do art. 5º, LV: *"aos litigantes, em processo judicial ou administrativo, e aos acusados em geral são assegurados o contraditório e ampla defesa, com os meios e recursos a ela inerentes"*, tendo a presente redação eliminado, por completo, a dúvida que persistia no sistema anterior, acerca do âmbito de aplicação do presente princípio. A equiparação entre os litigantes no processo judicial e no procedimento administrativo emerge clara e límpida da própria dicção constitucional.

Depreende-se, dessas disposições constitucionais, a total impossibilidade de o Fisco utilizar, para a fixação de preços e custos médios, informações que são de seu exclusivo conhecimento. É o que registram, com acuidade, Heleno Tôrres e Ana Cláudia Utumi:

> Quanto ao uso de informações privilegiadas do Fisco e pelo Fisco, de uso interno, como elemento probatório (Siscomex, por exemplo), particularmente quanto ao PIC e ao PVEx, no que concerne à comparação externa, de fato, o Fisco não pode querer contrastar os preços praticados pelos contribuintes senão com preços de mercado, com informações disponíveis neste no momento da transação. E todos os elementos indicados como 'meios complementares' de prova, justificando essa ideia, são instrumentos públicos, disponíveis para quem os desejar.[23]

Registre-se, ainda, que as informações da SISCOMEX, além de não serem plenamente acessíveis, deixam de espelhar o preço de mercado praticado entre empresas independentes e em condições análogas às submetidas à comparação, imprescindíveis para a realização do princípio *"arm's length"*. Seu banco de dados é composto, simplesmente, por grupos de produtos, conforme sua classificação fiscal, independentemente das condições negociais que os envolveram, qualidade, reputação comercial e até mesmo de eventual vinculação entre as pessoas jurídicas participantes das transações.

No que diz respeito às informações fornecidas por outros contribuintes, é terminantemente vedado ao Fisco utilizá-las, por serem sigilosas, conforme expressa determinação do artigo 198 do Código Tributário Nacional.

A Lei n. 9.430/96, cujo fundamento último é a realização do princípio *"arm's length"*, exige que o preço parâmetro baseie-se nas condições de mercado, refletindo práticas comerciais dentro da normalidade, em consonância com as características intrínsecas do mercado aberto, onde se tem conhecimento dos preços usualmente fixados por outros vendedores, em operações

23. O controle fiscal dos preços de transferência e os meios de prova admitidos para a definição e preços e custos médios, *in Tributos e preços de transferência*, 2º vol, coord. Luís Eduardo Schoueri e Valdir de Oliveira Rocha, São Paulo: Dialética, 1999, p. 206.

similares. Como o preço fixado pelas partes vinculadas deve ser o mesmo adotado por um terceiro independente, em iguais condições, apenas informações disponíveis ao contribuinte, no momento da transação, podem ser tomadas para fins de comparabilidade. Não faz sentido exigir que este acompanhe preços que desconhece completamente, motivo pelo qual é inaceitável que o Fisco utilize dados internos seus ou exclusivo de terceiros.

Como anotei, a legislação brasileira é expressa sobre a forma de apuração dos dados para a identificação dos preços parâmetros. Somente publicações ou relatórios oficiais do governo do país do comprador ou vendedor, declaração da autoridade fiscal desse mesmo país, pesquisas efetuadas por empresa ou instituição de notório conhecimento técnico ou publicações técnicas (em que se especifiquem o setor, o período, as empresas pesquisadas e a margem encontrada, bem como identifiquem, por empresa, os dados coletados e trabalhados) são admissíveis para esse fim. Logo, qualquer apuração que tome por base dados não disponíveis ao contribuinte, à época da transação, ou, o que é mais grave, meras declarações de terceiros, sem qualquer documento ou amostra que comprove e especifique suas características, mostra-se imprestável para a fixação do preço *"arm's length"*.

9. APLICAÇÃO DO MÉTODO SEGUNDO ANÁLISE PRODUTO-A-PRODUTO E O *BASKET APPROACH*

É comum nas transações comerciais, especialmente naquelas praticadas de modo isolado, a influência de vários fatores relativamente à pactuação do preço, como por exemplo o interesse de penetração no mercado, por parte do vendedor, o desejo de o prestador de serviços ter em seu rol de clientes uma determinada empresa, a intenção de impedir ou dificultar o acesso das concorrentes ao mercado etc. Observa-se, também, que muitas vezes as transações envolvem um conjunto de produtos, simultaneamente considerados, sem importar o preço individual de qualquer deles, mas sim a obtenção de lucro na transação como um todo. Em situações como as discriminadas, a análise por produto não satisfaz o princípio *"arm's length"*. Apenas a comparação de todo o conjunto de bens transacionados com outros "pacotes" de bens semelhantes permite a apropriada verificação da normalidade dos preços.

Sobremais, a Lei n. 9.430/97, seguindo a orientação firmada pela OCDE, não exige tratamento individualizado de cada bem ou serviço, admitindo a aplicação de análises por cestos de produtos, também conhecidas por *"basket approach"*. E, se a lei não cria tal exigência, não pode fazê-lo Instrução Normativa, instrumento inábil para veiculação de obrigações no ordenamento jurídico. Consequentemente, nada obriga que os ajustes dos lucros decorrentes de transações entre empresas vinculadas sejam feitos, individualmente, para cada produto ou serviço. Os ajustes dos preços de transferência podem ser feitos, de modo satisfatório, pela comparação de "cestos de produtos", quando as análises por pacotes de transações revelarem-se capazes de mostrar as condições que estas teriam sido contratadas entre empresas independentes, realizando-se o princípio *"arm's length"*.

Com efeito, algumas empresas, por sua atividade peculiar, sempre negociam na forma de cestos de produtos. Nessa espécie de transação, é costumeiro baixar o preço de um dos produtos para facilitar a venda de outro, extremamente rentável. Não se dá a negociação de produtos isolados, cada qual com seu preço, mas de um grande conjunto de produtos, avaliados por um único preço: o preço do pacote. Nestes casos, são irrelevantes para o adquirente os preços individualmente considerados; o que interessa é a quantia total a ser desembolsada para concretizar a transação.

A comercialização por cesto de produtos não é privilégio de pessoas vinculadas. Ao contrário, empresas independentes também recorrem à negociação conjunta de produtos e serviços, tomando em consideração não os valores individuais dos bens, mas a somatória da lucratividade deles decorrentes, ou seja, o lucro auferido pela venda do "pacote". Trata-se de forma corriqueira de negociação, pois vantajosa a ambas as partes, sendo o princípio *"arm's length"* plenamente alcançado mediante a determinação da margem de lucro obtida pelo agrupamento de bens.

10. CONCLUSÕES

1. Que são preços de transferência e em quais situações devem ser empregados?

"Preço de transferência" é a forma encontrada para, verificando-se que certa transação foi efetuada entre partes vinculadas, com a fixação de preço diverso do de mercado, substituir o preço maculado pela influência das partes por aquele independente do vínculo, impedindo, com isso, a distribuição disfarçada de lucros e, assim, permitindo identificar-se o real montante da renda auferida, sujeita à tributação em consonância com o princípio *"arm's length"*.

O preço *"arm's length"* é o valor que teria sido convencionado entre partes não relacionadas, integrantes de operações similares, em condições semelhantes.

O emprego de preços de transferência só é possível quando a transação comercial for realizada entre (i) pessoas vinculadas; (ii) com domicílio em países distintos; (iii) fixando-se preço diverso daquele que seria estabelecido na operação caso as partes não fossem vinculadas; e (iv) acarretando vantagem fiscal para as partes contratantes.

2. Qual o papel dos pronunciamentos e decisões da OCDE na definição dos preços de transferência?

A despeito de a Organização para a Cooperação e Desenvolvimento Econômico (OCDE) não ser competente para a edição de normas jurídicas, suas decisões e pronunciamentos gozam de elevado prestígio na comunidade internacional. O legislador brasileiro, assim como o de vários outros países, sofreu fortíssima influência das suas recomendações, especialmente as da Convenção-Modelo, manifestando expressamente sua intenção de seguir os parâmetros ali firmados na exposição de motivos da Lei n. 9.430/96, voltada à disciplina dos preços de transferência.

3. Os métodos para cálculo dos preços de transferência arrolados na Lei 9.430/96 são taxativos? Há preferência entre eles?

Os métodos empregados na fixação dos preços de transferência nada mais são que instrumentos para concretizar-se o princípio *"arm's length"*, mediante ajuste dos valores fixados nos negócios realizados por partes vinculadas para que correspondam ao preço de mercado, livre de transferências indiretas de lucros. Os principais métodos eleitos pela OCDE e acolhidos pela legislação brasileira são: (i) método do custo de produção mais lucro, onde se adiciona uma margem de lucro apropriada ao custo da produção, considerando-se, para sua fixação, as transações similares, praticadas entre partes não relacionadas; (ii) método dos preços independentes comparados, em que se coteja o preço pactuado em operação realizada entre partes vinculadas com preços estabelecidos, para os mesmos bens ou serviços, em idênticas condições negociais, por pessoas não relacionadas; e (iii) método do preço de revenda menos lucro, no qual se deduz, do preço de revenda do bem ou serviço adquirido de parte vinculada, uma margem bruta relativa às despesas operacionais do revendedor.

Tanto a OCDE como a Lei n. 9.430/96 não traçam ordem de preferência entre os métodos a ser empregados. Deixam a cargo do contribuinte optar por aquele que lhe pareça mais conveniente.

4. Quando da operação chamada cálculo do preço de revenda menos lucro, é lícito o acréscimo de valores referentes a operações que, sem alterar a essência do produto, viabilizam ou facilitam sua revenda?

A Lei n. 9.430/96 dá ampla acolhida ao método PRL, permitindo sua aplicabilidade independentemente da existência de agregação de outros valores ao bem revendido. Pequenos processos industriais locais que não alterem a essência do produto, como beneficiamento e recondicionamento, não impedem a aplicação do método do preço de revenda. A Lei n. 9.430/96 empregou o termo "revenda" em seu sentido amplo, englobando tanto a revenda pura, considerada como venda do bem no mesmo estado em que se encontrava quando foi adquirido, como a revenda ampla, entendida como a comercialização do produto adquirido, sem acrescer quaisquer outros componentes, mediante processo de industrialização.

5. Que é preço "praticado no mercado"? Que são produtos similares para fins de cálculo de preços incidentes comparados?

O método dos preços independentes comparados visa, mediante média aritmética dos preços de bens similares e comercializados em condições semelhantes, à obtenção do "preço praticado no mercado", entre empresas independentes. O mercado é composto por uma pluralidade de compradores e vendedores, em constante negociação. Consequentemente, apenas o preço médio por eles praticado é que pode servir de parâmetro para comparação com os preços de transferência, sendo inadmissível cingir-se a comparação a apenas uma ou duas transações. Ínfima quantia de elementos comparativos deixa inviável a fixação de preços médios, por não serem representativos das verdadeiras práticas de mercado.

A legislação brasileira é clara ao vedar o emprego, para fins de aplicação do método PIC, de preços praticados com empresas localizadas em países com tributação favorecida.

Para que a comparação realize o princípio *"arm's length"* necessário se faz utilizar como parâmetro preços praticados em condições normais, submetidos à tributação típica. A similaridade exigida não abrange apenas caracteres físicos, mas quaisquer fatores que influam na fixação dos preços. E a tributação é fator de extrema relevância.

6. *É lícita a utilização de dados do SISCOMEX ou outros privativos da autoridade fiscal para o cálculo dos preços de transferência?*

O art. 21 da Lei n. 9.430/96 consigna critérios seguros para estabelecer os preços praticados por empresas independentes, relacionando, para tanto, documentos públicos, acessíveis ao contribuinte à época do negócio por ele praticado. Logo, descabida é a utilização de dados da SISCOMEX, por exemplo, pois além de inacessíveis ao público em geral, são imprestáveis para fins de comparação de preços por não indicarem as condições em que se deram os negócios ali registrados, qualidade e reputação comercial dos produtos, nem eventual vinculação entre as partes. Igualmente inadmissível o uso de informações privilegiadas do Fisco, obtidas mediante declarações de outros contribuintes fiscalizados, por serem elas sigilosas, nos termos do art. 198, do Código Tributário Nacional, e, portanto, carentes da publicidade necessária aos dados tomados como parâmetro.

7. *Em se tratando de transações que estejam relacionadas entre si, é possível a coleta conjunta de preços, considerando a totalidade das transações e não o preço de cada uma ("cesta de produtos")?*

A OCDE, ao privilegiar o princípio *"arm's length"*, reconhece a licitude de quaisquer atos voltados à sua concretização. Para tanto, admite a avaliação conjunta de transações que, por estarem estreitamente ligadas, não podem ter seus valores considerados em separado. Também a Lei n. 9.430/96 não exige tratamento individualizado de cada bem ou serviço. Como muitas vezes são realizadas transações envolvendo um conjunto de produtos, simultaneamente considerados, não importando seus preços individuais, mas a obtenção de lucro na transação como um todo, reconhece a possibilidade de, nesses casos, efetuar-se análise do preço pactuado para todo o cesto de produtos, conhecido por *"basket approach"*. Não obriga, portanto, que os ajustes dos lucros decorrentes de transações entre empresas vinculadas sejam feitos para cada produto ou serviço, admitindo a fixação do preço-parâmetro a partir do valor do "pacote" de produtos negociados.

Tema XV

REORGANIZAÇÃO SOCIETÁRIA EM FACE DAS HIPÓTESES DE INCIDÊNCIA DO PIS E DA COFINS

Análise de hipótese de transferência de bens dos ativos operacionais de uma empresa para a formação do capital de suas subsidiárias

Sumário: 1. Considerações propedêuticas. 2. Evolução legislativa da contribuição para o PIS e da COFINS. 3. Tipologia da contribuição ao PIS e da COFINS. 3.1. Critério material da hipótese de incidência da contribuição ao PIS e da COFINS. 3.2. Base de cálculo da contribuição ao PIS e da COFINS. 4. Isenção tributária e exclusão das receitas não-operacionais decorrentes da venda de bens do ativo imobilizado. 5. Direito aos créditos de PIS e COFINS. 5.1. Vedações a créditos. 6. Operações que envolvem ativos fixos operacionais e a relação de direito ao crédito. 7. A não-cumulatividade da contribuição ao PIS e da COFINS em face do art. 195, § 12, da Constituição da República. 7.1. A não-cumulatividade como princípio constitucional: limite objetivo que se preordena à realização de um valor. 7.2. Conteúdo mínimo de significação do "princípio da não-cumulatividade". 7.3. O fenômeno da isenção em face dos tributos não-cumulativos. 8. A linguagem do legislador e a interpretação do preceito constante do art.

3º, § 2º, II, das Leis n.s 10.637/02 e 10.833/03, introduzido pela Lei n. 10.865/04. 9. A disciplina da transferência de bens dos ativos no direito brasileiro. 10. Respostas às indagações formuladas.

1. CONSIDERAÇÕES PROPEDÊUTICAS

Não canso de insistir que todo trabalho com aspirações mais sérias há de ter sua metodologia, isto é, o modo particular com que o cientista, ultrapassando sua subjetividade, aproxima-se do objeto que pretende descrever. Ainda que o tema venha a ser desdobrado a partir do item subsequente, importa aqui dizer algumas palavras sobre o itinerário do pensamento, a fim de que possa ser seguido com desenvoltura, consciente do plano traçado pelo autor. A informação, que é de grande utilidade até para ensejar a iterativa conferência de seu rigor, abrindo espaço a observações críticas, está voltada substancialmente para iluminar o caminho que vai ser percorrido, facilitando, a cada passo, o entendimento das proposições apresentadas.

O movimento consistirá em colocar sob foco temático a evolução legislativa da contribuição ao PIS e da COFINS, culminando na identificação dos preceitos vigentes, para, depois, aplicá-los ao específico problema posto em tela. A atenção será centrada nos dispositivos que prescrevem a hipótese de incidência e base de cálculo desses tributos, bem como nos enunciados que asseguram direito ao crédito dessas contribuições, impondo-lhe determinantes condicionais e restritivas, para apresentarmos as várias possibilidades de interpretação das restrições ao crédito impostas pelo legislador ordinário e sua compatibilidade com o Texto Constitucional.

Será útil, também, discorrer sobre as hipóteses de desconsideração, para fins fiscais, dos negócios jurídicos praticados por contribuintes. Com esse objetivo, entendo relevante traçar as diferenças entre as figuras da elisão e evasão fiscal, para, com base nesse supedâneo teórico, firmar conclusões acerca da susceptibilidade de Processos de Reorganização serem descaracterizados, conferindo-se tratamento jurídico diverso às operações praticadas.

Seguindo esse esquema de análise, que toma como ponto de partida elementos da Teoria Geral do Direito e os conjuga ao material prescritivo em vigor, proponho estudar o assunto trazendo hipótese exemplificativa de transferência de bens dos ativos operacionais de uma empresa para a formação do capital de suas subsidiárias, contextualizando em duas situações (i) mediante contribuição de ativos fixos operacionais; e (ii) mediante compra e venda dos ativos fixos operacionais. Para melhor operacionalizar a presente análise formulo, objetivamente, indagações, sempre mantendo a coerência interna que o presente discurso exige. Ei-las:

Com relação à integralização de bens contabilizados como ativo fixo ao capital social:

1. Haverá incidência de PIS e COFINS sobre a integralização a valor contábil dos ativos fixos operacionais de propriedade de uma empresa ao capital de suas subsidiárias? E se a integralização ao capital social dos bens for realizada a valor reavaliado, permanece a resposta?

2. Na situação proposta no quesito anterior, as empresas subsidiárias poderão utilizar créditos relacionados aos ativos operacionais a que se refere o art. 3º, VI, da Lei n. 10.833/03, com as alterações trazidas pela Lei n. 11.196/05, após a implementação do Processo de Reorganização, caso a transferência destes ativos se dê por contribuição de capital, considerando também as restrições impostas pelo art. 3º, § 2º, inc. II, da Lei n. 10.833/03, incluído pela Lei n. 10.865/04?

E com relação à compra e venda de ativos fixos operacionais:

3. As empresas subsidiárias poderão utilizar os créditos relacionados aos ativos operacionais a que se refere o art. 3º, VI, da Lei n. 10.833/03, com as alterações trazidas pela Lei n. 11.196/05, após a implementação do Processo de Reorganização, caso a transferência destes ativos se dê por compra e venda?

4. Com relação a ambas as alternativas de transferência de ativos objeto de avaliação para o Processo de Reorganização, poderia o fisco vir a descaracterizá-la para conferir a estas o tratamento de uma cisão, para o fim de ver-se aplicada a restrição ao direito de creditamento constante do art. 30 da Lei n. 10.865/04?

2. EVOLUÇÃO LEGISLATIVA DA CONTRIBUIÇÃO PARA O PIS E DA COFINS

A Constituição de 1988 atribui competência à União para instituir contribuições sociais (art. 149), especificando, no art. 195 e incisos, as hipóteses em que são permitidas as exigências de contribuições que objetivem o financiamento da seguridade social. A Carta Magna, em sua redação original, relacionava, dentre os possíveis sujeitos passivos dessa espécie de exação, os empregadores, tendo como base de cálculo a folha de salários, o faturamento e o lucro.

No exercício da competência que lhe foi conferida, o ente federal introduziu no ordenamento jurídico a Lei Complementar n. 70/91, criando a COFINS, cuja base de cálculo, nos termos do seu art. 2º, era "*o faturamento mensal, assim considerada a receita bruta das vendas de mercadorias, de mercadorias e serviços e de serviço de qualquer natureza*".

Além da faculdade constante do art. 195, o constituinte recepcionou expressamente o PIS, estabelecendo, no art. 239, que

> a arrecadação decorrente das contribuições para o Programa de Integração Social, criado pela Lei Complemen-

> tar n. 7, de 7 de setembro de 1970, e para o Programa de Formação do Patrimônio do Servidor Público, criado pela Lei Complementar n. 8, de 3 de dezembro de 1970, passa, a partir da promulgação desta Constituição, a financiar, nos termos que a lei dispuser, o programa do seguro-desemprego e o abono de que trata o § 3º deste artigo.

Tendo em vista que, nos termos do art. 3º da Lei Complementar n. 7/70, a Contribuição ao PIS é calculada com base no faturamento, passaram a existir, no sistema jurídico-tributário, duas contribuições incidentes sobre esse mesmo fato: a Contribuição ao PIS e a COFINS.

A Lei n. 9.718, de 27/11/98, por sua vez, modificou a regra-matriz de incidência dos mencionados tributos. Estes, antes incidentes sobre o faturamento, entendido como o resultado das vendas de mercadorias, de mercadorias e serviços e de serviço de qualquer natureza, passaram a ter como base de cálculo a receita bruta, ou seja, todas as receitas auferidas pela pessoa jurídica[24].

As contribuições ao PIS e a COFINS passaram a ter por base de cálculo o total das receitas da empresa, representando

24. Esclareço que a Lei n. 9.718/98, ao estender o conteúdo semântico da palavra "faturamento", equiparando-a à receita bruta da pessoa jurídica, fê-lo sem fundamento constitucional, pois apenas em momento posterior, com a edição da Emenda n. 20/98, a instituição de contribuição para a seguridade social incidente sobre a receita passou a ser permitida pelo Texto Supremo. Logo, há incompatibilidade vitanda da equiparação promovida pela Lei n. 9.718/98 com a sistemática constitucional em vigor na data de sua publicação, estando totalmente comprometido o referido Diploma. Este posicionamento é acompanhado pela jurisprudência do STF, o qual, em seção plenária realizada no dia 10.09.08 resolveu, por unanimidade, questão de ordem, no sentido de reafirmar a jurisprudência do Tribunal acerca da inconstitucionalidade do § 1º do artigo 3º da Lei n. 9.718/98. Em que pese a essa decisão, o referido enunciado ainda não foi retirado do ordenamento jurídico. Isso, todavia, não repercute sobre a análise proposta, que se restringe ao aspecto da não-cumulatividade desses tributos.

elevado ônus econômico às cadeias industriais, comerciais e de serviços. Daí o pleito dos contribuintes pela implantação da sistemática não-cumulativa a esses tributos.

Nesse sentido, surgiu a Medida Provisória n. 66, de 29/08/2002, convertida na Lei n. 10.637/02, instituindo uma série de medidas destinadas a implementar a "não-cumulatividade" da contribuição ao PIS, como bem referido na exposição de motivos daquela Medida Provisória:

> (...) 2. A proposta, de plano, dá curso a uma ampla reestruturação na cobrança das contribuições sociais incidentes sobre o faturamento. Após a instituição da cobrança monofásica em vários setores da economia, o que se pretende, na forma desta Medida Provisória, é, gradualmente, proceder-se à introdução da cobrança em regime de valor agregado – inicialmente com o PIS/Pasep para, posteriormente, alcançar a Contribuição para o Financiamento da Seguridade Social (Cofins). (...)
>
> 9. A alíquota foi fixada em 1,65% e incidirá sobre as receitas auferidas pelas pessoas jurídicas, admitido o aproveitamento de créditos vinculados à aquisição de insumos, bens para revenda e bens destinados ao ativo imobilizado, ademais de, entre outras, despesas financeiras.

Logo depois, foi editada a Medida Provisória n. 135, de 30/10/2003, convertida na Lei n. 10.833/03, dispondo sobre a cobrança "não-cumulativa" da COFINS, que o legislador chamou de "continuidade à reestruturação na cobrança das contribuições incidentes sobre o faturamento". Ainda, dando continuidade às modificações legislativas concernentes ao assunto, adveio a Lei n. 10.865/04, a qual, além de dispor sobre a contribuição ao PIS e COFINS incidentes sobre a importação de bens e serviços, alterou, em muitos aspectos, o regime não-cumulativo das contribuições examinadas, conferindo nova redação a diversos dispositivos das Leis n.s 10.637/02 e 10.833/03.

Convém esclarecer, nesta oportunidade, que a tributação não-cumulativa foi expressamente exigida pelo texto original da Constituição da República relativamente ao IPI, ICMS, impostos e contribuições residuais. Outros tributos, sobre os quais a Constituição é silente, podem ser, em princípio, cumulativos, estando na inteira discrição do legislador infraconstitucional estabelecer ou não métodos para evitar a incidência em cascata.

Essa é a razão pela qual a contribuição ao PIS e a COFINS sempre tenham sido cumulativas. Também foi o mesmo contorno constitucional que permitiu ao legislador ordinário prever o abatimento de créditos relativamente a essas contribuições (Leis n.s 10.637/02 e 10.833/03). Naquela oportunidade, o legislador desenhou o modelo da sistemática não-cumulativa, determinando quais seriam as pessoas jurídicas sujeitas a essa nova modalidade de cálculo, os critérios para a quantificação do crédito, a forma de sua compensação e, até mesmo, as limitações e vedações ao creditamento.

Em seguida, procurando conferir *status* constitucional à não-cumulatividade dessas contribuições, o constituinte derivado editou a Emenda n. 42, de 19/12/2003, acrescentando o § 12 ao art. 195, cuja redação vale transcrever:

> § 12. A lei definirá os setores de atividade econômica para os quais as contribuições incidentes na forma dos incisos I, b; e IV do *caput*, serão não-cumulativas.

Diante dessa Emenda Constitucional, a não-cumulatividade da Contribuição ao PIS e da COFINS, que havia sido instituída por liberalidade do legislador ordinário, com os permissivos e vedações pelos quais livremente optou, passou a apresentar um conteúdo mínimo de significação de observância obrigatória. Assim, por imperativo constitucional, pretendendo-se a implantação do regime não-cumulativo àqueles tributos, cabe ao legislador apenas indicar os setores de atividade econômica em que deseja fazê-lo, sendo-lhe, no entanto, proibido estabelecer limites ao direito de crédito, mitigando os efeitos da não-cumulatividade[25].

Faço esses esclarecimentos pois é com base no texto das Leis n.s 10.637/02, 10.833/03 e as alterações introduzidas pela Lei n. 10.865/04, que responderei às indagações formuladas na introdução deste estudo. Não deixarei, entretanto, de examinar as diversas interpretações susceptíveis de serem construídas a partir desses suportes normativos, confrontando suas determinações com aquelas constantes da Constituição da República.

3. TIPOLOGIA DA CONTRIBUIÇÃO AO PIS E DA COFINS

Já se sabe, mas vale recordar, que a tipologia tributária é obtida pela análise do binômio "hipótese de incidência e base de cálculo". Esse princípio de dualidade compositiva consta na Carta Magna, consistindo, pois, em diretriz constitucional, firmada no momento em que o legislador realizava o trabalho delicado de traçar a rígida discriminação de competências tributárias, preocupado em preservar os princípios da Federação e da autonomia dos Municípios. Preceituou o constituinte brasileiro, no art. 145, § 2º, que *"as taxas não poderão ter base de cálculo própria de impostos"*. E, mais adiante, no art. 154, I, asseverou, como requisitos para a União instituir impostos não previstos em sua competência, que sejam eles criados mediante lei complementar, não apresentem caráter de cumulatividade

25. Importa consignar que o art. 195, § 12, da CR/88 é dirigido, também, à contribuição para o PIS, pois prescreve que a não-cumulatividade será aplicada às contribuições incidentes *na forma* dos incisos I, *b*; e IV do *caput*. A contribuição ao PIS, por seu turno, é incidente na forma do inciso I, *b*, do art. 195, visto que tem por base de cálculo o faturamento ou a receita, nos mesmos moldes da COFINS, sendo destinada ao financiamento da seguridade social.

e *"não tenham fato gerador ou base de cálculo próprios dos discriminados nesta Constituição"*. A mensagem constitucional é firme, tornando-se imprescindível analisar a hipótese de incidência e a base de cálculo como expediente necessário para ingressar.

No direito brasileiro, o tipo tributário está integrado pelo relacionamento lógico e harmônico da hipótese de incidência e da base de cálculo. O binômio, adequadamente reconhecido, revela a natureza do tributo submetido à investigação, permitindo a análise de sua compatibilidade relativamente ao sistema constitucional, sem interferência da retórica muitas vezes imprecisa do legislador.

3.1. Critério material da hipótese de incidência da contribuição ao PIS e da COFINS

No critério material há referência ao comportamento de pessoas, físicas ou jurídicas tal comportamento é condicionado no tempo e no espaço, pelos critérios temporal e espacial. Compõe o núcleo da hipótese normativa, exigindo a presença de verbo pessoal e de predicação incompleta, acompanhado pelo correspondente complemento, compondo, desse modo, os elementos para identificação do fato, signo-presuntivo de riqueza que será objeto de tributação.

Ao examinar as leis que disciplinam a exigência da contribuição ao PIS e da COFINS, notamos que indicam como "fato gerador"[26] "o faturamento mensal, assim entendido o total das receitas auferidas pela pessoa jurídica, independentemente de sua denominação ou classificação contábil", compreendendo,

26. Essa locução é ambígua, indicando, simultaneamente, a descrição abstrata e a realização concreta do fato, motivo pelo qual utilizo, em substituição a ela, as expressões "hipótese de incidência" e "fato jurídico tributário", respectivamente.

portanto, "à receita bruta da venda de bens e serviços nas operações em conta própria ou alheia e todas as demais receitas auferidas pela pessoa jurídica" (art. 1°, caput e § 1° das Leis n.s 10.637/02 e 10.833/03). Dito de outro modo, e fazendo uso de vocábulos com maior precisão terminológica, a hipótese de incidência dessas contribuições é "auferir receitas".

A "receita bruta", objeto de tributação pelas contribuições examinadas, além de abarcar o faturamento, entendido como recursos provenientes de operações de venda de mercadorias ou serviços, incorpora todas as receitas não operacionais da pessoa jurídica, tais como aluguéis, juros, correções monetárias, *royalties*, dividendos, etc. Num primeiro momento, portanto, toda e qualquer receita auferida pela pessoa jurídica configuraria fato tributável.

3.2. Base de cálculo da contribuição ao PIS e da COFINS

Tenho para mim que a base de cálculo é a grandeza instituída no consequente da regra-matriz tributária e que se destina, primordialmente, a dimensionar a intensidade do comportamento inserto no núcleo da hipótese de incidência, para que, combinando-se à alíquota, seja determinado o valor da prestação pecuniária. Paralelamente, tem ela a virtude de confirmar, infirmar ou afirmar o critério material expresso na composição do suposto normativo. Portanto a versatilidade categorial desse instrumento jurídico apresenta-se em três funções distintas: a) medir as proporções reais do fato; b) compor a específica determinação da dívida; e c) confirmar, infirmar ou afirmar o verdadeiro critério material da descrição contida no antecedente da norma.

Considerando que o critério material da hipótese normativa da contribuição ao PIS e da COFINS consiste em *"auferir receitas"*, e que a base de cálculo tem, dentre suas funções, a incumbência de medir o fato tributável, de modo que o tributo seja pago em conformidade com as dimensões do sinal de riqueza eleito na determinação do fato, a base de cálculo não há de ser outra que não *"o valor das receitas auferidas"*. É o que prescreve o § 2º do art. 1º das Leis n.s 10.637/02 e 10.833/03, nos termos do qual a base de cálculo daquelas contribuições *"é o valor do faturamento, conforme definido no* caput", ou seja, a totalidade das receitas auferidas pela pessoa jurídica, independentemente da sua denominação ou classificação contábil.

Essas mesmas leis, entretanto, prescrevem não integrar a base de cálculo dos gravames examinados as receitas não-operacionais, decorrentes da venda do ativo imobilizado e permanente (art. 1º, § 3º, VI, da Lei n. 10.637/02 e art. 1º, § 3º, II, da Lei n. 10.833/03, respectivamente). Ao relacionar as espécies de receitas que são excluídas da base de cálculo desses tributos, referidas Leis acabaram por instituir verdadeira isenção, mediante mutilação parcial do critério quantitativo da regra-matriz de incidência. Se a base de cálculo é a medida do fato jurídico tributário (função mensuradora), qualquer exclusão que se pretenda fazer implicará redução da possível abrangência da regra-matriz, colocando o fato excluído fora do âmbito da percussão tributária, como a seguir será demonstrado.

4. ISENÇÃO TRIBUTÁRIA E EXCLUSÃO DAS RECEITAS NÃO-OPERACIONAIS DECORRENTES DA VENDA DE BENS DO ATIVO IMOBILIZADO

As normas de isenção compõem a classe das regras de estrutura, que inserem modificações na regra-matriz de incidência tributária. Guardando sua autonomia normativa, a regra de isenção investe contra um ou mais dos critérios da norma-padrão de incidência, mutilando-os, parcialmente. Aquilo que o preceito de isenção faz é subtrair parcela do campo de abrangência do critério do antecedente ou do consequente, podendo a regra de isenção inibir a funcionalidade da regra-matriz tributária de oito maneiras distintas: (i) pela hipótese: i.1) atingindo-lhe o critério material, pela desqualificação do verbo; i.2) mutilando o critério material, pela subtração do complemento; i.3) indo contra o critério espacial; i.4) voltando-se para o critério temporal; (ii) pelo consequente, atingindo: ii.1) o critério pessoal, pelo sujeito ativo; ii.2) o critério pessoal, pelo sujeito passivo; ii.3) o critério quantitativo, pela base de cálculo; e ii.4) o critério quantitativo, pela alíquota.

Importa referir que o legislador, muitas vezes, dá ensejo ao mesmo fenômeno jurídico de recorte normativo, mas não chama a norma mutiladora de isenção. Não há relevância na terminologia usada, pois aprendemos a tolerar as falhas do produto legislado e sabemos que somente a análise sistemática, iluminada pela compreensão dos princípios fundamentais do direito, é que poderá apontar os verdadeiros rumos da inteligência de qualquer manifestação do direito positivo.

Por esses motivos, e levando em conta que a contribuição ao PIS e a COFINS apresentam como critério material da hipótese normativa o fato de "auferir receitas", tendo como base de cálculo exatamente o montante destas, qualquer supressão da receita acaba por mutilar parcialmente a regra-matriz de incidência tributária. É o que fazem o art. 1º, § 3º, VI, da Lei n. 10.637/02 e o art. 1º, §3º, II, da Lei n. 10.833/03: atacam o critério quantitativo da norma que determina a tributação, atingindo, mais especificamente, a base de cálculo.

5. DIREITO AOS CRÉDITOS DE PIS E COFINS

Com o objetivo de implantar a sistemática da não-cumulatividade à contribuição para o PIS e à COFINS, as Leis n.s 10.637/02 e 10.833/03 permitem que do valor devido a título de PIS e COFINS sejam deduzidos créditos, calculados com base no custo das aquisições de bens e serviços, bem como das despesas incorridas, valores esses necessários à atividade da pessoa jurídica.

Das regras-matrizes de incidência tributária advêm os liames que têm por objeto o pagamento da contribuição ao PIS e da COFINS. Reduzindo as complexidades sugeridas pela disciplina de tais tributos, podemos construir os seguintes conteúdos prescritivos[27]:

> Contribuição ao PIS: "Dado o fato de haver ingresso de receita, deve-ser o pagamento à União, pela pessoa jurídica titular daquela receita, de tributo equivalente a 1,65% da receita auferida".
>
> COFINS: "Dado o fato de haver ingresso de receita, deve-ser o pagamento à União, pela pessoa jurídica titular daquela receita, de tributo correspondente a 7,6% da receita auferida".

Simultaneamente, prescrevem as Leis n.s 10.637/02 e 10.833/03 que depois de apurado o *quantum* devido, na forma acima referida, faz jus o contribuinte ao abatimento de certos valores, por elas denominados "créditos". Criam, com isso, *regras-matrizes do direito ao crédito*, as quais objetivam implementar o princípio da não-cumulatividade e podem ser assim enunciadas:

> Contribuição ao PIS: "Dado o fato da aquisição de bens, serviços e a realização de despesas, deve-ser o direito do contribuinte ao desconto, do montante do tributo devido, de 1,65% calculado sobre o valor daqueles bens, serviços e despesas".
>
> COFINS: "Dado o fato da aquisição de bens, serviços e a realização de despesas, deve-ser o direito do contribuinte ao desconto, do montante da contribuição devida, de 7,6% calculado sobre o valor daqueles bens, serviços e despesas".

27. Essa construção normativa é referente apenas à tributação das pessoas jurídicas abrangidas pela regra da não-cumulatividade.

A relação jurídica de direito ao crédito (também denominado "abatimento" ou "desconto") nasce como eficácia do fato da aquisição de bens e serviços e da sujeição a despesas relacionadas com a atividade do contribuinte. Quanto à forma de cálculo do crédito, consiste na aplicação das alíquotas de 1,65% e 7,6%, caso se trate de Contribuição ao PIS ou COFINS, independentemente de os bens, serviços e despesas terem sido onerados por equivalente alíquota. O montante do crédito não se afere com base no tributo incidente na etapa anterior do ciclo econômico, mas sim a partir de uma alíquota previamente determinada, aplicada sobre o valor da operação. Como decorrência disso, sendo o adquirente sujeito ao regime não-cumulativo da contribuição ao PIS e da COFINS, está autorizado a descontar créditos calculados a 1,65% e 7,6% em relação aos seus dispêndios, ainda que o fornecedor do bem ou serviço seja onerado com alíquota diversa, como é o caso das pessoas jurídicas tributadas pelo imposto de renda com base no lucro presumido ou dos optantes pelo SIMPLES, além das demais entidades relacionadas no art. 8º da Lei n. 10.637/02 e art. 10 da Lei n. 10.833/03.

Isso evidencia a independência entre a regra-matriz de incidência tributária e a regra-matriz do direito ao crédito. O *direito ao crédito* é moeda escritural, e se, de um lado, é inexigível enquanto crédito pecuniário na via judicial, por outro, é imprescindível perante o lídimo exercício do direito à não-cumulatividade, que se consuma com o exercício da compensação desse crédito com o "débito tributário" (obrigação tributária) do Fisco. Pode ou não nascer, cronologicamente, em instante simultâneo ao fato jurídico tributário, mas *não decorre da regra-matriz de incidência*, que tem sua eficácia direcionada exclusivamente para instaurar a *obrigação tributária*. Internamente, analisando a fenomenologia da não-cumulatividade, verifica-se que o *direito ao crédito* do sujeito adquirente provém da norma denominada *regra instituidora do direito ao crédito* e formaliza-se com os atos praticados pelo administrado, ulteriormente homologados, de maneira tácita ou explícita, pelas autoridades fiscais.

A dinâmica que expusemos reproduz-se, ponto por ponto, em cada intervalo, espraiando-se pela cadeia produtiva e de comercialização dos produtos, mercadorias e serviços, de tal modo que torne efetivo, concretamente, o preceito da não-cumulatividade.

É despiciendo saber se houve ou não cálculo do tributo embutido no valor do produto, mercadoria ou serviço para justificar o *direito ao crédito*. Este não decorre da cobrança, nem da incidência, nem do pagamento do gravame; nasce da percussão da regra de *direito ao crédito*. A regra que estipula o nascimento desse direito goza de autonomia relativamente à norma que cuida da imposição tributária, sendo irrelevante, para a formação do *direito ao crédito*, o nascimento da obrigação tributária ou a circunstância de ter sido ou não extinta essa mesma relação: a cobrança e o efetivo pagamento do tributo na etapa anterior torna-se irrelevante para a formação do *direito ao crédito*.

5.1. Vedações a créditos

Como já anotado, o regime não-cumulativo implantado pelas Leis n.s 10.637/02 e 10.833/03 permite às empresas utilizar créditos de PIS e COFINS relativos às etapas anteriores da cadeia econômica para abatê-los dos valores das contribuições incidentes sobre suas receitas. Tais legislações, porém, limitam a possibilidade de creditamento, relacionando situações que não fazem surgir esse direito. Prescrevem, no art. 3º, § 2º:

> Art. 3º.
>
> (...)
>
> § 2º. Não dará direito a crédito o valor:

> I – de mão-de-obra paga a pessoa física; e
>
> II – da aquisição de bens ou serviços não sujeitos ao pagamento da contribuição, inclusive no caso de isenção, esse último quando revendidos ou utilizados como insumo em produtos ou serviços sujeitos à alíquota 0 (zero), isentos ou não alcançados pela contribuição.

O inciso II, supra, foi acrescentado pela Lei n. 10.865/04, vedando créditos decorrentes da aquisição de bens ou serviços não sujeitos ao pagamento da contribuição ao PIS e da COFINS, inclusive no caso de isenção, quando a revenda, produto ou serviço em que forem utilizados se apresentarem isentos, sujeitos à alíquota zero ou, por qualquer outro motivo, não tributados.

6. OPERAÇÕES QUE ENVOLVEM ATIVOS FIXOS OPERACIONAIS E A RELAÇÃO DE DIREITO AO CRÉDITO

Dentre as hipóteses que geram créditos de PIS e COFINS à pessoa jurídica, as Leis n.s 10.637/02 e 10.833/03 relacionam, expressamente, as "máquinas, equipamentos e outros bens incorporados ao ativo imobilizado adquiridos, ou fabricados para locação a terceiros, ou para utilização na produção de bens destinados à venda ou na prestação de serviços" (art. 3º, VI com a redação dada pela Lei n. 11.196/05). Mas, quando esses bens forem adquiridos sem incidência das contribuições, o direito ao crédito é limitado.

Considerando a situação relatada, e objetivando regulamentar o assunto, o Secretário da Receita Federal do Brasil emitiu a Instrução Normativa n. 457, de 18/10/2004, disciplinando a utilização de créditos calculados em relação aos encargos de depreciação de máquinas, equipamentos, vasilhames de vidros retornáveis e outros bens incorporados ao ativo imobilizado, para fins de apuração da contribuição para o PIS/PASEP e da COFINS. Esse ato confirma a possibilidade de desconto de créditos relativos a bens do ativo fixo, estipulando o modo e prazo em que deve ser feito, e proibindo, no art. 1º, § 3º, II, a utilização de créditos "na hipótese de aquisição de bens usados".

Segundo entendimento da Secretaria da Receita Federal do Brasil, os bens adquiridos, incorporados ao ativo imobilizado, quando tal operação não se sujeite à contribuição ao PIS e à COFINS, não geram direito ao crédito. Além disso, enfatiza a impossibilidade do creditamento quando os bens adquiridos para esse fim sejam usados.

Partindo dessas premissas, passemos ao exame das normas que disciplinam a incidência tributária e o direito ao crédito das citadas contribuições em face de hipótese exemplificativa de transferência de bens dos ativos operacionais de uma empresa para a formação do capital de suas subsidiárias.

(i) Situação 1 – Contribuição de ativos fixos operacionais

Ao efetuar essa espécie de transferência, a transmitente não se sujeita à tributação pela contribuição ao PIS e pela COFINS. Nesse caso, a pessoa jurídica que confere os bens para implementar a constituição ou o aumento de capital de outra pessoa jurídica recebe, em contrapartida, ações ou quotas, as quais não configuram receitas. Logo, inocorre subsunção à hipótese normativa desses tributos.

Ainda que se proceda à contribuição desses ativos fixos a valor de mercado, em decorrência de sua prévia reavaliação, não há que falar em incidência da contribuição ao PIS e da COFINS. Essa reavaliação nada mais é que o abandono do custo histórico dos bens do ativo, para considerar o valor de mercado, apresentando, com isso, quantificação mais condizente com a realidade econômica. O registro das reavaliações de ativos é efetuado na conta de reserva do patrimônio líquido, com base no laudo de reavaliação emitido por peritos ou empresa especializada, no qual devem constar a descrição por item patrimonial e as estimativas de vida útil remanescente desses ativos para possibilitar o cálculo da depreciação ou amortização.

Para apuração fiscal, os órgãos competentes não consideram a reavaliação tributável, ou seja, não é exigido o pagamento de tributos sobre o reconhecimento contábil da mais-valia do ativo desde que: (i) a mais-valia seja referente a itens do ativo permanente; (ii) a contrapartida do lançamento contábil seja no patrimônio líquido, reserva de reavaliação; e (iii) seja suportada por laudo de avaliação nos termos do art. 8º da Lei n. 6.404/76.

A reavaliação, sendo mera adequação dos bens do ativo permanente às condições de mercado, não se qualifica como receita, razão pela qual também nessa hipótese inocorre incidência da contribuição ao PIS e da COFINS.

Quanto ao direito ao crédito para as empresas adquirentes, no caso, as subsidiárias, a legislação ordinária e a Instrução Normativa n. 457/04, da Secretaria da Receita Federal do Brasil, vedam-no. Isso porque, além de a aquisição não ter-se sujeitado às contribuições examinadas, os bens de ativo imobilizado adquiridos são usados, enquadrando-se nas restrições do art. 3º, § 2º, II, das Leis n.s 10.637/02 e 10.833/03, e do art. 1º, § 3º, II, da Instrução Normativa SRF n. 457/04.

(ii) Situação 2: Compra e venda dos ativos fixos operacionais

Existindo venda de bens do ativo fixo operacional da empresa para a formação do capital de suas subsidiárias, que adquirem referidos bens, por eles pagando preço determinado, ocorre recebimento de receitas pela empresa vendedora, o que, à primeira vista, levaria à sua tributação pelas contribuições ao PIS e pela COFINS. As Leis n.s 10.637/02 e 10.833/03, porém, determinam a exclusão dessas receitas da base de cálculo daqueles tributos, instituindo verdadeira norma isentiva. Essa a razão pela qual nesse caso, mesmo havendo receita para a empresa vendedora dos ativos operacionais, não surgem as correspondentes obrigações tributárias.

Em contrapartida, não se sujeitando a aquisição de tais bens à contribuição ao PIS e à COFINS, esse negócio jurídico não acarreta direito a créditos para os adquirentes, nos termos do já citado art. 3º, § 2º, II, das Leis n.s 10.637/02 e 10.833/03. Além disso, há a proibição de crédito veiculado pelo art. 1º, § 3º, II, da Instrução Normativa SRF n. 457/04, segundo o qual não podem ser descontados créditos relativos à aquisição de bens usados.

Do exposto, observa-se que em nenhuma das formas de transferência de bens do ativo fixo operacional é autorizada a exigência de pagamento da contribuição ao PIS e da COFINS. Do mesmo modo, em ambas hipóteses a Secretaria da Receita Federal do Brasil proíbe a utilização dos créditos correspondentes aos bens adquiridos.

7. A NÃO-CUMULATIVIDADE DA CONTRIBUIÇÃO AO PIS E DA COFINS EM FACE DO ART. 195, § 12, DA CONSTITUIÇÃO DA REPÚBLICA

As considerações que acabei de fazer tomam por base a legislação ordinária e a Instrução Normativa emitida pela Secretaria da Receita Federal do Brasil, refletindo, assim, o posicionamento adotado pelos órgãos fiscais da União. Isso não exclui, porém, a construção de conteúdo interpretativo diverso, especialmente quando fundado em dispositivo da Carta Magna, como é o caso do § 12 do art. 195, inserido pela Emenda Constitucional n. 42/03, que assegura a não-cumulatividade das contribuições incidentes sobre a receita, sem impor qualquer restrição.

Tomando esse preceito constitucional como ponto de partida para o exame da não-cumulatividade das contribuições, observamos que embora caiba ao legislador ordinário indicar os setores de atividade econômica sujeitos a essa sistemática, não lhe é autorizado restringir os efeitos do regime não-cumulativo mediante a prescrição de limites ou vedações. A não-cumulatividade apresenta-se como princípio constitucional, cujo conteúdo mínimo não pode ser desprezado ou alterado por legislação de inferior hierarquia.

7.1. A não-cumulatividade como princípio constitucional: limite objetivo que se preordena à realização de um valor

A Constituição Federal de 1988, cuidando da instituição do IPI e do ICMS, prescreveu que ambos seriam não-cumulativos, compensando-se o que for devido em cada operação com o montante cobrado nas anteriores[28]. Exigiu também o requisito da não-cumulatividade para a instituição válida de impostos e contribuições residuais[29], determinando, ainda, a aplicação dessa forma de tributação à contribuição ao PIS e à COFINS, relativamente aos setores de atividade econômica que o legislador infraconstitucional indicar[30]. Em todas essas hipóteses, a não-cumulatividade aparece como regra principiológica, orientando a atividade legislativa, que dela não pode distanciar-se.

Discordo, de forma veemente, dos argumentos que tentam subtrair da não-cumulatividade a característica de princípio constitucional, atribuindo-lhe a qualidade de mera "téc-

28. IPI: art. 153, § 3º, II, da CR; ICMS: art. 155, § 2º, I, da CR.

29. Arts. 154, I, e 195, § 4º, da CR.

30. Art. 195, § 12, da CR.

nica de tributação". Essa espécie de assertiva decorre de confusão acerca da abrangência do vocábulo "princípio". Este, como anotei, alcança toda norma jurídica carregada de forte conotação axiológica, ainda que estruturada como um limite objetivo.

Realmente, a não-cumulatividade dista de ser um valor. Apresenta-se, entretanto, como limite objetivo que se quer cumprido por todos os sujeitos envolvidos na atividade de implantação do sistema tributário brasileiro. É um limite objetivo que se volta, mediatamente, à realização de certos valores, como o da *justiça da tributação*, do *respeito à capacidade contributiva do administrado* e da *uniformidade na distribuição da carga tributária*. Cumpre esses objetivos ao atuar sobre o conjunto das operações econômicas entre os vários setores da vida social, para que o impacto da percussão tributária não provoque distorções já conhecidas pela experiência histórica, como a tributação em cascata, com efeitos danosos na apuração dos preços e crescimento estimulado na aceleração inflacionária. E entre as possibilidades de disciplinas jurídicas neutralizadoras daqueles desvios de natureza econômica, nosso constituinte adotou determinado caminho, mediante a estipulação de um verdadeiro limite objetivo, que é a não-cumulatividade de alguns tributos.

7.2. Conteúdo mínimo de significação do "princípio da não-cumulatividade"

Vimos que a não-cumulatividade é princípio constitucional de aplicação obrigatória ao IPI, ICMS, impostos e contribuições residuais, e, após a Emenda Constitucional n. 42/03, à contribuição ao PIS e à COFINS. Relativamente ao IPI e ICMS, o constituinte houve por bem elucidar o conteúdo da não-cumulatividade, prescrevendo a compensação do que for devido em cada operação com o montante incidente nas anteriores.

No que concerne à não-cumulatividade necessária à instituição de impostos e contribuições residuais, assim como da Contribuição ao PIS e da COFINS, silenciou o legislador constitucional acerca do seu significado e abrangência. Do exame sistemático do Texto Magno, entretanto, podemos concluir que o conceito de "não-cumulatividade" utilizado pela Constituição da República é uniforme. Trata-se de princípio constitucional erigido com a finalidade de evitar a superposição de cargas tributárias, impedindo a incidência do mesmo tributo mais de uma vez sobre valor que já serviu de base à sua cobrança em fase anterior do processo econômico.

Todas as vezes que o constituinte empregou o termo "não-cumulativo", fê-lo para indicar aquela sistemática pela qual cada etapa do ciclo de operações ou prestações sofra apenas uma incidência tributária. Assim, o legislador ordinário, em relação ao PIS e à COFINS, pode adotar qualquer das diversas técnicas susceptíveis de ser formuladas para que o tributo incida apenas uma vez em cada negócio realizado. Mas, independentemente do método escolhido, somente se poderá falar em não-cumulatividade se ausentes limitações ou restrições ao aproveitamento do tributo relativo aos negócios jurídicos anteriores. Apenas se amplo e irrestrito o direito ao crédito, o tributo não se acumulará. Caso alguma exação devida em uma das etapas do ciclo não seja levada em conta nas subsequentes, haverá sobreposição do ônus tributário, em manifesta violação ao comentado princípio constitucional, que admite mitigação apenas se estabelecida pela própria Constituição, como ocorre, por exemplo, em relação ao ICMS.

7.3. O fenômeno da isenção em face dos tributos não-cumulativos

A norma de isenção atua sobre a regra-matriz de incidência tributária, investindo contra um ou mais critérios de sua estrutura, mutilando-os parcialmente. Com efeito, trata-se de encontro de duas normas jurídicas que têm por resultado a inibição da incidência da hipótese tributária sobre os eventos abstratamente qualificados pela norma isentiva, ou que tolhe sua consequência, comprometendo-lhe os efeitos prescritivos da conduta. Se o fato é isento, sobre ele não se opera a incidência e, portanto, não há que falar em fato jurídico tributário, tampouco em obrigação tributária. E se a isenção se der pelo consequente, a ocorrência fáctica encontrar-se-á tolhida juridicamente, já que a sua eficácia não poderá ser irradiada.

Se a operação é isenta, *a regra-matriz de incidência tributária* fica neutralizada, não havendo que falar em acontecimento do fato jurídico tributário e, por via de consequência, em nascimento da correspondente obrigação. Entretanto, percutindo sobre o mesmo suporte fáctico para determinar outro fato jurídico, a *regra que estatui o direito ao crédito* produz seus efeitos, para o fim de constituir o *direito ao crédito*. São duas regras diversas e independentes, cada qual gerando seus próprios resultados.

Como o *direito ao crédito* não decorre da incidência da norma tributária, fica sendo de todo irrelevante saber se a operação é ou não isenta, se o fato jurídico tributário adquiriu ou não a concrescência que dele se esperava, se irrompeu ou não o vínculo obrigacional do imposto, se foi ou não cobrado o valor da eventual prestação. Na verdade, a cobrança da dívida, a instalação da obrigação tributária, a concretude do fato jurídico, a dinâmica da regra-matriz de incidência e a atuação da regra isentiva são momentos da fenomenologia jurídica dos tributos que não influem na composição do *direito ao crédito*.

A atuação da regra isentiva não macula o direito ao crédito. A norma de isenção existe para inibir a incidência da norma tributária, nos específicos casos nela previstos, e não para prejudicar o direito ao crédito, comprometendo, de algum modo, as metas constitucionais da não-cumulatividade.

Apenas em relação ao ICMS a Carta Magna prescreve que

> a isenção ou não-incidência, salvo determinação em contrário da legislação: a) não implicará crédito para compensação com o montante devido nas operações ou prestações seguintes; b) acarretará a anulação do crédito relativo às operações anteriores" (art. 155, § 2º, II).

A tentativa de estender tal restrição aos demais tributos não-cumulativos é fabricar prescrições, em manifestação cerebrina, atribuindo-as a um pseudolegislador constitucional, que muito distante esteve de tais elocubrações.

Diversamente do que ocorre com o ICMS, no que diz respeito à contribuição ao PIS e à COFINS, o constituinte não especificou o conteúdo, limites e extensão do princípio da não-cumulatividade, deixando de pormenorizar o modo pelo qual o objetivo prescrito há de ser alcançado. Esse silêncio, no entanto, está longe de implicar total liberdade do legislador na implantação daquele primado. Ao contrário, a singela indicação da não-cumulatividade como vector a ser seguido revela a amplitude do princípio, que não comporta restrição de espécie alguma, limitando sobremaneira a ação legislativa.

Por ocasião da disciplina da não-cumulatividade daquelas contribuições, à lei infraconstitucional é vedado restringir seu alcance ou extensão. Quando muito, poderá tratar dos deveres instrumentais necessários à concretização do princípio, como procedimentos para a constituição, registro e utilização dos créditos, bem como indicar os setores da atividade econômica sujeitos ao regime não-cumulativo, observadas as peculiaridades dos respectivos ciclos produtivos.

A conclusão há de ser peremptória: explicitamente posto o cânone da não-cumulatividade, que não só permite como exige o exercício do direito ao crédito do tributo, e na ausência de obstáculo constitucional para sua implantação, as restrições válidas para o ICMS não podem ser aplicadas à contribuição para o PIS e à COFINS. O princípio da não-cumulatividade prescrito às referidas contribuições consiste no direito de o contribuinte compensar, abater, deduzir ou reduzir o valor da contribuição correspondente às etapas anteriores do ciclo econômico (independentemente da efetiva incidência tributária), sem qualquer condição, limitação ou restrição. Tudo para que apenas o valor agregado sofra tributação na sequência da cadeia negocial.

8. A LINGUAGEM DO LEGISLADOR E A INTERPRETAÇÃO DO PRECEITO CONSTANTE DO ART. 3º, § 2º, II, DAS LEIS N.S 10.637/02 E 10.833/03, INTRODUZIDO PELA LEI N. 10.865/04

Toda espécie de linguagem apresenta-se composta por signos. Entretanto, o mero conjunto sígnico não configura, necessariamente, linguagem. Para tanto, imprescindível que tais elementos estejam ordenados de forma que possibilitem interação entre dois ou mais sujeitos. Onde houver linguagem haverá possibilidade de comunicação. Polarizemos nossas atenções, porém, nos sistemas idiomáticos, pois esses corpos de linguagem, dotados de amplos recursos para o desenvolvimento do processo de comunicação, são os utilizados pelo legislador.

Existem fatores que distorcem, dificultam ou retardam o recebimento da mensagem, tecnicamente denominados "ruídos". A ambiguidade e a vaguidade, por exemplo, são problemas semânticos presentes onde houver linguagem. Um termo é vago quando não existe regra que permita decidir os exatos limites para sua aplicação, havendo um campo de incerteza relativa ao enquadramento de um objeto na denotação correspondente ao signo. Já a ambiguidade é caso de incerteza designativa, em virtude da coexistência de dois ou mais significados. Esclarecendo o assunto, escreve Luís Alberto Warat[31] que um termo é ambíguo quando existem dúvidas sobre qual seu âmbito de denotação, ao passo que será vago toda vez que, especificado seu campo denotativo, surgirem dúvidas em torno de sua extensão.

Como todas as palavras são vagas e potencialmente ambíguas (Alf Ross), torna-se necessário, em qualquer análise de texto que se pretenda aprofundada, efetuar-se rigoroso estudo linguístico.

Recorde-se também, nesta oportunidade, a existência de diversos tipos de linguagem, interessando-nos, para os fins do presente trabalho, ressaltar as diferenças concernentes à linguagem natural ou ordinária, à linguagem técnica e à linguagem científica. A *linguagem natural* é aquela da qual se utilizam os seres humanos em sua comunicação ordinária, possuindo apreciável riqueza significativa, mas lidando com significações muitas vezes imprecisas, dada à intensidade com que se apresentam vagas e ambíguas. A linguagem natural não se presta, portanto, à elaboração de um discurso rigoroso, tendente à univocidade e formulado de modo satisfatoriamente preciso. *Linguagem técnica* é aquela que se assenta no discurso natural, mas aproveita, em quantidade considerável, palavras e expressões de cunho determinado, pertinentes ao domínio da linguagem científica. Já esta última, a *linguagem científica,* aparece quando se outorga a certos vocábulos ou expressões um valor semântico restrito, por meio de definições precisas.

As ponderações acima são de grande relevância para o estudo e a aplicação do direito positivo. A linguagem empregada pelo legislador na redação dos textos jurídicos é a *técnica,*

31. *O direito e sua linguagem*, 2ª ed., Porto Alegre: Sergio Antonio Fabris Editor, 1995, p. 79.

valendo dizer que parte do discurso natural, mas aproveita, em porção significativa, vocábulos e locuções de cunho determinado, pertencentes ao domínio científico. Ao ingressarmos na interpretação do direito posto, tal fator há de ser impreterivelmente considerado. O sentido das construções utilizadas pelo legislador não deve ser buscado, por isso mesmo, na linguagem ordinária, repleta de imprecisões. Mister se faz que a interpretação dos textos jurídicos se dê a partir das significações atribuídas pelo discurso científico, pois somente dessa maneira será possível alcançar o padrão preciso que aquele tipo de mensagem requer.

Nessa esteira, examinemos o art. 3º, § 2º, II, das Leis n.s 10.637/02 e 10.833/03, segundo o qual não dará direito a crédito o valor

> da aquisição de bens ou serviços não sujeitos ao pagamento da contribuição, inclusive no caso de isenção, esse último quando revendidos ou utilizados como insumo em produtos ou serviços sujeitos à alíquota 0 (zero), isentos ou não alcançados pela contribuição.

Diversas são as hipóteses de não sujeição ao pagamento da contribuição ao PIS e da COFINS, susceptíveis de serem enquadradas na parte inicial do preceito restritivo acima. Dentre elas, as mais comuns são: (i) inexistência de receita, em face da não ocorrência do fato jurídico tributário que dá nascimento aos gravames; (ii) imunidade tributária, por se tratar de situação à qual o constituinte proibiu a incidência do tributo; e (iii) isenção, em que a obrigação tributária não nasce em virtude de ter o legislador ordinário assim determinado, mediante mutilação parcial da regra-matriz. Não obstante todos esses fenômenos jurídicos acarretarem a *não sujeição ao pagamento da contribuição*, o dispositivo em exame confere tratamento diferençado à isenção, determinando que, na hipótese dos bens e serviços adquiridos serem isentos, é vedado o direito ao crédito, apenas e tão somente, se a saída desses bens e serviços também não se sujeitar ao pagamento de tais tributos.

Nos termos dessa interpretação, e considerando a tecnicidade do vocábulo "isenção", a transferência de bens dos ativos operacionais mediante conferência destes para formação do capital das subsidiárias não daria direito ao crédito, visto não ser essa aquisição sujeita à contribuição ao PIS e à COFINS em razão da inexistência de receita.

Por outro lado, dando-se a aquisição dos ativos operacionais por ato de compra e venda, tem-se a ocorrência de receitas, as quais estão isentas da tributação. Daí porque nesse caso, mesmo não havendo exigência do pagamento de PIS e COFINS, a aquisição gera créditos às subsidiárias adquirentes. Como acabei de referir, a isenção impossibilita o direito ao crédito tão só quando os bens adquiridos forem revendidos ou utilizados em produtos ou serviços sujeitos à alíquota zero, isentos ou não alcançados pelas contribuições.

Ademais, no que diz respeito à vedação constante da Instrução Normativa n. 457/04, da Secretaria da Receita Federal do Brasil, no sentido de não poderem ser aproveitados créditos na hipótese de aquisição de bens usados, tal vedação é juridicamente inaplicável por violar o princípio da estrita legalidade tributária. As instruções normativas qualificam-se como instrumentos normativos secundários, inteiramente subordinados à lei, não sendo veículo apropriado à inovação do ordenamento, mediante introdução de normas que obrigam os particulares. Por ser ato infralegal, inconcebível a veiculação de restrição não referida pelas leis ordinárias.

Esta é, a meu ver, a interpretação mais apropriada do dispositivo examinado. No entanto, registro que a posição da Secretaria da Receita Federal do Brasil é diversa, razão pela qual esses créditos devem ser buscados perante o Poder Judiciário.

9. A DISCIPLINA DA TRANSFERÊNCIA DE BENS DOS ATIVOS NO DIREITO BRASILEIRO

Sabe-se que é permitido, às relações jurídicas de direito privado, a realização de atos negociais dos mais variados, objetivando a redução de custos e majoração de resultados positivos.

Retomemos o exemplo acima referido de transferência de bens dos ativos operacionais de uma empresa para a formação do capital de suas subsidiárias. Ao proceder à referida reestruturação de sua atividade empresarial, a sociedade pode optar por diversos meios de operacionalizá-la. Decidindo realizar contribuição de bens para a formação do capital de subsidiárias suas, como no caso trazido para discussão, ou escolhendo fazer essa transferência de ativos mediante negócio jurídico de compra e venda, descabida é qualquer tentativa de descaracterizá-los para fins de tributação, ou, no caso, de aplicação do art. 30 da Lei n. 10.865/04.

Esclareça-se que nenhuma das duas espécies de ato se confunde com a cisão. Esta, nos termos do *caput* do art. 229 da Lei n. 6.404/76, é definida como

> operação pela qual a companhia transfere parcelas do seu patrimônio para uma ou mais sociedades, constituídas para esse fim ou já existentes, extinguindo-se a companhia cindida, se houver versão de todo o seu patrimônio, ou dividindo-se o seu capital, se parcial a versão.

A cisão consiste numa forma de reorganização empresarial em que ativos e passivos são divididos entre uma ou mais sociedades adicionais, sendo que a transferência de ativos não pode ser feita desacompanhada dos passivos a eles correspondentes.

As sociedades surgidas em virtude da cisão assumem a titularidade dos direitos e obrigações da pessoa jurídica cindida, na exata proporção do patrimônio recebido. O que se transfere não são somente bens, mas parcelas patrimoniais como um todo, abrangendo, inclusive, o passivo proporcional ao valor do patrimônio líquido transferido. A cisão acarreta uma necessária divisão do capital e a sucessão nos direitos e obrigações relacionados.

Por ocasião do advento da Lei n. 6.404/76, Alberto Xavier já afirmava ser possível atingir os mesmos objetivos da cisão mediante técnicas muito simples do Direito Comercial. Isso não significa, entretanto, identidade entre cisão e conferência de bens ao capital de outra pessoa jurídica, como reconhece também o citado jurista:

> A originalidade da figura da cisão está em que, ao contrário da conferência de bens normal, efetuada para constituição ou aumento de capital, não é a pessoa jurídica conferente que recebe a contrapartida em ações ou quotas, mas diretamente os próprios sócios.[32]

A conferência de bens para a formação do capital de outra pessoa jurídica, portanto, não se identifica com a cisão. Muito menos a operação de compra e venda, em que os bens do ativo são transferidos mediante a realização de negócio jurídico de cunho oneroso, com o pagamento de preço correspondente ao valor dos bens adquiridos.

Além de tratar-se de situações jurídicas distintas e inconfundíveis, o fato de todas elas acarretarem o efeito da transferência de bens não autoriza que as autoridades fiscais desconsiderem as formalidades adotadas, para fins de caracterizar ato distinto, como, por exemplo, a cisão. Somente na hipótese de o ato ser praticado de modo ilícito, com simulação, em manifesta divergência entre a vontade real das partes e o

32. "Problemas fiscais da incorporação, fusão e cisão de sociedades", *in I Ciclo de Conferências sobre Temas Tributários*, Coord. Geraldo Ataliba, São Paulo: Resenha Tributária, 1979, p. 53-54.

negócio por elas declarado é que caracteriza evasão fiscal, possibilitando a desconsideração dos negócios praticados pelos particulares.

No exemplo trazido à colação, não se verifica ocultação de fato tributário algum, pois, lícitos sendo os atos jurídicos praticados, espelham a real vontade das partes e inexistindo declaração falsa relativamente às atividades praticadas, descabe, por conseguinte, sua desconsideração. Há plena possibilidade jurídica de a empresa optar pela transferência de ativos mediante contribuição ao capital das subsidiárias ou operação de compra e venda sem que o ato praticado possa ser caracterizado como cisão, pois se trata de três espécies negociais distintas, com efeitos jurídicos igualmente diversos, cabendo a escolha por aquele que melhor se adaptar às características da pretendida reestruturação empresarial.

10. RESPOSTAS ÀS INDAGAÇÕES FORMULADAS

Volto agora às perguntas que propus no começo deste estudo para respondê-las, uma a uma.

1. Haverá incidência de PIS e COFINS sobre a integralização a valor contábil dos ativos fixos operacionais de propriedade de uma empresa ao capital de suas subsidiárias? E se a integralização ao capital social dos bens for realizada a valor reavaliado, permanece a resposta?

Não há que falar em incidência de PIS e COFINS na hipótese de contribuição dos ativos fixos operacionais de uma empresa para a formação do capital de suas subsidiárias, quer esta se realize por valor contábil ou por valor de mercado. Nessa forma de transferência, a contrapartida consiste em ações ou quotas, que não configuram receitas, inocorrendo subsunção à hipótese normativa tributária.

A conclusão será a mesma caso se faça a transferência após reavaliação dos ativos a valor de mercado, pois consiste em mera adequação dos bens do ativo permanente às condições econômicas atuais, não se qualificando, também, como receita.

2. *Na situação proposta no quesito anterior, as empresas subsidiárias poderão utilizar créditos relacionados aos ativos operacionais a que se refere o art. 3º, VI, da Lei n. 10.833/03, com as alterações trazidas pela Lei n. 11.196/05, após a implementação do Processo de Reorganização, caso a transferência destes ativos se dê por contribuição de capital, considerando também as restrições impostas pelo art. 3º, § 2º, inc. II, da Lei n. 10.833/03, incluído pela Lei n. 10.865/04?*

Considerando as restrições impostas pelo art. 3º, § 2º, II, das Leis n.s 10.637/02 e 10.833/03, é vedada a utilização dos créditos referentes aos ativos operacionais transferidos. Isso porque, nos termos daquelas legislações, conquanto seja permitida a dedução de créditos calculados em relação à aquisição de máquinas, equipamentos e outros bens incorporados ao ativo imobilizado (art. 3º, VI), caso as aquisições não se sujeitem ao pagamento da contribuição para o PIS e da COFINS, tais negócios jurídicos não dão direito a créditos.

Nesse mesmo sentido, prescreve o art. 1º, § 3º, II, da Instrução Normativa n. 457/04, da Secretaria da Receita Federal do Brasil, a impossibilidade de utilização de créditos na hipótese de aquisição de bens usados. Por mais essa razão, as empresas subsidiárias não poderão utilizar os créditos relacionados aos ativos operacionais adquiridos da empresa.

Faço, porém, a ressalva de que a Constituição da República, ao dispor sobre o regime não-cumulativo das contribuições sobre as receitas, não impôs limitação ou vedação alguma, motivo pelo qual o assunto é susceptível de discussão na esfera judicial, sendo flagrante sua inconstitucionalidade.

3. As empresas subsidiárias poderão utilizar os créditos relacionados aos ativos operacionais a que se refere o art. 3º, VI, da Lei n. 10.833/03, com as alterações trazidas pela Lei n. 11.965/05, após a implementação do Processo de Reorganização, caso a transferência destes ativos se dê por compra e venda?

Pelos mesmos argumentos consignados na indagação anterior, a resposta é negativa. Embora se trate de negócio que acarrete receita para a empresa transmitente, os valores por ela recebidos em decorrência da venda dos bens do ativo imobilizado não se sujeitam à tributação pelo PIS e COFINS, razão pela qual os órgãos fiscais da União não aceitam o aproveitamento créditos correspondentes (art. 3º, § 2º, II, das Leis n.s 10.637/02 e 10.833/03).

Sobremais, em se tratando de bens usados, aplica-se a essa hipótese, também, a Instrução Normativa n. 457/04, da Secretaria da Receita Federal do Brasil, vedando referido creditamento.

O assunto pode, porém, ser discutido perante o Poder Judiciário. Além do argumento relativo à inexistência de imposição de limitações pelo Texto Constitucional, operando-se a transferência dos bens por compra e venda, outro fator justifica o requerimento judicial do direito ao crédito: o art. 3º, § 2º, II, das Leis n.s 10.637/02 e 10.833/03, com a redação dada pela Lei n. 10.865/04, conquanto vede o crédito nas aquisições de bens e serviços não sujeitos ao pagamento de contribuição, faz a ressalva de que, em se tratando de isenção, será proibido o creditamento apenas se os bens ou serviços adquiridos forem revendidos ou utilizados como insumo em produtos ou serviços isentos, sujeitos à alíquota zero ou não alcançados por contribuições. Assim, tendo em vista que as receitas decorrentes da venda de bens do ativo imobilizado são excluídas da base de cálculo das contribuições, caracterizando verdadeiras isenções, e que os ativos adquiridos serão empregados no exercício de atividade tributada pelo PIS e COFINS, seria inaplicável a comentada restrição ao crédito.

4. Com relação a ambas as alternativas de transferência de ativos objeto de avaliação para o Processo de Reorganização, poderia o fisco vir a descaracterizá-la para conferir a estas o tratamento de uma cisão, para o fim de se ver aplicada a restrição ao direito de creditamento constante do art. 30 da Lei n. 10.865/04?

De modo algum. Em virtude do princípio da autonomia da vontade, que regula as relações intersubjetivas no direito privado, é facultada ao particular a celebração de atos negociais dos mais variados, com a finalidade de reorganizar suas atividades e alcançar melhor resultado econômico. O requisito para tanto, é a licitude dos atos praticados, manifestando a real vontade das partes.

Na situação objeto de análise, ambas as opções relativas à transferência dos ativos operacionais são admissíveis, caracterizando atos jurídicos distintos entre si e inconfundíveis com a cisão.

Grande é a distância entre cisão e negócio de compra e venda, pois enquanto naquela se opera uma divisão patrimonial da pessoa cindida, neste tem-se disposição de bens específicos, cuja contraprestação é representada por um preço. Também a cisão e a conferência de bens para a formação de capital das subsidiárias não podem ser tratadas indistintamente, já que nesta não se verifica a transmissão de toda a parcela patrimonial, com direitos e obrigações proporcionais à divisão, além do fato de que, enquanto na cisão a contrapartida em quotas ou ações se incorpora ao patrimônio dos sócios, na conferência de bens essas ações ou quotas dirigem-se à pessoa jurídica transmitente.

Sendo atos jurídicos distintos, todos lícitos e refletindo a real vontade das partes, inconcebível qualquer tentativa de descaracterizar a opção negocial da empresa, mormente quando o que se objetiva é apenas o aumento da arrecadação pela exigência de tributo ou restrição de créditos tributários.

Tributos Estaduais

TRIBUTOS ESTADUAIS

Tema XVI

ICMS-COMUNICAÇÃO

Tributação do comércio eletrônico audiovisual

Sumário: 1. Preâmbulo. 2. Repartição constitucional das competências tributárias como indicador do campo possível para a incidência tributária. 3. O âmbito de incidência do ISSC, consoante a previsão constitucional. 3.1. Conteúdo semântico do vocábulo "comunicação". 3.2. "Comunicação" e "prestação de serviços de comunicação": realidades distintas. 3.3. Conclusões acerca da materialidade do ISSC. 4. Faixa de incidência do ISS, segundo a previsão constitucional. 5. Modelo constitucional do Imposto sobre Operações Relativas à Circulação de Mercadorias – ICM. 6. A atividade de transmissão de sons e imagens pela Internet (streaming sound and video) e a não incidência do ISSC e do ISS. 7. A atividade de reprodução, pelo consumidor, em seu próprio equipamento informático, dos dados fornecidos no site da transmissora de imagens e sons – download e a impossibilidade lógica de incidência do ICM.

1. PREÂMBULO

O comércio eletrônico de produtos audiovisuais tem avançado a passos largos. Hoje, é possível adquirir obras cinematográficas e musicais de todos os gêneros com muita agilidade. Várias empresas da *velha economia* dedicadas à venda de livros convencionais, CD´s e DVD´s, construíram páginas eletrônicas pelas quais o consumidor assiste ou ouve às transmissões de sons (*streaming sound*) e imagens (*streaming video*), ou realiza o *download*, armazenando-os em discos rígidos ou em outras mídias.

As obras audiovisuais, cuja circulação é feita por meio de comércio eletrônico, prescindem da *materialidade* representada pelas folhas de papel – no caso dos livros – e do plástico – na hipótese de CD´s e DVD´s –, acarretando inúmeras implicações para o direito tributário, como será demonstrado nas linhas seguintes.

O presente estudo, portanto, cumpre a finalidade de compreender os seguintes questionamentos:

1. Há, nas operações de streaming sound, streaming video ou de comércio de download de arquivos digitais de áudio ou vídeo, realizadas de forma onerosa por meio da rede mundial de computadores, a incidência do Imposto sobre a prestação de Serviço de Comunicação – ISSC?

2. Pode então, nesses mesmos casos, haver a incidência do Imposto sobre a prestação de Serviços de Qualquer Natureza – ISSQN?

3. Ou, nas hipóteses descritas, teria lugar o Imposto Sobre Operações de Circulação de Mercadorias – ICM?

2. REPARTIÇÃO CONSTITUCIONAL DAS COMPETÊNCIAS TRIBUTÁRIAS COMO INDICADOR DO CAMPO POSSÍVEL PARA A INCIDÊNCIA TRIBUTÁRIA

Em certa acepção, competência legislativa é a aptidão de que são dotadas as pessoas políticas para expedir regras jurídicas, inovando o ordenamento positivo. A competência tributária, por seu turno, é uma das parcelas entre as prerrogativas legiferantes de que são portadoras aquelas pessoas, consubstanciada na possibilidade de instituir normas jurídicas tributárias.

O tema das competências legislativas, entre elas o da competência tributária, é, eminentemente, constitucional. Uma vez fixados os limites do poder legiferante, pelo constituinte, a matéria se dá por pronta e acabada, carecendo de sentido sua reabertura em nível infraconstitucional. A Constituição da República é extremamente analítica, relacionando as hipóteses em que as pessoas jurídicas de direito público, por intermédio dos respectivos poderes legislativos, estão habilitadas à instituição de tributos. E, no que concerne aos tributos não-vinculados (de acordo com a classificação de Geraldo Ataliba), os elementos relevantes para sua fisionomia jurídica encontram-se estipulados no sistema constitucional tributário brasileiro de modo minucioso, uma vez que as situações susceptíveis de integrarem o critério material dos impostos de competência da União, dos Estados, do Distrito Federal e dos Municípios foram previstas, respectivamente, nos arts. 153, 155 e 156, remanescendo aberta apenas a faixa de competência tributária da União, em face da possibilidade residual estabelecida no art. 154, I do Texto Supremo.

Nesses termos, observa-se quão rígido é o sistema constitucional tributário brasileiro, aspecto que não pode ser ignorado pelo legislador (em sentido amplo) infraconstitucional.

Diante de tanta minúcia e da rigidez inerente à Constituição brasileira, a questão relativa à incidência ou não da norma jurídica de um imposto sobre determinado acontecimento do mundo social pressupõe análise preliminar das disposições constitucionais correspondentes à figura do tributo. É o que farei em seguida, a fim de examinar se pode ter-se como constitucional a percussão das regras-matrizes do ISSC, do ISSQN ou do ICM sobre o comércio eletrônico de produtos audiovisuais.

3. O ÂMBITO DE INCIDÊNCIA DO ISSC, CONSOANTE A PREVISÃO CONSTITUCIONAL

Nos termos do art. 155, II da Carta Magna, compete aos Estados e aos Distrito Federal instituir impostos sobre "operações relativas à circulação de mercadorias e sobre prestações de serviços de transporte interestadual e intermunicipal e de comunicação, ainda que as operações e as prestações se iniciem no exterior". Dentro da materialidade do aludido imposto, conhecido por ICMS, inclui-se a "prestação de serviço de comunicação" (ISSC). É nessa parcela da competência impositiva do Estado que focalizarei a atenção em primeiro lugar, tendo em vista demarcar o domínio de sua abrangência. Torna-se imperioso, para tanto, uma análise mais atilada do significado da expressão "prestação de serviço de comunicação", empregada pelo constituinte. Apenas por esse meio será possível identificar, com exatidão, o quadro de eventos que integram o critério material da regra-matriz de incidência desse imposto.

3.1. Conteúdo semântico do vocábulo "comunicação"

Partindo da premissa de que, ao interpretarmos os textos jurídico-positivos, devemos construir, por meio de discurso científico próprio, o conteúdo semântico dos vocábulos que não pertencerem à chamada "linguagem ordinária", passarei a fazê-lo no que alude ao termo "comunicação". Animados por tal propósito, importa observar o significado a ele atribuído pela Semiótica, disciplina que estuda os elementos representativos no processo comunicacional. Utilizando a Teoria Geral dos Signos empregados por uma linguagem qualquer, estaremos mais autorizados a dizer, de forma precisa, que é e como funciona a comunicação.

A palavra "comunicação", assim como a quase totalidade dos termos idiomáticos conhecidos, padece do problema da ambiguidade. No falar quotidiano, e até mesmo em obras que pretendem esclarecer o significado de determinados signos (dicionários), "comunicação" seria uma palavra usada em ocasiões diversas, com sentidos variados. Cientificamente, porém, a situação é outra. "Comunicação" deve ser entendida em conformidade com a disciplina que estuda os signos, isto é, a Semiótica, abandonando-se a ambiguidade e vagueza dos sentidos resultantes dos usos comuns.

Na acepção mais geral, o termo "comunicação" designa qualquer processo de intercâmbio de mensagem entre um emissor e um receptor[33]. Para que isso seja possível, porém, necessária a coalescência de determinados componentes que, segundo Roman Jakobson[34], são seis: *remetente, mensagem, destinatário, contexto, código e contacto*. Utilizando esses elementos para descrever o processo da interação comunicacional, temos a seguinte situação: O (1) *remetente* envia (2) *mensagem* ao (3) *destinatário*. Para ser eficaz, a mensagem requer um (4) *contexto* a que se refere, apreensível pelo destinatário, e que seja verbal ou susceptível de verbalização; um (5) *código* total ou parcialmente comum ao remetente e ao destinatário; e, finalmente, um (6) *contacto*, um canal físico e uma (7) *conexão psicológica* entre o remetente e o destinatário, que os capacite a entrar e permanecer em comunicação.

Umberto Eco[35], por sua vez, define o processo comunicativo como a passagem de um sinal que parte de uma fonte, por

33. Gérard Durozoi e André Roussel, *Dicionário de Filosofia*, Trad. Marinha Appenzeller, Campinas: Papirus, 1993, p. 95.

34. *Linguística e comunicação*. São Paulo: Cultrix, p. 123.

35. *Tratado Geral de Semiótica*, 2ª ed., São Paulo: Perspectiva, 1991, p. 5.

meio de um transmissor, ao longo de um canal, até um destinatário. Também J. Teixeira Coelho Netto[36] adota semelhante definição de processo comunicacional. Segundo o autor, u'a mensagem é elaborada pela *fonte*, com elementos extraídos de um determinado *repertório*, sendo transmitida por um *canal* e decodificada por um *receptor*, que, para tanto, utilizará elementos extraídos de outro *repertório*, o qual deve ter algum ponto em comum com o repertório da fonte.

Em síntese, o processo comunicacional, seja ele de que espécie for, apresenta a seguinte esquematização:

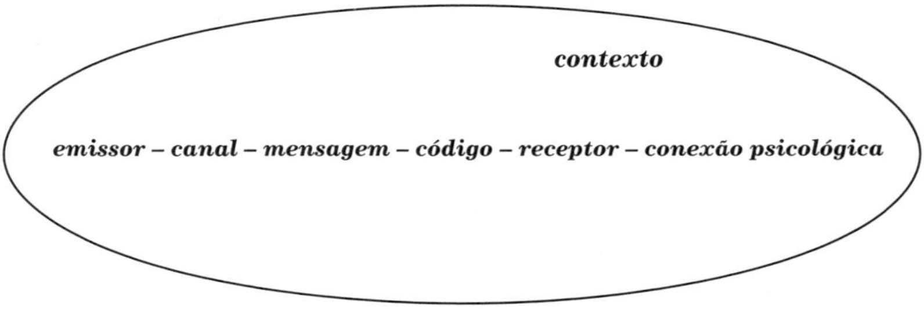

Esclareçamos o significado de cada um desses elementos: (1) *emissor*: é a fonte da mensagem, aquele que comporta as informações a serem transmitidas; (2) *canal*: é o suporte físico necessário à transmissão da mensagem, sendo o meio pelo qual os sinais são transmitidos (é o ar para o caso da comunicação verbal, mas pode apresentar-se em formas diversas, como faixas de frequência de rádio, luzes, sistemas mecânicos ou eletrônicos, etc.); (3) *mensagem*: é a informação transmitida; (4) *código ou repertório*: é o conjunto de signos e regras de combinações próprias a um sistema de sinais,

36. *Semiótica, informação e comunicação*, 3ª ed., São Paulo: Perspectiva, 1990, p. 123.

conhecido e utilizado por um grupo de indivíduos ou, em outras palavras, é o quadro das regras de formação (morfologia) e de transformação (sintaxe) de signos; (5) *receptor*: a pessoa que recebe a mensagem, o destinatário da informação; (6) conexão psicológica: é a concentração subjetiva do emissor e receptor na expedição e na recepção da mensagem; e (7) contexto: é o meio envolvente e a realidade que circunscrevem o fenômeno observado.

Releva enfatizar que podemos, perfeitamente, isolar-lhe os elementos componentes, numa proposta de feição analítica, a despeito de ser a comunicação una, significa dizer, um processo que não se constitui de elementos separáveis de todos os demais, ou de acontecimentos afastados do contexto em que se verificam. Pela abstração, exemplifica Lourival Vilanova[37], é possível, numa maçã, considerarmos em separado sua cor, forma, peso e cheiro, efetuando, assim, uma separação abstrata. Mediante esse recurso, separa-se o inseparável, sendo possível empregá-lo sempre que pretendemos aprofundar o exame de determinado objeto. Foi o que fizemos, a fim de proporcionar melhor compreensão da estrutura comunicacional.

Concluo o presente tópico afirmando que o processo comunicativo, segundo teóricos das comunicações e linguistas, consiste na transmissão, de uma pessoa para outra, de informação codificada. O esquema da comunicação supõe, portanto, a transmissão de uma mensagem, por meio de um canal, entre um emissor e um receptor, que possuem em comum, ao menos parcialmente, o repertório necessário para a decodificação da mensagem e que estão conectados psicologicamente. Eis o conteúdo semântico cientificamente atribuído ao vocábulo "comunicação".

---

37. *As estruturas lógicas e o sistema do direito positivo*, São Paulo: Noeses, 2008, p. 49.

3.2. "Comunicação" e "prestação de serviços de comunicação": realidades distintas

Partimos do pressuposto de que o vínculo comunicacional se instaura com o ciclo formado pela emissão, transmissão e recepção de mensagens, de modo intencional ou não. Apresenta enorme amplitude, verificando-se sempre que houver dois ou mais sujeitos em contingência de interação. Toda vez, portanto, que alguém difundir informação, ainda que não destinada a receptor determinado (porém, determinável) e mesmo que de forma inconsciente, esse alguém estará realizando um processo de comunicação.

Prestar serviço de comunicação, por seu turno, consiste na atividade de colocar à disposição do usuário, os meios e modos necessários à transmissão e recepção de mensagens, diferindo, nessa medida, da singela realização do fato comunicacional.

Em outras palavras, a prestação de serviço de comunicação só se verificará, portanto, quando houver a junção simultânea dos elementos constitutivos da prestação de serviço, de um lado, e do processo comunicacional, de outro, de tal forma que a atividade exercida pelo prestador tenha por escopo realizar a comunicação entre o tomador do serviço e terceira pessoa, mediante pagamento de um valor. Pode falar-se em prestação de serviço de comunicação quando o emissor da mensagem aparece como tomador do serviço, que, mediante remuneração, contrata o prestador para que este exerça a função de canal, proporcionando os meios que tornem possível a transmissão de mensagens ao destinatário.

O receptor não integra o vínculo da prestação do serviço, sendo sua presença necessária apenas para que se efetive a comunicação. Os participantes do liame comunicativo (emissor e receptor) não prestam serviço de comunicação um para o outro, nem para terceiros. Ambos apenas se comunicam.

Presta serviço de comunicação tão só a pessoa (física ou jurídica) que proporciona e mantém em funcionamento os meios físicos necessários à concretização do vínculo comunicacional (ex.: terminais, centrais, linhas de transmissão, satélites etc.). Assim, se alguém, por seus próprios meios, transmite informações a outrem, esse alguém não presta serviço, mas tão somente se comunica.

Do que foi dito infere-se que a comunicação pode ocorrer de dois modos: (1) de forma pessoal, havendo transmissão de mensagem própria; e (2) com intermediação, em que há transmissão da mensagem de terceiros. Apenas a segunda hipótese sujeita-se à incidência do ISSC, pois, como ninguém presta serviço a si mesmo, somente se o canal transmissor configurar pessoa diversa do emissor é que teremos a prestação de serviço de comunicação sujeita à incidência tributária. Enquanto na comunicação a mensagem é recebida diretamente do emissor, na prestação de serviço de comunicação a mensagem, de propriedade do emissor, é transmitida por um indivíduo diverso (prestador de serviços). O simples fato de alguém possuir meios tecnológicos para distribuir sua própria mensagem, portanto, não implica prestação, por ele, de serviços de comunicação.

Façamos a comparação entre os esquemas que seguem abaixo, relativos à comunicação e à prestação de serviços de comunicação, a fim de observarmos os traços distintivos entre ambos os processos.

Na comunicação temos duas possibilidades: *emissor (A) – canal (A) – receptor (C)* ou *emissor (A) – canal (B) – receptor (C)*. No primeiro caso, tem-se comunicação realizada com os meios pertencentes ao emissor (A), funcionando ele próprio como canal transmissor da mensagem. Eis a comunicação, simplesmente considerada. No segundo, o emissor necessita de uma outra pessoa (B) que efetue a transmissão de sua mensagem, fazendo-a chegar ao receptor (C). Há, agora, prestação de serviço de comunicação.

Sintetizando: no processo comunicativo puro e simples, quem efetua a transmissão da mensagem é o próprio emissor; na prestação de serviço de comunicação, o emissor contrata alguém (prestador do serviço) para que disponha o *canal* por onde será transmitida a mensagem.

3.3. Conclusões acerca da materialidade do ISSC

Pelo exposto, creio não haver dúvidas sobre as diferenças entre "comunicação" e "prestação de serviço de comunicação", realidades que não se confundem.

Assim, na conformidade do estatuído no artigo 155, II, da Constituição da República, não basta a simples "comunicação" para que incida, validamente, a regra-matriz do ISSC. A percussão do tributo somente será legítima se, e somente se, ocorrer no plano da realidade sensível e for comprovada por linguagem competente a "prestação de serviço de comunicação".

Isto acontecerá quando o liame comunicacional é instalado mediante fornecimento, pelo contratado (prestador de serviço), dos meios e modos necessários à transmissão e consequente recepção de mensagens entre o contratante (emissor) e outra pessoa (receptor), apresentando-se o contratado, prestador de serviços (terceiro), como agente transmissor de informações veiculadas entre o emitente e o destinatário da mensagem. Logo, a hipótese tributária do ISSC consiste na operação de intermediar a emissão e a recepção de mensagens entre duas ou mais pessoas. Faz-se imperioso o oferecimento de um canal pelo prestador de serviço, para que a relação comunicativa se instale e se mantenha. Sobre esta operação, desde que vislumbrado conteúdo econômico, poderá incidir o ISSC.

Não se pode admitir, mesmo porque não há previsão constitucional, a incidência do tributo em tela sobre a locução "realizar comunicação". Refletindo sobre o assunto, e partindo da premissa de que não há fato social sem comunicação – visto ser impossível travar contato sem comunicar-se – teríamos, numa proposta de redução ao absurdo, de aceitar o ISSC percutindo sobre toda a gama de fatos sociais, eventos que, por si só, sequer denotam capacidade contributiva, razão pela qual, sustentar a incidência do ISSC sobre a pura e simples comunicação, representa inusitado absurdo.

Concluindo, posso afirmar que a incidência do ISSC dar-se-á apenas quando verificar-se uma atividade em que, por força de remuneração, um indivíduo (A) forneça condições materiais a outro indivíduo (B) a fim de que este se comunique com outra pessoa (C), agindo como transmissor da mensagem na relação comunicacional. Imprescindível a existência de um prestador de serviço tornando possível e intermediando a comunicação entre emissor e receptor.

Registre-se, outrossim, que tendo sido a competência tributária minuciosamente traçada na Constituição, não deve o intérprete buscá-la em leis complementares, leis ordinárias, e, muito menos, em convênios.

A Lei Complementar n. 87/96, em seu art. 2º, III, prevê a incidência do ISSC sobre

> prestações onerosas de serviços de comunicação, por qualquer meio, inclusive a geração, a emissão, a recepção, a transmissão, a retransmissão, a repetição e a ampliação de comunicação de qualquer natureza.

Como, porém, não pode a lei complementar ampliar ou alterar o campo de incidência do ISSC, constitucionalmente previsto, cumpre-nos interpretá-la considerando que se refere, sempre, a situações caracterizadas como prestação de serviço de comunicação, ou seja, apenas e tão somente quando a emissão, transmissão, retransmissão e recepção de mensagens forem efetuados por pessoa diversa do emissor e do receptor. Se tais atividades forem executadas pelo próprio emitente da mensagem, haverá simples "processo de comunicação", não tributável por meio do imposto de que falamos, como já exaustivamente demonstrado.

4. FAIXA DE INCIDÊNCIA DO ISSQN, SEGUNDO A PREVISÃO CONSTITUCIONAL

Como não poderia deixar de ser, também o Imposto sobre Serviços de Qualquer Natureza (ISSQN), de competência municipal, encontra sua materialidade previamente referida no Estatuto Maior. É o que se depreende da leitura do art. 156, III, que dispõe competir aos Municípios instituir impostos sobre *"serviços de qualquer natureza, não compreendidos no art. 155, II, definidos em lei complementar"*.

Identifiquemos, agora, o conteúdo significativo da expressão "serviços de qualquer natureza" empregada pelo Constituinte para fins de incidência desse gravame. Ao iniciar a análise da expressão, logo no exame do primeiro instante, percebe-se que o conceito de "prestação de serviço", nos termos da previsão constitucional, não coincide com o sentido que lhe é comumente atribuído no domínio da linguagem ordinária. Na dimensão de significado daquela frase não se incluem: a) o serviço público, tendo em vista ser ele abrangido pela imunidade recíproca (art. 150, VI, "a", da Carta Fundamental); b) o trabalho realizado para si próprio, despido que é de conteúdo econômico; e c) o trabalho efetuado em relação de subordinação, abrangido pelo vínculo empregatício.

Marçal Justen Filho, ao versar o tema do critério material do ISSQN, assim como estabelecido na atribuição constitucional de competência, e pondo ênfase na exclusão das atuosidades praticadas segundo as regras do Direito do Trabalho, afirma que é a

> prestação de utilidade (material ou não) de qualquer natureza, efetuada sob regime de Direito privado mas não sob regime trabalhista, qualificável juridicamente como execução de obrigação de fazer, decorrente de um contrato bilateral.[38]

Como já anotei linhas atrás, para que se configure a prestação de serviços é necessário que aconteça o exercício, por parte de alguém (prestador), de atuação que tenha por objetivo produzir uma utilidade relativamente a outra pessoa (tomador), a qual remunera o prestador (preço do serviço). Prestar serviços é atividade irreflexiva, reivindicando, em sua composição, o caráter da bilateralidade. Em vista disso, torna-se invariavelmente necessária a existência de, no mínimo, duas pessoas, uma na condição de prestador e outra na de tomador, não podendo cogitar-se de alguém que preste serviço a si mesmo.

Outro elemento caracterizador da prestação de serviços está na necessidade da atividade realizada pelo prestador apresentar-se sobre forma de uma obrigação de fazer. Ademais, ressalte-se que a incidência do ISS somente será válida se o serviço estiver definido na Lei Complementar a que faz alusão o artigo 156, III, da Constituição, desde que, obviamente, conforme-se nas características de obrigação de fazer.

Realmente, os Municípios somente poderão fazer incidir validamente o ISSQN sobre os serviços tipificados e delineados em Lei Complementar, veículo introdutor que ostenta especial hierarquia nos vastos quadrantes do direito. Tal expediente, como é sabido, visa a evitar conflitos de competência entre as entidades tributantes, assegurando que somente o ISSQN incida sobre os serviços definidos denotativamente em lei complementar. Se, por um lado, impõe-se a previsão do serviço

38. O ISS, a Constituição de 1988 e o Decreto-lei n. 406, *in Revista Dialética de Direito Tributário*, vol. 3, p. 66.

tributável em lei complementar, para que a incidência do ISSQN seja válida, por outro, a Constituição da República prescreve que, uma vez descrito o serviço sujeito ao tributo em tela, sobre o mesmo não poderá incidir qualquer outro, excetuando-se o imposto extraordinário de competência da União, fundado em motivo de guerra ou sua iminência. Desse modo, como regra, podemos concluir que a definição em lei complementar atua como condição necessária para a válida incidência do ISSQN (atuação positiva) e, também, como regra jurídica de coloração negativa (atuação negativa), impedindo que outras regras impositivas provenientes dos Estados, do Distrito Federal e da União (com exceção do imposto extraordinário) incidam validamente sobre a mesma realidade.

Assim, e concluindo este tópico, para que o ISSQN incida de forma válida, não basta que ocorra a prestação de serviço com conteúdo econômico, fundada em relação de Direito Privado, excetuando-se as relações trabalhistas. Impõe-se, definitivamente, que o serviço que se pretende tributar esteja minuciosamente definido em Lei Complementar. Faz as vezes deste instrumento a Lei Complementar n. 116, de 1º de agosto de 2.003, que veicula ampla lista dos serviços sujeitos à incidência do ISSQN.

5. MODELO CONSTITUCIONAL DO IMPOSTO SOBRE OPERAÇÕES RELATIVAS À CIRCULAÇÃO DE MERCADORIAS – ICM

Sob a sigla "ICMS", procura-se significar diversos impostos, dentre os quais o Imposto sobre Serviço de Comunicação (ISSC), objeto de nossa atenção páginas atrás. Detenhamo-nos, agora, no Imposto sobre Operações Relativas à Circulação de Mercadorias, doravante denominado simplesmente "ICM", procurando compor sua estrutura significativa, partindo do enunciado prescrito no artigo 155, II, da Constituição da República, vazado nos seguintes termos:

> Art. 155. Compete aos Estados e ao Distrito Federal instituir impostos sobre:
>
> (...)
>
> II – operações relativas à circulação de mercadorias...

Tenhamos presente que o núcleo da materialidade impositiva é o termo *operações*, substantivo plural, e que o restante são adjuntos adnominais, cujo papel é adjetivar aquela palavra, estabelecendo a qualificação da gama de operações que interessam à composição do feitio concebido. Em outras palavras, os adjuntos são úteis na medida em que podemos asseverar, com segurança, que o ICM não incide sobre a realização de quaisquer operações, mas somente sobre aquelas responsáveis pela circulação de mercadorias.

Tenho para mim que o vocábulo *operações*, no contexto constitucional, exprime o sentido de atos ou negócios jurídicos hábeis para provocar a circulação de mercadorias. Adquire, neste momento, a acepção de toda e qualquer atividade, regrada pelo direito, e que tenha a virtude de realizar aquele evento.

O signo *circulação*, por sua vez, expressa a transferência da propriedade de uma mercadoria, de uma pessoa para outra. Exsurge à mais limpa evidência que a mutação patrimonial há de operar-se sob o pálio de um título jurídico. Mesmo porque, se assim não fosse, o ordenamento jurídico não poderia considerá-la legítima, pois a única forma que o direito positivo prevê, de passagem de um bem do patrimônio de A para o patrimônio de B, é aquela que corresponda a um entre os muitos símbolos jurídicos.

A análise pelo plano semântico da linguagem jurídica culmina com o termo *mercadorias*, palavra utilizada pelo Constituinte com o nítido vezo de reduzir o campo significativo do vocábulo *circulação*, indicando, desse modo, que nem toda a circulação estaria abrangida no tipo proposto, mas unicamente aquelas de *mercadorias*.

Não se presta o vocábulo, de proporção unívoca, para designar, nas províncias do direito, senão a coisa móvel, corpórea ou intangível, que está no comércio, equivale a dizer, entre os bens suscetíveis de serem negociados. A natureza mercantil do produto não está, absolutamente, entre os requisitos que lhe são intrínsecos, mas na destinação que se lhe dê. É mercadoria a caneta posta à venda entre outras adquiridas para esse fim. Não o será aquela que mantenho em meu bolso e que se destina ao meu uso pessoal. Não se operou a menor mutação na índole do objeto referido. Apenas sua destinação veio a outorgar-lhe atributos de mercadoria.

Confere-lhe o tom de univocidade, o artigo 481 do Código Civil, ao veicular, por meio de linguagem prescritiva, definição estipulativa do termo *mercadoria*, como toda coisa móvel, objeto de um ato ou negócio jurídico compra e venda, onde está presente o intuito lucrativo.

Desse modo, para concluir esse tópico, podemos afirmar, com assomos de cientificidade, competir aos Estados e ao Distrito Federal instituir imposto sobre a realização de atos ou negócios jurídicos mercantis, dos quais decorra a transferência da propriedade, de objeto móvel, corpóreo ou incorpóreo, de um para outro sujeito de direito. A *contrario sensu*, qualquer tributação pelo ICM cujo suporte fáctico não esteja composto pelos elementos supraditos será inválida, com a irradiação dos efeitos previstos pelo direito positivo.

6. A ATIVIDADE DE TRANSMISSÃO DE SONS E IMAGENS PELA INTERNET (*STREAMING SOUND AND VIDEO*) E A NÃO INCIDÊNCIA DO ISSC E DO ISSQN

A atividade consistente na transmissão de sinais de imagem e som pelo ambiente virtual é denominada *streaming*. Seu exercício pode desdobrar-se na transmissão pura e simples de músicas ou obras televisivas (*webcasting*) a serem escolhidas pelo consumidor, ou na emissão simultânea e inalterada de um programa tradicional de rádio ou televisão (*simulcasting*). A diferença reside na possibilidade do usuário escolher a faixa musical ou a imagem que deseja ouvir ou ver. Ambas, no entanto, são espécies do gênero *streaming*, conotando todas as características do termo.

Eis a atividade exercida por diversas livrarias e empresas especializadas no comércio de música e vídeo: por intermédio de páginas virtuais, transmitem, por equipamentos próprios, sinais de obras musicais e televisivas cujos direitos autorais e fonográficos, de regra, não lhes pertencem.

Levando-se em conta que transmite programação inserida em sua base de dados, por meio de equipamentos próprios, não há de falar-se em prestação de serviço de comunicação, mesmo admitindo-se que a transmissora participe de um processo comunicacional. Na realidade, todos nós participamos de fatos de comunicação, uma vez que, dentro do contexto social em que vivemos, é impossível não nos comunicarmos de alguma maneira, ainda que de modo involuntário. Todavia, conforme penso ter demonstrado, a comunicação por si só é insuficiente para propiciar a incidência do ISSC, tornando-se imprescindível a efetiva prestação de serviço de comunicação, inexistente, aliás, no caso do comércio eletrônico de obras audiovisuais.

Como a própria transmissora faz chegar os sinais de som e imagem, criptografados em sua base de dados, ao ambiente virtual, que poderá ser acessado por qualquer computador que esteja conectado à rede mundial, exerce, simultaneamente, as funções de emissora e transmissora da mensagem. Ora, ainda que se considere que as empresas transmissoras não detêm os direitos autorais relativos às informações por ela veiculadas, não prestam serviço oneroso de comunicação, pois para que este se configure juridicamente seria indispensável que o prestador e o tomador do serviço fossem sujeitos de direito distintos. Significa dizer que, sendo a mensagem e os meios para transmiti-la de titularidade da emissora, não há de cogitar-se de atividade prestacional concernente a serviço de comunicação.

Na prestação de serviços de comunicação há, impreterivelmente, no mínimo, três pessoas envolvidas: emissor (tomador), prestador do serviço e receptor. Tal circunstância pode ser observada nos serviços prestados pelo sistema de telefonia, uma vez que, exclusivamente com os meios propiciados pela companhia telefônica, faz-se possível a comunicação entre emitente e destinatário. Quadra advertir, no exemplo dado, ser o transmissor pessoa diversa do emissor e do receptor, pois somente dessa forma é lícito pensar em prestação de serviço. Ao mesmo tempo, tratando-se de mensagem enviada por seu titular, que também dispõe dos meios para transmiti-la, descabe entrever serviço de comunicação, mas sim, singelo fato comunicacional. Desse modo, quando a transmissora dos sinais de som e de imagem transmite, em seu próprio *site*, obras televisivas, musicais e programas de rádio cujos direitos autorais lhe pertencem, ou quando transmite programação por ela mesma criada, está transmitindo mensagem própria e em nome próprio, não de terceiros. É simples comunicação, jamais prestação de serviço de comunicação. Por outro lado, mesmo quando os direitos autorais não lhes pertencem, mas às gravadoras ou aos produtores, ainda assim não há prestação de serviço de comunicação, porquanto as empresas transmissoras enviam mensagens de sua base de dados, sem a presença dos autores do vídeo ou da música. A comunicação se instala entre empresa detentora do *site* e o consumidor conectado à rede mundial de computadores.

Note-se: no desempenho de sua atividade, o processo comunicacional se instaura, unicamente, entre transmissora e visitante do *site* que acessa o programa televisivo ou musical. Este último não se comunica com terceiros, por meio da transmissora. Aquilo que ocorre é tão somente o envio de mensagens pela transmissora e seu recebimento pelo usuário. Nessa conjuntura, não se afigura prestação de serviço de comunicação pela proprietária do *site*. A titularidade conjunta da mensagem (que não se confunde com os direitos autorais que a têm por objeto) e do meio transmissor (canal) deixam fora de cogitação a hipótese de serviço prestado e, por via de consequência, a percussão do ISSC, que não pode incidir sobre mero ato comunicacional.

Poder-se-ia cogitar da incidência do ISSC sobre o serviço de comunicação prestado pelo provedor de acesso à Internet, contratado pelo usuário que pretende conectar-se à página virtual de cliente de empresa que abastece informações em rede de internet, para, como por exemplo, ouvir as músicas e assistir às imagens transmitidas. Neste caso, porém, poderia admitir-se que o prestador do serviço de comunicação, a princípio, é o provedor de acesso contratado pelo consumidor, jamais a transmissora das mensagens[39]. Usuário e transmissora apenas se comunicam, evento sobre o qual não poderá percutir validamente a regra-matriz do ISSC.

Diga-se outro tanto com relação ao ISS. Em sua atividade, o que as empresas dedicadas ao comércio eletrônico de obras audiovisuais efetuam é a transmissão de dados criptografados para que o consumidor possa, mediante equipamento próprio (computador), armazená-los e usufruí-los. Em se tratando de programas audiovisuais, o consumidor passa, então, a ter acesso a um esquema preestabelecido, na hipótese de *simulcasting*, ou escolher a música ou o vídeo que deseja

39. Entendo que, na hipótese de provedores de acesso à rede mundial de computadores, não há prestação de serviço de comunicação, como deixamos claro no estudo publicado na Revista Dialética de Direito Tributário n. 73:97.

ouvir ou ver, em se tratando de *webcasting*, desde que, obviamente, os sinais relativos àquela música estejam compartimentadas no banco de dados do *site* da transmissora, e que o usuário tenha todas as condições materiais necessárias para captar algo que está sendo transmitido ou que está latente, porém, subsistente.

Para que nenhuma dúvida remanesça, vale registrar que mesmo quando a transmissora de sinais de som e imagens não é a criadora da programação, ela adquire seus direitos autorais ou a licença para transmiti-la, por meio de contrato de distribuição, passando a enviá-la aos usuários, por meio de cessão de direito de uso, objeto de contrato de licenciamento, consoante previsto no artigo 49, da Lei n. 9.610, de 19 de fevereiro de 1.998. Considerando que a transmissora concede licença de uso de direitos autorais de que é detentora, não se pode falar em incidência de ISS sobre tal atividade. As cessões de direito de uso não podem ser alvo desse tributo, pois não são, como já insistentemente salientado, prestações de serviço.

Na oportunidade do julgamento do RE n. 116.121-3, os Ministros do Supremo Tribunal Federal, por maioria de votos, decidiram que o ISSQN não incide sobre a cessão de direitos de uso, como ocorre, por exemplo, no contrato de locação de coisas móveis. Efetivamente, a celebração de contrato pelo qual uma das partes vê-se obrigada a ceder, mediante remuneração, o direito de uso de determinado objeto móvel, não implica a realização de um *facere*, núcleo da materialidade desse imposto municipal. Daí a impossibilidade lógica de incidir referido tributo sobre a operação entabulada entre a transmissora virtual e os utentes da rede mundial.

É inválida, portanto, a Lei Complementar n. 116/03, ao estabelecer como hipótese de incidência possível do ISSQN, a cessão de direito de uso, como se denota do item 3 e respectivos subitens, da lista de serviços.

7. A ATIVIDADE DE REPRODUÇÃO, PELO CONSUMIDOR, EM SEU PRÓPRIO EQUIPAMENTO INFORMÁTICO, DOS DADOS FORNECIDOS PELO *SITE* DA TRANSMISSORA DE IMAGENS E SONS – *DOWNLOAD* – E A IMPOSSIBILIDADE LÓGICA DE INCIDÊNCIA DO ICM

As operações denominadas *streaming sound* e *streaming video*, ou seja, a transmissão de sons e imagens, pela internet, bem como as operações de venda e compra realizadas em ambiente virtual, permitindo ao consumidor reproduzir, em seu próprio computador, referidas obras visuais e musicais, não se enquadram na hipótese de incidência do ICM.

Realmente, no tópico 5 deste estudo, consignamos que a regra-matriz de incidência do ICM somente incidirá de forma válida se, e somente se, houver, em linguagem apropriada, a descrição de um fato consistente na realização de operação mercantil, da qual decorra a transferência de propriedade de uma *mercadoria*, signo empregado para conotar toda coisa móvel, corpórea ou intangível, objeto de ato ou negócio jurídico mercantil.

Vejamos, então, se a atividade de reprodução, pelo usuário da Internet, das músicas e imagens veiculadas no *site* das empresas de comércio eletrônico audiovisual, subsome-se à norma impositiva do ICM. Se a resposta for positiva, a percussão será válida; caso contrário, a norma geral e abstrata que preveja a possibilidade de incidência ou a norma individual e concreta que documente tal fenomenologia impositiva serão incompatíveis com o sistema constitucional.

Pois bem. Consoante asseverei anteriormente, para que o usuário tenha acesso às mensagens arquivadas no *site*, celebra-se contrato pelo qual ocorre cessão de direito de uso das peças audiovisuais. Essa cessão possibilita ao consumidor ouvir as músicas e visualizar as imagens na própria página virtual (hipótese mais remota), bem como copiar para seu próprio computador as informações emitidas (hipótese mais recorrente). Seja como for, transparece nitidamente que não há, sob qualquer aspecto, transferência de propriedade dos direitos autorais. O contrato apenas prevê a cessão de uso destes direitos. A propriedade continua com os respectivos autores ou empresas dedicadas ao setor literário, musical ou cinematográfico. Por esse motivo, compreende-se, não poderá incidir, validamente, a regra-matriz do ICM, que pressupõe, como vimos, a transferência da propriedade da mercadoria. Neste caso concreto, repito, a propriedade permanece com a transmissora das músicas e imagens, permitindo que o usuário da *Internet* apenas as ouça, visualize-as ou reproduza-as para poder ouvi-las ou vê-las quando e quantas vezes quiser. Porém – e esse é um fato eloquente de que não há transferência de propriedade – ao copiar uma música, por exemplo, sua utilização pelo *internauta* fica limitada à possibilidade de audição para si próprio, sendo proibida a divulgação para terceiros com intuito lucrativo, ou de apropriar-se de seus frutos, limitações que denotam, nitidamente, a situação jurídica de quem não é proprietário de direitos autorais.

Apenas poderemos cogitar da válida incidência da norma impositiva do ICM se, e somente se, o *bem intelectual* estiver associado a um suporte corpóreo, como, por exemplo, os *compact discs*, as fitas cassetes etc., pois, neste caso, estaremos diante de mercadorias, bens susceptíveis de apreensão pelos sujeitos de direito, que podem ser objeto de atos ou negócios jurídicos mercantis que lhe transfiram a propriedade.

A Primeira Turma do Supremo Tribunal Federal, na oportunidade do julgamento do RE n. 176.626-3, decidiu, por unanimidade de votos, na esteira do que concluímos acima:

> (...)
>
> III. Programa de computador ("software"): tratamento tributário: distinção necessária.

> Não tendo por objeto uma *mercadoria*, mas um bem *incorpóreo*, sobre as operações de *licenciamento ou cessão do direito de uso de programas de computador* – matéria exclusiva da lide – efetivamente não podem os Estados instituir ICMS: desta impossibilidade, entretanto, não resulta que, de logo, se esteja também a subtrair do campo constitucional de incidência do ICMS a circulação de cópias ou exemplares dos programas de computador produzidos em série e comercializados no varejo – como a do chamado *"software de prateleira" ("off the shelf")* – os quais, materializando o *corpus mechanicum* da criação intelectual do programa, constituem mercadorias postas no comércio. (Rel. Min. Sepúlveda Pertence, DJ. 11.12.98).

Este entendimento prevalece nos dias atuais, como se denota da ementa abaixo transcrita:

> AGRAVO REGIMENTAL NO RECURSO EXTRAORDINÁRIO. TRIBUTÁRIO. ICMS. PRODUTOS DE INFORMÁTICA. PROGRAMAS [SOFTWARE]. CD-ROM. COMERCIALIZAÇÃO. REEXAME DE FATOS E PROVAS. IMPOSSIBILIDADE EM RECURSO EXTRAORDINÁRIO. 1. o Supremo Tribunal Federal, no julgamento do RE n. 176.626, Relator o Ministro Sepúlveda Pertence, DJ de 11.12.98, fixou jurisprudência no sentido de que "não tendo por objeto uma mercadoria, mas um bem incorpóreo, sobre as operações de 'licenciamento ou cessão do direito de uso de programas de computador' – matéria exclusiva da lide -, efetivamente não podem os Estados instituir ICMS: dessa impossibilidade, entretanto, não resulta que, de logo, se esteja também a subtrair do campo constitucional de incidência do ICMS a circulação de cópias ou exemplares dos programas de computador produzidos em série e comercializados no varejo – como a do chamado 'software de prateleira' (off the shelf) – os quais, materializando o corpus mechanicum da criação intelectual do programa, constituem mercadorias postas no comércio". Precedentes. 2. Reexame de fatos e provas. Inviabilidade do recurso extraordinário. Súmula 279 do Supremo Tribunal Federal. Agravo regimental a que se nega provimento. (STJ – Segunda Turma – RE 285.870 AgR/SP, Rel. Min. Eros Grau, DJ 21.07.08).

Em face do exposto, qualquer que seja o enfoque pelo qual se examine a questão, podemos concluir que o ICM não pode incidir sobre a atividade denominada *download* de obras audiovisuais, adquiridas por intermédio da rede mundial de computadores.

8. SÍNTESE CONCLUSIVA

Feitas as considerações que julgo indispensáveis ao bom equacionamento do problema, volto aos quesitos que propus no início deste estudo para respondê-los, clara e objetivamente.

1. Há, nas operações de streaming sound, streaming video ou de comércio de download de arquivos digitais de áudio ou vídeo, realizadas de forma onerosa por meio da rede mundial de computadores, a incidência do Imposto sobre a prestação de Serviço de Comunicação – ISSC?

Penso que não. Tenho assente que a comunicação por si só é insuficiente para propiciar a incidência do ISSC, tornando-se imprescindível a efetiva prestação de *serviço* de comunicação. Nas operações citadas, em que o emissor é também dono dos equipamentos que constroem o canal pelo qual é transmitida a mensagem, inexiste a situação, ficando prejudicada a possibilidade de instituição desse tipo de tributo sobre a matéria.

2. Pode então, nesses mesmos casos, haver a incidência do Imposto sobre a prestação de Serviços de Qualquer Natureza – ISSQN?

Como afirmei na resposta do item anterior, não encontro os traços característicos de uma prestação de serviços, existindo sim um *autosserviço*: situação pela qual o emissor da mensagem é também proprietário dos equipamentos que abrem o canal no qual ela é transmitida. Considerando a materialidade oferecida aos municípios na Constituição, não é cabida a incidência de ISSQN nessas situações.

3. Ou, nas hipóteses descritas, teria lugar o Imposto sobre Operações de Circulação de Mercadorias – ICM?

Mais uma vez a resposta será negativa. Isso porque a regra-matriz de incidência tributária do ICM somente tem lugar ali onde houver *circulação de mercadorias*. Esse tipo de operação pressupõe a mudança de titularidade na propriedade de um determinado objeto, o que não acontece nos contratos cujo objeto é o *download* de uma peça audiovisual. Ocorre, nesses negócios jurídicos, a celebração de contrato de cessão de direito de uso para que os cedidos possam reproduzi-las em seu próprio equipamento. Assim, descabe a incidência de ICM nesses casos.

TEMA XVII

"CRÉDITO DE ICMS" E "CRÉDITO DE INDÉBITO TRIBUTÁRIO"

Consequências jurídicas desta distinção

Sumário: 1. Proêmio. 2. Algumas palavras sobre o conceito de "relação jurídica". 2.1. Relação jurídica tributária e relação de débito da Fazenda Pública. 3. O princípio constitucional da não-cumulatividade e o crédito de ICMS. 4. Pagamento de tributo indevido e o crédito dele decorrente. 5. Direito à restituição do valor indevidamente pago a título de tributo. 6. Possibilidades teóricas de extinção das relações jurídicas. 6.1. A compensação tributária no cálculo das relações: forma extintiva da obrigação tributária e do débito da Fazenda Pública. 7. A norma geral e abstrata da compensação tributária envolvendo créditos decorrentes de pagamento indevido. 7.1 Requisitos para que se opere a compensação de crédito originado pelo pagamento indevido a título de tributo. 8. Distinção entre "créditos de ICMS" e "créditos de indébito tributário". 9. Correção monetária dos créditos de indébito tributário. 10. Das respostas às indagações.

1. PROÊMIO

Sabemos que a ordem jurídica se apresenta como sistema de normas, concebido pelo homem para motivar e alterar a conduta no seio da sociedade. Ordenadas na forma de sistema, as normas de direito são construídas pelo intérprete segundo seu princípio unificador: a Constituição da República, fundamento último de validade semântica de toda unidade normativa. É nela que está o conteúdo de base de toda regra positivada.

As normas de direito posto, por seu turno, são unidades que, ao juridicizar os fatos sociais (entre eles, os naturais que interessem de algum modo à sociedade), fazem irromper relações jurídicas, no seio das quais aparecem os direitos subjetivos e os deveres correlatos. Daí dizer-se que a incidência da regra faz nascer o vínculo entre sujeitos de direito, por força da imputação normativa. E a norma tributária não refoge desse quadro de atuação, que é universal, valendo para todo espaço e para todo o tempo histórico.

Tecnicamente, interessa sublinhar que o fenômeno da incidência requer, por um lado, norma jurídica válida e vigente; por outro, realização de evento juridicamente vertido em linguagem, que o sistema indique como própria e adequada.

É possível afirmar serem todas as normas jurídicas idênticas em termos estruturais (homogeneidade lógica ou sintática), embora dotadas de conteúdos diferentes (heterogeneidade semântica). Firmando-se nessas premissas é que a Ciência do Direito se apresenta possível e compreensível, demonstrando, em termos objetivos, como são as normas, de que modo se relacionam, qual tipo de estrutura constroem e, sobretudo, como regulam as condutas intersubjetivas.

É imperioso adotar essa consciência metodológica, no início do presente estudo, na medida em que não há como alcançar-se uma distinção de tamanha importância – entre "crédito de ICMS" e "crédito de indébito tributário" – e muito menos definir os respectivos efeitos jurídicos, sem que antes estejam claras as bases preliminares da Ciência que se pretende esboçar. E no trato com a mencionada matéria de direito tributário, exegetas da mais alta qualidade perdem-se nas diferentes estruturas normativas que exsurgem de uma única realidade social. Fala-se em regra matriz de incidência do ICMS, em direito ao crédito, em norma de compensação. E a situação agrava-se no momento em que, por qualquer motivo, na cadeia da não-cumulatividade do referido imposto, venha a ser efetuado pagamento de indébito tributário. Somam-se, neste caso, tantas outras normas que, somente quando entendidas em sua complexidade estrutural e contextualizadas ao caso concreto, podem ser ordenadas na forma que o direito positivo bem as programou. Desse ponto de vista, considero imprescindível um estudo mais atilado das situações de indébito tributário na sistemática do ICMS, buscando ressaltar a indiscutível presença dos princípios da legalidade e tipicidade tributária a cada momento da positivação da regra jurídica.

Estabelecendo, em linha gerais, os pontos orientadores deste trabalho, firmei cinco indagações objetivas a serem tratadas ao longo da análise que se segue. Ei-las:

1. Qual a diferença entre "crédito de ICMS" e "crédito do indébito tributário"?

2. Que é compensação em direito tributário? Existiriam critérios distintivos entre a "compensação do ICMS" e a "compensação do indébito tributário"?

3. Que é correção monetária? Em quais hipóteses e a quem se aplica a correção monetária? Integra-se à regra-matriz de incidência tributária? Sobre qual fundamento de direito positivo sustenta-se a correção monetária?

4. O indébito do ICMS deverá ser restituído ao contribuinte credor pelo seu valor histórico ou deverá ser atualizado monetariamente?

5. A correção monetária é aplicável independentemente do modo de restituição do indébito tributário?

2. ALGUMAS PALAVRAS SOBRE O CONCEITO DE "RELAÇÃO JURÍDICA"

A expressão "relação jurídica", em termos patrimoniais, como tantas outras empregadas no discurso jurídico, prescritivo ou descritivo, experimenta mais de uma acepção. É relação jurídica o liame de parentesco entre pai e filho, o laço processual que envolve autor, juiz e réu, bem como o vínculo que une credor e devedor, com vistas a determinada prestação. Iremos nos ocupar dessa terceira espécie, que nas normas jurídicas atua decisivamente.

Para a Teoria Geral do Direito, "relação jurídica" é definida como o vínculo abstrato, segundo o qual, por força da imputação normativa, uma pessoa, chamada de sujeito ativo, tem o direito subjetivo de exigir de outra, denominada sujeito passivo, o cumprimento de certa prestação. Em consequência, para que se instaure o fato relacional, vale dizer, para que se configure o enunciado pelo qual irrompe a relação jurídica, são necessários dois elementos: o subjetivo e o prestacional. No primeiro, subjetivo, encontramos os sujeitos de direito postos em relação: um, no tópico de sujeito ativo, investido do direito subjetivo de exigir certa prestação; outro, na posição passiva, cometido do dever subjetivo de cumprir a conduta que corresponda à exigência do sujeito pretensor. Ambos, porém, necessariamente sujeitos de direito. Nada altera tratar-se de pessoa física ou jurídica, de direito público ou de direito privado, nacional ou estrangeira.

Ao lado do elemento subjetivo, o enunciado relacional contém uma prestação como conteúdo do direito de que é titular o sujeito ativo e, ao mesmo tempo, do dever a ser cumprido pelo passivo. O elemento prestacional fala diretamente da conduta, modalizada como obrigatória, proibida ou permitida. Entretanto, como o comportamento devido figura em estado de determinação ou de determinabilidade, ao fazer referência à conduta terá de especificar, também, qual é seu objeto (pagar valor em dinheiro, construir um viaduto, não se estabelecer em certo bairro com particular tipo de comércio etc.). O elemento prestacional de toda e qualquer relação jurídica assume relevância, precisamente, na caracterização da conduta que satisfaz o direito subjetivo do qual está investido o sujeito ativo, outorgando o caráter de certeza e segurança de que as interações sociais necessitam. É nesse ponto que os interessados vão ficar sabendo qual orientação devem imprimir às respectivas condutas, evitando a ilicitude e realizando os valores instituídos pela ordem jurídica.

Todo e qualquer vínculo jurídico de tal natureza apresenta essa composição sintática: liame entre pelos menos dois sujeitos de direitos, voltados a um objeto prestacional. Apenas pela observação do conteúdo semântico das relações jurídicas é que estas podem ser distinguidas.

2.1. Relação jurídica tributária e relação de débito da Fazenda Pública

A definição do conceito de "relação jurídica tributária" encontra-se vinculada à noção de direito positivo tributário, o qual, por sua vez, consiste no complexo de normas jurídicas válidas que se referem, direta ou indiretamente, ao exercício da tributação: instituição, fiscalização e arrecadação de tributos. Considerada em seu sentido estrito, "obrigação tributária" é o vínculo abstrato em que uma pessoa, chamada de sujeito ativo, tem o direito subjetivo de exigir de outra, denominada sujeito passivo, o cumprimento de prestação de cunho patrimonial, decorrente da aplicação de norma jurídica tributária (art. 3º do CTN).

Nascida a obrigação tributária mediante a aplicação da respectiva regra-matriz de incidência e consequente linguagem jurídica competente, nasce, simultaneamente, o crédito tributário. Trata-se de elemento indissociável da obrigação de pagar tributo, consistente no direito subjetivo de que é possuidor o sujeito ativo.

Paralelamente a essa espécie de relação obrigacional, identificamos, no ordenamento brasileiro, o surgimento de liames em que a Fazenda Pública figura no polo oposto, assumindo a posição de sujeito passivo. É a chamada "relação de débito da Fazenda Pública", cujo nascimento pode decorrer de: (i) recolhimento indevido ou a maior de importância pecuniária a título de tributo; (ii) prática de fato jurídico que faz nascer relação de crédito para o contribuinte; ou (iii) contrato administrativo firmado pela pessoa política. Em quaisquer dessas hipóteses, a Fazenda Pública possui o dever de cumprir uma obrigação pecuniária para com o particular, caracterizando um "débito" seu.

Interessa-nos, por enquanto, somente a primeira dessas modalidades, qual seja: *o recolhimento indevido ou a maior de importância pecuniária a título de tributo*. Tomemos por exemplo desse tipo relacional a situação, muito comum, de recolhimento em duplicidade. E, indo além do que já se encontra em vários textos doutrinários, ponderemos a mesma ocorrência na cadeia da não-cumulatividade do ICMS, identificando as dificuldades que tal fato pode acarretar. Pago o ICMS em duplicidade, o contribuinte passa a ter pretensão à restituição dos valores indevidamente recolhidos, ainda que os tenha compensado nas operações anteriores. Isto é, o "débito do fisco" e o correspondente "crédito do contribuinte" decorrem de pagamento a maior efetuado pelo particular. E essa espécie de crédito, conforme tratarei a seguir, não pode ser confundida com aquela veiculada pelo princípio constitucional da não-cumulatividade, cuja natureza e disciplina jurídica são absolutamente distintas, aproximando-se mais à segunda acepção de débito da Fazenda que acima descrevi.

3. O PRINCÍPIO CONSTITUCIONAL DA NÃO-CUMULATIVIDADE E O CRÉDITO DE ICMS

A Constituição da República, ao conferir competência para instituir o imposto estadual incidente sobre operações relativas à circulação de mercadorias e sobre prestações de serviços de transporte interestadual e intermunicipal e de comunicações (ICMS), prescreve que este

> será não-cumulativo, compensando-se o que for devido em cada operação relativa à circulação de mercadorias ou prestação de serviços com o montante cobrado nas anteriores pelo mesmo ou outro Estado ou pelo Distrito Federal" (art. 155, § 2º, I).

Nessa orientação, surge o chamado "princípio constitucional da não-cumulatividade" que é, em verdade, "limite objetivo" voltado, mediatamente, à realização de valores de lídima grandeza, como o da justiça da tributação, o do respeito à capacidade contributiva do administrado e àquel'outro da uniformidade na distribuição da carga tributária. Apresenta-se como técnica que opera sobre o conjunto das operações econômicas entre os vários setores da vida social, para que o impacto da percussão tributária não provoque certas distorções já conhecidas pela experiência histórica, como a tributação em cascata, com efeitos danosos na apuração dos preços e na aceleração inflacionária. Entre as possibilidades de disciplina jurídica neutralizadoras dos conhecidos desvios de natureza econômica, nosso constituinte adotou determinado caminho, que se inicia com o direito ao crédito do imposto para quem adquire produtos com o fim de dar sequência às várias etapas do processo de circulação de mercadorias.

Em suma, o ICMS tem por requisito constitucional que a sua hipótese tributária traga a descrição do fato de um comerciante, industrial, importador, produtor ou equiparados, praticar operação jurídica que transfira a propriedade de uma mercadoria. Analisando a transferência de mercadoria por este prisma — do paralelismo e da igualdade de posições dos sujeitos alienante e adquirente — fácil é perceber a dinâmica do direito ao crédito do ICMS: se para o *alienante* da mercadoria, gravada pelo ICMS, nasce a *obrigação do pagamento do tributo*, do mesmo modo, para o *adquirente* da mercadoria, onerada pelo ICMS, *nasce o direito ao crédito.*

Uma vez ocorrido o fato hipoteticamente previsto na regra-matriz do direito ao crédito – no caso, operação relativa à circulação de mercadoria –, surgirá, inexoravelmente, uma relação jurídica que tem como sujeito ativo o adquirente/destinatário de mercadorias, detentor do direito ao crédito do imposto, e como sujeito passivo o Estado. Tendo participado de operação sobre a qual incidiu o imposto, advém para o adquirente o direito de, ao tornar-se alienante, valer-se de um crédito, cuja configuração dependeu também de ato seu.

Dessa maneira, no instante em que se efetivar a operação de compra, o contribuinte estará realizando negócio jurídico, apurando um crédito tributário, que, somente a partir do momento seguinte (venda), poderá ser confrontado com os débitos para se verificar a existência de saldo credor ou devedor perante o Fisco.

Passemos ao campo dos exemplos, que sempre representaram ponto de apoio indispensável ao conhecimento.

O atacadista "A" vende mercadoria para o comerciante "B". Quatro relações chamam a atenção nesse negócio. Deu-se, entre "A" e "B", contrato de compra e venda, do qual decorreram dois liames jurídicos de direito civil: um, consistente na (i) obrigação de "A" entregar a "B" a mercadoria (A*rj*B); outro, pela (ii) obrigação de "B" pagar o valor do preço da mercadoria, acrescido pelo imposto de circulação, para "A" (B*rj*A). Como "A" é o comerciante vendedor, figura também na (iii) *relação* *jurídica tributária (rjt)* com o Estado (F) (A*rjt*F) e, finalmente, como "B" é comerciante, a norma do *direito ao crédito*, que decorre do princípio constitucional da não-cumulatividade, incide também sobre essa operação, fazendo irromper (iv) a *relação de direito ao crédito (rdc)* entre "B" e o Fisco (B*rdc*F). Podemos, perfeitamente, isolar quatro relações jurídicas nesse singelo quadro de uma operação tributável pelo ICMS: (A*rf*B), (B*rj*A), (A*rjt*F) e (B*rdc*F). Os dois primeiros vínculos são regulados pelo direito civil, enquanto os restantes, pela legislação tributária. Tomando esses últimos, a relação jurídica tributária e a relação de direito ao crédito, devemos reconhecer que a primeira consiste na eficácia da *regra-matriz de incidência tributária* e a segunda na eficácia da *regra que estipula o direito ao crédito*.

Da *regra-matriz de incidência tributária* advém o liame do ICMS, instaurado entre o comerciante "A", mal designado de "contribuinte de direito" e o fisco estadual "F" (A*rjt*F); da *regra que estabelece o direito ao crédito*, a relação entre "B", também mal denominado "contribuinte de fato", e o Fisco "F" (B*rdc*F). Sobre o mesmo suporte fáctico, isto é, a operação de venda e compra de mercadorias entre "A" e "B", o legislador promoveu dois cortes conceptuais: (i) isolando a venda realizada pelo comerciante "A" e (ii) tratando, separadamente, a compra efetuada pelo comerciante "B". A cada previsão, fez corresponder uma das relações jurídicas já mencionadas.

Nesse caso, o "crédito do contribuinte" decorre da prescrição constitucional que erige o princípio da não-cumulatividade, surgindo em razão do acontecimento de fato lícito, previsto na hipótese da regra-matriz do direito ao crédito. Trata-se de moeda-escritural cujo uso é autorizado tão somente para compensação com o valor devido a título de ICMS em outra operação, sendo inexigível sua percepção na forma pecuniária, quer por pedido administrativo, quer pela via judicial.

4. PAGAMENTO DE TRIBUTO INDEVIDO E O CRÉDITO DELE DECORRENTE

Pagamento é fato jurídico consistente na prestação que o devedor, ou alguém por ele, faz ao sujeito pretensor, da importância pecuniária correspondente ao débito. Considerada a esfera do direito tributário, o pagamento é devido quando efetuado em perfeita sintonia com as leis que lhe determinam a forma de realização e o conteúdo. Em contraposição, será ele indevido toda vez que apresentar-se em desconformidade com os preceitos firmados em lei para sua realização ou, em outros dizeres, com as prescrições expressas na regra-matriz de incidência instituidora do gravame, como é o caso das hipóteses de pagamento a maior, em virtude de incorreto preenchimento das guias.

Nesse caso, assegura o ordenamento jurídico a devolução daquilo que o contribuinte pagou indevidamente. Fá-lo mediante norma geral e abstrata cuja hipótese descreve, em caráter conotativo, o pagamento indevido, prescrevendo, no consequente, uma relação jurídica obrigacional em que o fisco ocupará o polo passivo, assumindo o dever de restituir o indébito, enquanto o contribuinte figurará como sujeito ativo, com o direito de exigir o cumprimento dessa restituição. Diferentemente do que ocorre na obrigação tributária, o contribuinte é credor na relação ora examinada. O fisco encontra-se no polo passivo do vínculo obrigacional, possuindo o dever de cumprir prestação pecuniária para com o contribuinte. Costumamos nos referir a esse dever como "débito do fisco", contrapartida do "crédito do contribuinte".

5. DIREITO À RESTITUIÇÃO DO VALOR INDEVIDAMENTE PAGO A TÍTULO DE TRIBUTO

A prerrogativa de obter a restituição daquilo que foi impropriamente pago apresenta-se como direito subjetivo cujo titular é o contribuinte que realizou o pagamento indevido, comprovado o fato mediante linguagem específica que o direito exige. É o que dispõe o art. 165 do Código Tributário Nacional:

> Art. 165. O sujeito passivo tem o direito, independentemente de prévio protesto, *à restituição total ou parcial do tributo*, seja qual for a modalidade do seu pagamento, ressalvado o disposto no § 4º do art. 162, nos seguintes casos:
>
> I – *cobrança ou pagamento espontâneo de tributo indevido ou maior que o devido* em face da legislação tributária aplicável, ou da natureza ou circunstâncias materiais do fato gerador efetivamente ocorrido;
>
> II – erro na edificação[40] do sujeito passivo, na determinação da alíquota aplicável, no cálculo do montante do débito ou na elaboração ou conferência de qualquer documento relativo ao pagamento;
>
> III – reforma, anulação, revogação ou rescisão de decisão condenatória. (Destaquei).

Por "restituição" entende-se a devolução de valores pagos a título de tributo, mas cujo recolhimento foi considerado indevido ou a maior. E, nos termos do art. 167 do Código Tributário Nacional, também são objeto de restituição do indébito tributário os juros de mora e penalidades indevidamente pagos pelo contribuinte:

> Art. 167. A restituição total ou parcial do tributo dá lugar à restituição, na mesma proporção, dos juros de mora e das penalidades pecuniárias, salvo as referentes a infrações de caráter formal não prejudicadas pela causa da restituição.

Na qualidade de "devolução de valores indevidamente recolhidos a título de tributo", a restituição do indébito tribu-

40. Não obstante conste na redação original do CTN "edificação", deve-se entender como "identificação".

tário é gênero, tendo por modalidades a (i) repetição e a (ii) compensação. Enquanto na "repetição do indébito tributário" o contribuinte pretende ver-se restituído em pecúnia, na "compensação" a restituição opera-se mediante o encontro da relação de débito do fisco com outra que veicule débito do particular. Em ambos os casos, tem-se a satisfação do crédito do contribuinte e a extinção do débito da Fazenda Pública: quer em dinheiro, mediante restituição; quer pelo encontro de contas, efetuado em procedimento de compensação.

6. POSSIBILIDADES TEÓRICAS DE EXTINÇÃO DAS RELAÇÕES JURÍDICAS

A relação jurídica nasce da ocorrência do fato típico descrito no antecedente da proposição normativa. No percurso da sua existência pode experimentar mutações, que interferem nos elementos que a compõem ou nas gradações de sua eficácia. E depois se extingue, por haver realizado seus objetivos reguladores ou por razões que o direito positivo estipula.

Cabe examinar, no presente item, o fenômeno jurídico que se opera na extinção de tais vínculos, para podermos bem compreender o desaparecimento das obrigações tributárias e dos liames obrigacionais do contribuinte e da Fazenda Pública.

Se a unidade irredutível das relações jurídicas é formada por dois sujeitos (pretensor e devedor) e um objeto, atrelados entre si por nexos, parece-nos que o melhor caminho para saber da desintegração dessa entidade é procurar indagar o modo pelo qual desaparecem seus elementos integrativos, bem como as relações que os unem, visto que tais elementos e tais vínculos dão a compostura atômica dos liames jurídicos que fazem surdir direitos e deveres correlatos. Observamos que a figura obrigacional decompõe-se: (a) pelo desaparecimento do sujeito ativo; (b) pelo desaparecimento do sujeito passivo; (c) pelo desaparecimento do objeto[41]; (d) pelo desaparecimento do direito subjetivo de que é titular o pretensor, equivalendo à desaparição do crédito; (e) pelo desaparecimento do dever jurídico cometido ao devedor, que equivale à desaparição do débito.

Qualquer hipótese extintiva da relação obrigacional que possamos aventar estará contida, inexoravelmente, num dos cinco itens que enumeramos. Carece de possibilidade lógica imaginar uma sexta solução, precisamente porque tal é a fisionomia básica da existência de um vínculo de natureza.

6.1. A compensação tributária no cálculo das relações: forma extintiva da obrigação tributária e do débito da Fazenda Pública

Não é demais recordar que a obrigação tributária, enquanto relação jurídica de cunho patrimonial, envolvendo um sujeito ativo, titular do direito subjetivo de exigir a prestação, e um sujeito passivo, cometido do dever de cumpri-la, é nexo lógico instalado a contar de um enunciado factual, situado no consequente da norma individual e concreta, juntamente com o fato jurídico tributário descrito no suposto da mesma norma. A edição dessa regra, como norma válida no sistema positivo, tem o condão de introduzir no ordenamento dois fatos: (i) o fato jurídico tributário e (ii) o fato relacional que conhecemos por "relação jurídica". Se assim é, a obrigação tributária, na condição de ente lógico, só pode extinguir-se por força de outra

---

41. Advirto que no direito positivo brasileiro, com atenção às obrigações tributárias, não há prescrições cujo teor contemple a extinção do objeto prestacional, estritamente considerado. Entretanto, todos os demais casos de desaparecimento de elementos integrativos ou dos nexos que os enlaçam encontram-se previstos, indicados pelo legislador com os nomes técnicos correspondentes. Ao analisar as fórmulas extintivas gravadas no Código Tributário Nacional terei a oportunidade de convocar a atenção do leitor, relembrando essa proposta teorética de enorme utilidade prática.

manifestação em linguagem, o que se aplica, perfeitamente, à hipótese de compensação tributária. Vejamos como ela se opera.

A chamada "obrigação tributária" consiste no laço imputado entre o sujeito pretensor e o devedor, tendo por objeto prestação pecuniária, nos exatos termos do art. 3º do Código Tributário Nacional. Integram-na o dever jurídico que tem o sujeito passivo de conduzir determinada quantia em dinheiro ao Erário (débito), e o correspondente direito do Estado de receber aquele montante (crédito). Eis o motivo pelo qual defino "crédito tributário" como o direito subjetivo cujo portador é o sujeito ativo de uma obrigação tributária e que lhe permite exigir o objeto prestacional, representado por importância em dinheiro, tendo ele nascimento com a construção de um enunciado fáctico, posto pelo consequente de norma individual e concreta.

Por outro lado, situações há em que, como já mencionei, a Fazenda Pública figura no polo passivo da relação jurídica. Fala-se, nesse caso, em "débito da Fazenda Pública", consequência (i) do fato do pagamento indevido, (ii) do direito de crédito do contribuinte ou (iii) de previsão em contrato administrativo, e constituído, também, no consequente de outra norma individual e concreta.

Na compensação tributária são dissolvidas, simultaneamente, essas duas relações: (i) de crédito tributário e (ii) de débito da Fazenda Pública. Direitos e deveres funcionam como vetores de mesma intensidade e direção, mas de sentidos opostos, que se anulam.

7. A NORMA GERAL E ABSTRATA DA COMPENSAÇÃO TRIBUTÁRIA ENVOLVENDO CRÉDITOS DECORRENTES DE PAGAMENTO INDEVIDO

Como demonstrado no item 5 deste estudo, a compensação tributária é, ao lado da repetição, uma das formas previstas pelo ordenamento para a restituição de valores indevidamente pagos a título de tributo.

A norma da compensação tributária pressupõe a obrigação do tributo e a relação de débito do fisco, devidamente introduzidos no ordenamento jurídico por meio de normas individuais e concretas. Exige a presença dessas duas normas para que, combinadas, ensejem a produção de uma terceira.

Sendo a norma jurídica, no sentido estrito da expressão, dotada de estrutura hipotético-condicional, a esse esquema lógico não refogem a norma de compensação nem aquel'outras duas regras com supedâneo nas quais vai ser composta:

> (i) Na regra-matriz de incidência, o denominado "fato jurídico tributário" é indicado conotativamente na hipótese normativa, enquanto, na posição do consequente, figura a "obrigação tributária", podendo ser assim enunciada, simplificadamente: dado o fato jurídico tributário, deve ser a obrigação tributária.
>
> (ii) Noutro específico campo, o da regra-matriz do pagamento indevido, é a conotação do denominado fato jurídico do pagamento indevido que assume a condição de suposto, ao passo que a consequência é integrada pela relação de débito do fisco, nos seguintes moldes: dado o fato jurídico do pagamento indevido, deve ser a relação de débito do fisco.

Postas tais realidades, cabe-nos ajuntá-las, combinando norma relativa à obrigação tributária e aquela atinente à relação de débito do fisco, sacando uma terceira estrutura normativa, que é (iii) a da compensação tributária, podendo ser assim enunciada: dado o fato jurídico do pagamento indevido de determinado tributo, conjugado ao fato da obrigação tributária, deve ser a relação jurídica de compensação tributária envolvendo os respectivos débito do fisco e crédito tributário. Tudo operando-se estritamente dentro do campo do cálculo das relações.

7.1. Requisitos para que se opere a compensação de crédito originado pelo pagamento indevido a título de tributo

A compensação é forma extintiva das obrigações em geral, encontrando fundamento de validade no art. 368 do Código Civil: "se duas pessoas forem ao mesmo tempo credor e devedor uma da outra, as duas obrigações se extinguem, até onde se compensarem". No que concerne à obrigação tributária, o Código Tributário Nacional acolhe o instituto, desde que, em homenagem ao princípio da indisponibilidade dos bens públicos, seja autorizado em lei. A redação do seu art. 170 é a seguinte:

> Art. 170. A lei pode, nas condições e sob as garantias que estipular, ou cuja estipulação em cada caso atribuir à autoridade administrativa, autorizar a compensação de créditos tributários com créditos líquidos e certos, vencidos ou vincendos, do sujeito passivo contra a Fazenda Pública.

No quadro da fenomenologia das extinções, a compensação ocupa o tópico de modalidade extintiva tanto do direito subjetivo como do dever jurídico das pessoas envolvidas, uma vez que o crédito do sujeito pretensor, em um dos vínculos, é anulado pelo seu débito, no outro, o mesmo se passando com o sujeito devedor. Um aspecto, porém, há de ser consignado: a compensação só extingue relações jurídicas em que os valores coincidam. Caso inexista essa parificação dos montantes prestacionais, algo remanescerá para qualquer dos sujeitos, permanecendo vivo, juridicamente, o laço obrigacional. A compensação aparecerá, nesses casos, como elemento redutor do objeto da prestação devida, não podendo, portanto, ser considerada extintiva. Tal comentário é oportuno no momento em que examinamos mais de perto a configuração jurídica do instituto, que nem sempre cumpre o papel de dissolver os vínculos até então existentes.

Além das duas relações contrapostas (crédito tributário e débito da Fazenda Pública), para que a compensação se aperfeiçoe exige o art. 170 do Código Tributário Nacional que as relações tenham objetos líquidos e certos. São requisitos a "certeza da existência" e a "determinação da quantia" dos créditos e débitos que se pretende compensar.

Não há dúvidas, portanto, de que para o implemento da compensação é imprescindível a emissão de norma individual e concreta pelo sujeito competente, pois é esse o veículo apto para constituir fatos e relações jurídicas, objetivando, dentre outros, o objeto da prestação (*quantum* devido). Do mesmo modo que crédito tributário líquido e certo é aquele formalizado pelo ato do lançamento ou do contribuinte, débito da Fazenda Pública líquido e certo é o que foi objeto de decisão administrativa ou judicial, ou, ainda, reconhecido pelo contribuinte com fundamento em expressa autorização legal. Tais atos, formalizando o fato do pagamento indevido, introduzem-no no sistema. Tanto o crédito tributário como o débito do fisco são líquidos e certos quando estão identificados (i) credor e devedor, (ii) o montante do objeto da prestação e (iii) o motivo do surgimento do vínculo relacional.

Liquidez e certeza referem-se à existência e determinação da dívida, tanto do fisco como do contribuinte. A constituição do crédito tributário dá-se por meio de lançamento ou mediante norma individual e concreta expedida pelo contribuinte. Quanto ao débito do fisco, será constituído por norma individual e concreta decorrente de ato administrativo de invalidação do lançamento, de decisão administrativa, de decisão judicial ou, quando autorizado em lei, por ato do próprio administrado. Em todas essas hipóteses, está presente, sempre, a linguagem reconhecida pelo ordenamento como apropriada.

8. DISTINÇÃO ENTRE "CRÉDITOS DE ICMS" E "CRÉDITOS DE INDÉBITO TRIBUTÁRIO"

Para tornar efetivo o princípio da não-cumulatividade do ICMS, conduzindo a tributação aos valores que pretende realizar, exige-se, em cada elo da cadeia de circulação, a compensação entre a relação do direito ao crédito (nascida com a entrada do produto) e a relação jurídica tributária (que surge com a saída da mercadoria), conforme discorremos no tópico 3 desta análise.

Investigando a fenomenologia da não-cumulatividade, verifica-se que o "crédito de ICMS" provém de uma norma jurídica instituidora do direito ao crédito do sujeito adquirente de mercadorias, que denominamos *regra-matriz do direito ao crédito*. Sua incidência implica uma relação jurídica que tem como sujeito ativo o adquirente, detentor do direito ao crédito do imposto, e como sujeito passivo o Estado a que está juridicionado como contribuinte.

O "crédito de ICMS" que surge com a aquisição de mercadorias, porém, pode ser aproveitado somente com débitos originados na operação de venda: referido crédito é confrontado com os débitos para verificar-se a existência de saldo credor ou devedor perante o fisco estadual. O "crédito de ICMS" é moeda-escritural. Por isso, não obstante seja imprescindível perante o lídimo exercício do direito à não-cumulatividade, que se consuma com a compensação (desse crédito) com o "débito tributário" do Fisco, o "crédito de ICMS" é inexigível enquanto crédito pecuniário. Isso quer dizer que o contribuinte não pode pleitear a restituição dos valores correspondentes ao "crédito de ICMS": este não figura como moeda-pecúnia, mas como moeda-escritural, com o único objetivo de implementar o primado da não-cumulatividade desse imposto.

Outra situação, contudo, é a do "crédito de indébito tributário". A importância recolhida a título de tributo pode ser indevida, tanto por exceder ao montante da dívida real quanto por inexistir dever jurídico de índole tributária. Surge, então, a controvertida figura do *tributo indevido*, susceptível de restituição.

A norma que prescreve o direito à restituição encontra fundamento de validade na Constituição da República. Tendo em vista os princípios da estrita legalidade e da tipicidade tributária, o contribuinte está obrigado ao pagamento de tributo somente se preenchidos os requisitos do plano legislativo e do plano fáctico: (i) no plano legislativo, há a indeclinável necessidade de que a lei traga no seu bojo, de modo expresso e inequívoco, os elementos descritores do fato jurídico e os dados prescritores da relação obrigacional, nos exatos moldes prescritos por ocasião da repartição constitucional das competências tributárias; (ii) no plano da facticidade, há exigência da subsunção do fato aos preceitos estabelecidos na regra-matriz de incidência tributária.

A respeito do assunto, convém mencionar, ainda, o princípio da vinculabilidade da tributação, retirado da implicitude do Texto Supremo e inserido no art. 142 do Código Tributário Nacional. Esse preceito traduz uma conquista no campo da segurança dos administrados, em face dos poderes do Estado moderno, de tal maneira que o exercício da administração tributária encontra-se tolhido, em qualquer de seus movimentos, pela necessidade de aderência total aos termos inequívocos da lei, não podendo abrigar qualquer tipo de subjetividade própria dos atos de competência discricionária. Seguindo essa ordem de considerações, surge como nota característica do Sistema Tributário Brasileiro a impossibilidade de instituir e arrecadar tributos fora dos estritos limites legalmente prescritos.

Nesse contexto, conclui-se que, havendo pagamento de valores a título de tributo, mas que destoem de previsão constitucional ou de lei, é imperativa a devolução destes. Surge, em tais situações, um "crédito de indébito tributário".

O Código Tributário Nacional regula a questão do pagamento indevido e, no art. 165, firma a regra de que o sujeito passivo tem direito, independentemente de prévio protesto, à restituição total ou parcial do tributo, seja qual for a modalidade do seu pagamento. Os casos que produzem o direito à restituição vêm relacionados em três itens: (i) cobrança ou pagamento espontâneo de tributo indevido em face da legislação tributária aplicável, ou da natureza ou circunstâncias materiais do evento efetivamente ocorrido; (ii) erro na identificação do sujeito passivo, na determinação da alíquota aplicável, no cálculo do montante do débito ou na elaboração ou conferência de qualquer documento relativo ao pagamento; e (iii) reforma, anulação, revogação ou rescisão de decisão condenatória.

Efetuados esses esclarecimentos, podemos traçar a distinção entre o "crédito de ICMS" e o "crédito de pagamento indevido". (i) O "crédito de ICMS" decorre do princípio constitucional da não-cumulatividade. Não surge em virtude de recolhimento indevido a título de tributo. Pelo contrário, o ICMS era devido, pela regular incidência da regra-matriz desse imposto, porém, em razão do preceito constitucional da não-cumulatividade, incide a regra-matriz do direito ao crédito, fazendo nascer para o contribuinte o direito de aproveitar o "crédito de ICMS", compensando-o com valores por ele devidos a título desse imposto estadual, na operação subsequente. (ii) O "crédito de indébito tributário" nasce em razão de pagamento indevido a título de tributo. Surge com o recolhimento de quantias sem fundamento constitucional ou legal, ou sem que tenha sido praticado o fato jurídico tributário ou quando este tenha ocorrido em valor menor que o tomado como referência para o pagamento do tributo.

Em síntese: o "crédito de ICMS" nasce pela ocorrência de fato jurídico previsto na Constituição e na lei, consistente em operação relativa à circulação de mercadorias ou prestação de serviço de transporte interestadual ou intermunicipal ou de comunicação; o "crédito de pagamento indevido" surge pela prática de ato em desacordo com a regra-matriz de incidência tributária ou com o Texto Constitucional, configurado pelo pagamento de tributo indevido ou a maior.

Sendo distintos os fundamentos de validade do "crédito de ICMS" e do "crédito do pagamento do indébito tributário", não pode confundir-se a "compensação do ICMS" com a "compensação do indébito tributário". A primeira, como já anotei, tem suporte no princípio da não-cumulatividade. A segunda, por sua vez, é forma de restituição dos valores indevidamente pagos.

9. CORREÇÃO MONETÁRIA DOS "CRÉDITOS DE INDÉBITO TRIBUTÁRIO"

A correção monetária representa atualização do valor da dívida, tendo em vista a desvalorização da moeda, em regime político-jurídico onde atua o problema inflacionário. O valor aquisitivo do dinheiro é corrigido, periodicamente, de acordo com índices estimativos, de modo que, em qualquer tempo, é possível saber-se da expressão econômica do débito ou do crédito em relação a determinado intervalo de tempo.

Essa recomposição do valor monetário deve ser integralmente aplicada aos créditos de indébito tributário, pois a restituição dos valores indevidamente recolhidos só será completa se mantida sua real expressão econômica.

A correção monetária não diz respeito à regra-matriz do imposto, não participa da incidência tributária, e não está jungida aos limites constitucionais da competência tributária. É, sim, instrumento jurídico que deve estar presente em qualquer relação obrigacional de cunho pecuniário, seja ela pública ou privada. A correção monetária nada acrescenta ao valor do principal, mas a ele incorpora as perdas sofridas, ao longo do tempo, em decorrência da espiral inflacionária. Revela uma garantia de propriedade, na medida em que resguarda o direito patrimonial de verdadeiros atos confiscatórios gerados pela inflação. Da mesma forma, não se enquadra como penalidade ao fisco, uma vez que é simples reposição do valor real da moeda, em decorrência da inflação, destituída, portanto, de qualquer caráter de sanção por ato ilícito.

Pelo exposto, independentemente de disposição legal expressa, podemos afirmar a existência ao direito à correção monetária dos créditos de indébito tributário. Trata-se de consectário natural dos princípios constitucionais da propriedade, da estrita legalidade e tipicidade em matéria tributária, bem como da isonomia e da não-confiscatoriedade.

A respeito do assunto, veja-se o Parecer GQ-96, de 11 de janeiro de 1996, emitido pela Advocacia-Geral da União, que acolhe o Parecer AGU/MF-01/96, reconhecendo incidência de correção monetária sobre os valores devidos em virtude de repetição de indébito tributário, independentemente da existência de previsão legal expressa:

> Ementa: Mesmo na inexistência de expressa previsão legal, é devida correção monetária de repetição de quantia indevidamente recolhida ou cobrada a título de tributo. A restituição tardia e sem atualização é restituição incompleta e representa enriquecimento ilícito do Fisco. Correção monetária não constitui um plus a exigir expressa previsão legal. É, apenas, recomposição do crédito corroído pela inflação. O dever de restituir o que se recebeu indevidamente inclui o dever de restituir o valor atualizado. Se a letra fria da lei não cobre tudo o que no seu espírito se contém, a interpretação integrativa se impõe como medida de Justiça. Disposições legais anteriores à Lei n. 8.383/91 e princípios superiores do Direito brasileiro autorizam a conclusão no sentido de ser devida a correção na hipótese em exame. A jurisprudência unânime dos Tribunais reconhece, nesse caso, o direito à atualização do valor reclamado.

> O Poder Judiciário não cria, mas tão somente aplica o direito vigente. Se tem reconhecido esse direito é porque ele existe. (Destaquei).

Nessa linha de raciocínio, qualquer restrição à correção monetária de indébitos tributários implicaria flagrante ilegalidade e inconstitucionalidade, pois acarretaria restituição a menor. Em vista desses argumentos, é pacífico, nos Tribunais brasileiros, o entendimento a respeito da necessária incidência de correção monetária sobre os "créditos de pagamento indevido de tributo". É o que se depreende do teor da Súmula n. 46, do extinto E. Tribunal Federal de Recursos, reconhecendo, desde aquela época, a imprescindibilidade da atualização do indébito tributário:

> Nos acasos de devolução do depósito efetuado em garantia de instância e de repetição de indébito tributário, a correção monetária é calculada desde a data do depósito ou do pagamento indevido e incide até o efetivo recebimento da importância reclamada.

O valor do indébito tributário deve manter equivalência em termos monetários, isto é, precisa acompanhar o valor real do dinheiro, para que possa fazer valer os princípios da estrita legalidade e da tipicidade tributária. E essa conclusão aplica-se, em tudo, às quantias indevidamente recolhidas a título de ICMS, cuja restituição seja pleiteada na forma de compensação. Nesse sentido já decidiu o Egrégio Superior Tribunal de Justiça:

> TRIBUTÁRIO. ICMS. MANDADO DE SEGURANÇA. CRÉDITOS, COMPENSAÇÃO. CORREÇÃO MONETÁRIA. MATÉRIA CONSTITUCIONAL. PROVA REPERCUSSÃO. SÚMULA 213/STJ.
>
> 1. Não há omissão quanto ao exame de pontos levantados pelas partes, pois ao juiz cabe apreciar a lide de acordo com o seu livre convencimento, não estando obrigado a analisar todos os pontos suscitados.

> 2. Por não se tratar de típica repetição de indébito, mas do simples reconhecimento de um direito de crédito, este Tribunal tem entendido pela não incidência da regra que exige, para a repetição de indébito, a prova da não repercussão financeira do tributo.
>
> 3. 'O mandado de segurança constitui ação adequada para a declaração do direito à compensação tributária' (Súmula 213/STJ).
>
> 4. Legalidade da correção monetária sobre os créditos acumulados de ICMS, única forma de preservar o valor real entre os créditos e débitos fiscais.
>
> 5. Não cabe ao Superior Tribunal de Justiça apreciar matéria de índole constitucional, de competência exclusiva da Suprema Corte, nos termos do artigo 102 da Constituição Federal.
>
> 6. Recurso especial improvido.[42]

E ainda:

> (...) 3. Está assentada nesta Corte a orientação segundo a qual são os seguintes índices a serem utilizados na repetição ou compensação de indébito tributário: (a) IPC, de março/1990 a janeiro/1991; (b) INPC, de fevereiro a dezembro/1991; (c) UFIR, a partir de janeiro/1992; (d) taxa SELIC, exclusivamente, a partir de janeiro/1996).
>
> 4. Nos casos de repetição de indébito tributário, a orientação prevalente no âmbito da 1ª Seção quanto aos juros pode ser sintetizada da seguinte forma: (a) antes do advento da Lei 9.250/95, incidia a correção monetária desde o pagamento indevido até a restituição ou compensação (Súmula 162/STJ). Acrescida de juros de mora a partir do trânsito em julgado (Súmula 188/STJ), nos termos do art. 167, parágrafo único do CTN; (b) após a edição da Lei 9.250/95, aplica-se a taxa SELIC desde o recolhimento indevido, ou, se for o caso, a partir de 1º.01.1996, não podendo ser cumulada, porém, com qualquer outro índice,

42. REsp 99.432/RS, 2ª T., Rel. Min. Castro Meira, DJ 25.10.2004 (grifei).

> seja de atualização monetária, seja de juros, porque a SELIC incluiu, a um só tempo, o índice de inflação do período e a taxa de juros real.[43]
>
> (...) 4. É devida a taxa SELIC na repetição de indébito, seja como restituição ou compensação tributária, desde o recolhimento indevido, independentemente de se tratar de contribuição sujeita à posterior homologação e do pagamento antecipado – EREsp's 131.203/RS, 230.427, 242.029 e 244.443.
>
> 5. A SELIC é composta de taxa de juros e correção monetária, não podendo ser cumulada, a partir de sua incidência, com qualquer outro índice de atualização.[44]

Desses julgados depreende-se, com facilidade, que incide correção monetária sobre o crédito de indébito tributário, independentemente de ser a restituição efetuada na modalidade "repetição" ou "compensação", sendo irrelevante, também, o fato de tratar-se de compensação de indébitos de ICMS ou de outro tributo.

O Egrégio Supremo Tribunal Federal, em reiteradas oportunidades, também se manifestou pela aplicabilidade da correção monetária aos indébitos tributários. A Corte Maior posicionou-se, inclusive, no sentido de ser devida a correção monetária de créditos decorrentes de indébito do ICMS, efetuando a clara distinção entre estes e os créditos originados pelo princípio da não-cumulatividade:

> A correção monetária incide sobre o débito tributário devidamente constituído, ou quando recolhido em atraso. Diferencia-se do crédito escritural – técnica de contabilização para a equação entre débitos e créditos, a fim de fazer valer o princípio da não-cumulatividade.[45]

---

43. AgRg no AG 601.246/SP, 1ª T., Rel. Min. Teori Albino Zavascki, DJ 21.03.2005 (grifei).

44. REsp 530.597/RS, 2ª T., Rel. Min. Castro Meira, DJ 15.12.2003 (grifei).

45. RE-AgR 261.534/MG, 2ª T., Rel. Min. Maurício Corrêa, DJ 02.03.2001.

É preciso registrar que o Supremo Tribunal Federal e o Superior Tribunal de Justiça negam-se a aplicar a correção monetária tão somente nas situações em que se tenha "moeda-escritural", como é o caso do crédito de ICMS não-cumulativo, quando não haja previsão legal a respeito do assunto. Isso se deve à sua natureza meramente contábil. E, mesmo nessa hipótese, o STF admite a atualização monetária se a não-escrituração do crédito de ICMS foi causada por óbice do fisco estadual:

> (...) 3. Créditos escriturais não realizados no momento adequado por óbice do Fisco, em observância à suspensão cautelar da norma autorizadora. Retorno da situação ao status quo anterior. Garantia de eficácia da lei desde sua edição. Correção monetária devida, sob pena de enriquecimento sem causa da Fazenda Pública.
>
> 4. Atualização monetária que não advém da permissão legal de compensação, mas do impedimento causado pelo Estado para o lançamento na época própria. Hipótese diversa da mera pretensão de corrigir-se, sem previsão legal, créditos escriturais do ICMS. Acórdão mantido por fundamentos diversos. Recurso extraordinário não conhecido.[46]

Pelo exposto, observa-se ser pacífica a jurisprudência a respeito da correção monetária de "créditos de indébito tributário". Ainda que se trate de indébito relativo ao ICMS, não há como negar-lhe a atualização monetária. Tendo ocorrido pagamento indevido, quer porque houve recolhimento de quantias sem fundamento constitucional ou legal, ou sem que tenha sido praticado fato jurídico tributário, quer porque o evento

---

46. RE 282.120/PR, 2ª T., Rel. Min. Maurício Corrêa, DJ 06.12.2002. No julgamento do RE-Ed-Ed-EDv 200.379/SP, o STF confirmou a incidência de correção monetária a créditos de ICMS cuja escrituração deixou de ser feita em razão de óbice do Estado, registrando que a jurisprudência que nega o direito à correção monetária dessa espécie de crédito tem por pressuposto a regularidade da escrituração (Tribunal Pleno, Rel. Min. Sepúlveda Pertence, DJ 05.05.2006).

tenha ocorrido em valor menor que o tomado como referência para o pagamento do tributo, é imperativa a restituição integral dos montantes pagos indevidamente ou a maior. Logo, em quaisquer dessas situações, faz jus o contribuinte à correção monetária, imprescindível à reposição do valor real da moeda.

10. DAS RESPOSTAS ÀS INDAGAÇÕES

Com base nas considerações desenvolvidas até aqui, passo a responder às perguntas formuladas no início do presente estudo. Para tanto, permito-me reescrever as indagações.

1. Qual a diferença entre "crédito de ICMS" e "crédito do indébito tributário"?

O *"crédito de ICMS" decorre do princípio constitucional da não-cumulatividade*. Não surge em virtude de recolhimento indevido a título de tributo. Pelo contrário: o ICMS era devido, pela regular incidência da regra-matriz desse imposto; porém, em razão do preceito constitucional da não-cumulatividade, incide a regra-matriz do direito ao crédito, fazendo nascer para o contribuinte o direito de aproveitar o "crédito de ICMS", compensando-o com valores por ele devidos a título desse imposto estadual, na operação subsequente.

Por outro lado, o *"crédito de indébito tributário"* nasce em razão de pagamento indevido a título de tributo. Surge com o recolhimento de quantias sem fundamento constitucional ou legal, ou sem que tenha sido praticado o fato jurídico tributário ou quando este tenha ocorrido em valor menor que o tomado como referência para o pagamento do tributo.

2. Que é compensação em direito tributário? Existiriam critérios distintivos entre a "compensação do ICMS" e a "compensação do indébito tributário"?

É preciso esclarecer que a "obrigação tributária", consistente no laço que se instala entre o sujeito pretensor e o devedor, tendo por objeto prestação pecuniária de caráter tributário, pode ser extinta mediante quaisquer das possibilidades teóricas de extinção das relações jurídicas, enunciadas no item 6 deste estudo. O Código Tributário Nacional, ao disciplinar o assunto, relaciona fatos extintivos da obrigação tributária, dentre os quais vale destacar as figuras do (i) pagamento, em que a extinção se dá mediante recolhimento em espécie; e da (ii) compensação, em que se tem encontro de contas, extinguindo-se, simultaneamente, débito do contribuinte (obrigação tributária) e débito do fisco.

A compensação no direito tributário apresenta a particularidade de comportar o encontro de relações obrigacionais em que uma delas, a que tem o sujeito passivo por credor, seja vencida ou vincenda. Ao tratar da compensação, o Código Civil, em seu artigo 368 e 369, e o Código Tributário Nacional, no dispositivo 170, estabeleceram os seguintes requisitos necessários à compensação: a) reciprocidade das obrigações; b) liquidez das dívidas; c) exigibilidade das prestações; e d) fungibilidade das coisas devidas (CC, art. 369). Só na presença deles é que a compensação se dá como forma extintiva do crédito tributário.

Tanto a "compensação do ICMS" quanto a "compensação do indébito tributário" portam, em si, as mencionadas referências constitutivas. Contudo, sendo distintos os fundamentos de validade do "crédito de ICMS", que dá suporte à compensação do ICMS e do "crédito do indébito tributário", que justifica a compensação do indébito tributário, não se pode confundir uma compensação e outra. A primeira origina-se da regra da não-cumulatividade; enquanto a segunda é forma de restituição dos valores indevidamente pagos.

3. Que é correção monetária? Em quais hipóteses e a quem se aplica a correção monetária? Integra-se à regra-matriz de incidência tributária? Sobre qual fundamento de direito positivo sustenta-se a correção monetária?

A correção monetária é o expediente utilizado para atualizar valores, tendo em vista a depreciação da moeda, em regime político-jurídico onde atua o problema inflacionário. Nada acrescenta; recompõe, simplesmente, o valor monetário, a fim de manter sua real expressão econômica. Deve estar presente em qualquer relação obrigacional de cunho pecuniário, seja ela pública ou privada, objetivando tão só implantar justiça e paz social nas relações interpessoais que envolvem moeda.

Há que se tomar nota: a correção monetária não integra a regra-matriz do imposto, da mesma forma como não participa da incidência tributária. Revela uma garantia de propriedade, na medida em que resguarda o direito patrimonial de verdadeiros atos confiscatórios gerados pela inflação. Resulta, portanto, diretamente dos princípios da estrita legalidade, ticipicidade em matéria tributária, isonomia e não-confisco.

4. O indébito do ICMS deverá ser restituído ao contribuinte credor pelo seu valor histórico ou deverá ser atualizado monetariamente?

Tendo havido recolhimento em duplicidade do ICMS, ainda que efetuado na modalidade de compensação, tem-se caracterizado verdadeiro indébito tributário. A restituição dos valores indevidamente recolhidos deve dar-se, por conseguinte, com incidência de atualização monetária.

A correção monetária representa atualização do valor da dívida, tendo em vista a desvalorização da moeda, em regime político-jurídico onde atua o problema inflacionário. O valor aquisitivo do dinheiro é corrigido, periodicamente, de acordo com índices estimativos, de modo que, em qualquer tempo, é possível saber-se da expressão econômica do débito ou do crédito em relação a determinado intervalo de tempo. E essa recomposição do valor monetário encontra integral aplicação aos créditos de indébito tributário, pois a restituição dos valores indevidamente recolhidos só será completa se mantida sua real expressão econômica.

5. A correção monetária é aplicável independentemente do modo de restituição do indébito tributário?

Exatamente. A correção monetária aplica-se a todos os indébitos tributários, não importando a forma pela qual a restituição é efetuada.

Na qualidade de "devolução de valores indevidamente recolhidos a título de tributo" a restituição do indébito tributário é gênero, tendo por modalidades a (i) repetição e a (ii) compensação. Enquanto na "repetição do indébito tributário" o contribuinte pretende ver-se restituído em pecúnia, na "compensação" a restituição opera-se mediante o encontro da relação de débito do fisco com outra que veicule débito do particular. Em ambos os casos tem-se a satisfação do crédito do contribuinte e a extinção do débito da Fazenda Pública: quer em dinheiro, mediante restituição; quer pelo encontro de contas, efetuado em procedimento de compensação.

Para melhor compreender o assunto, é importante distinguir as figuras do "crédito de ICMS" e do "crédito de indébito tributário". Nessas duas situações fala-se em "crédito" do contribuinte e tem-se "compensação" desse crédito com valores devidos a título de tributo. Mas as semelhanças param por aí.

O "crédito de ICMS" decorre da prescrição constitucional que erige o princípio da não-cumulatividade, surgindo em razão do acontecimento de fato lícito, previsto na hipótese da regra-matriz do direito ao crédito. Trata-se de moeda-escritural cujo uso é autorizado tão somente para compensação com o valor devido a título de ICMS em outra operação, sendo inexigível sua percepção na forma pecuniária, quer por pedido administrativo, quer pela via judicial. Por esse motivo, o Poder Judiciário tem entendido que a esse crédito não se aplica correção monetária, salvo se seu aproveitamento inocorreu em tempo próprio devido a óbice do fisco.

O "crédito de indébito tributário", por sua vez, surge com o recolhimento de quantias sem fundamento constitucional ou legal, ou sem que tenha sido praticado o fato jurídico tributário ou quando este tenha ocorrido em valor menor que o tomado como referência para o pagamento do tributo. O direito à restituição desses valores indevidamente recolhidos é retirado da implicitude do Texto Constitucional, decorrendo, principalmente, dos princípios da estrita legalidade e da tipicidade tributária. Em vista disso, havendo pagamento de valores a título de tributo, mas que destoem de previsão constitucional ou legal, é imperativa a devolução destes, em pecúnia ou mediante compensação.

É essa segunda modalidade de crédito a que se verifica na situação de recolhimento em duplicidade. Por consequência, tratando-se de "crédito de indébito tributário", este há de ser corrigido monetariamente, podendo ser restituído (i) em espécie, mediante repetição do indébito, ou (ii) por meio de creditamento na escrita fiscal, operacionalizando a compensação tributária.

TEMA XVIII

ICMS IMPORTAÇÃO

Análise segundo as formas de importação "por conta própria" ou "por conta e ordem de terceiro"

Sumário: 1. Introdução. 2. ICMS incidente na "realização de operações de importação de bens": seus critérios material e temporal. 3. Critérios pessoal ativo e pessoal passivo do ICMS incidente sobre operações de importação de bens. 3.1. Considerações adicionais sobre a pessoa política titular da capacidade tributária ativa no ICMS-importação. 4. A interpretação do art. 11, I, d, da Lei Complementar n. 87/96. 5. A incidência tributária e o "tipo estrutural". 6. O princípio da autonomia da vontade e da livre iniciativa. 7. Critérios distintivos entre "importação por conta própria" e "importação por conta e ordem de terceiro". 8. Das respostas às indagações.

1. INTRODUÇÃO

Nem sempre a materialidade de um tributo é de fácil determinação. Mesmo com o apoio da estrutura da regra-matriz de incidência, o tipo ICMS importação requer maiores reflexões, exigindo que se leve em conta as diversas formas operacionais com que se dá o ingresso da mercadoria no território nacional, tais como as importações "por conta própria" e as "por conta e ordem de terceiros". As dificuldades ensejadas pela lei ou mesmo pelas formas contratuais pedem do exegeta essa atitude mais apurada e detida para fins de determinar a materialidade, e verificar quando ocorre a efetiva incidência do ICMS na importação.

Advirto que, ao discorrer sobre o ICMS incidente nas operações de importação, utilizo, indistintamente, os vocábulos "mercadorias" e "bens". Conquanto essas palavras costumem ter significações diferentes, quando relacionadas a importações acabam por assumir feição idêntica: todo bem importado configura, de certa forma, uma mercadoria, pois decorrente de operação jurídica que acarretou a transferência de sua titularidade (de sujeito situado no exterior para pessoa estabelecida no território nacional).

Diante da complexidade do tema, formulo sete indagações sobre as quais me manifestarei de maneira clara e objetiva, à luz do direito positivo vigente.

São elas:

1. As importações feitas por trading são juridicamente válidas, do ponto de vista tributário?

2. Quando é devido o ICMS incidente na importação?

3. Quem é o sujeito passivo da obrigação tributária relativa ao ICMS incidente na importação de mercadorias do exterior?

4. O ICMS incidente sobre a importação de mercadorias deve ser recolhido ao Estado em que estiver domiciliado o estabelecimento importador, independentemente de ocorrer a entrada física ou simbólica da mercadoria importada no estabelecimento?

5. Em caso de resposta positiva à primeira questão, pode o Estado de São Paulo desconsiderar as operações de compra e venda realizadas posteriormente à importação?

6. Em que hipótese pode o Estado de São Paulo exigir o ICMS incidente nas importações de mercadorias?

7. Que é e como se identifica a importação por conta e ordem?

2. ICMS INCIDENTE NA "REALIZAÇÃO DE OPERAÇÕES DE IMPORTAÇÃO DE BENS": SEUS CRITÉRIOS MATERIAL E TEMPORAL

Prescreve o art. 155, II e § 2º, IX, *a*, da Constituição da República que:

> Art. 155. Compete aos Estados e ao Distrito Federal instituir impostos sobre:
>
> (...)
>
> II – operações relativas à circulação de mercadorias e sobre prestações de serviços de transporte interestadual e intermunicipal e de comunicação, ainda que as operações e as prestações se iniciem no exterior;
>
> (...)
>
> § 2º O imposto previsto no inciso II atenderá ao seguinte:
>
> (...)
>
> IX – incidirá também:
>
> a) sobre a entrada de bem ou mercadoria importados do exterior por pessoa física ou jurídica, ainda que não seja contribuinte habitual do imposto, qualquer que seja a sua finalidade, assim como sobre o serviço prestado no exterior, cabendo o imposto ao Estado onde estiver situado o domicílio ou o estabelecimento do destinatário da mercadoria, bem ou serviço.[47]

A literalidade do Texto Constitucional poderia levar o intérprete desavisado a concluir que a mera *entrada de bem ou*

47. Redação conferida pela Emenda Constitucional n. 33/2001.

mercadoria importada do exterior seria suficiente à caracterização do fato jurídico tributário, sendo esse o núcleo tributável do "ICMS-importação". Trata-se de erro crasso, que só mediante compreensão sistemática da Carta Magna é possível superar.

Recorde-se, nesta oportunidade, que sendo a República Federativa do Brasil um país em que se adota o regime democrático de governo, os membros das nossas Casas Legislativas representam os vários segmentos da sociedade. Alguns são médicos, outros bancários, industriais, agricultores, engenheiros, advogados, dentistas, comerciantes, operários etc., dado que, aliado à multiplicidade de tendências de cunho social, político e econômico, imprimem forte caráter de heterogeneidade, peculiar aos regimes que se queiram representativos. Ponderações desse jaez permitem-nos compreender o porquê dos erros, impropriedades, atecnias, deficiências e ambiguidades que os textos legais, inclusive a Constituição, cursivamente apresentam. Não é, de forma alguma, o resultado de um trabalho sistematizado cientificamente. Ainda que haja comissões encarregadas de cuidar dos aspectos formais e jurídico-constitucionais dos diversos estatutos, prevalece a formação acentuadamente heterogênea que os caracteriza. Por essa razão, ao ingressarmos na exegese do direito posto, tal fator há de ser impreterivelmente considerado. O sentido das construções utilizadas pelo legislador não deve ser buscado na linguagem ordinária, repleta de imprecisões. Mister se faz que a interpretação dos textos jurídicos se dê a partir das significações atribuídas pelo discurso científico, pois somente dessa maneira será possível alcançar o padrão preciso que aquele tipo de mensagem requer.

Exemplo das mencionadas equivocidades legislativas é a desarrazoada confusão entre os critérios material e temporal das exações tributárias. Progrediu, em todos os diplomas normativos de que temos conhecimento, esse vezo impróprio e descabido de tomar como "fato gerador" do imposto o critério temporal de sua hipótese de incidência. A isso havemos de debitar boa parte do atraso no esclarecimento de importantes aspectos da intimidade estrutural de alguns impostos.

A confirmação dessa tendência é denunciada pelo próprio Texto Supremo, no dispositivo relativo ao ICMS-importação: o constituinte definiu a incidência considerando a entrada no território nacional de bens ou mercadorias importadas, sem se ater ao fato de que essa *entrada*, realizada por ocasião do desembaraço aduaneiro, nada mais é que o instante em que se verifica a concretização da materialidade, consistente na *operação de importação*.

A conclusão alcançada não poderia ser diversa, uma vez que o ICMS incide sempre sobre "operações", sejam elas relativas à circulação de mercadorias ou a prestações de serviços de transporte interestadual, intermunicipal, ou de comunicação. E isso se aplica integralmente ao imposto estadual que recai sobre as importações de bens ou mercadorias.

"Importar", em termos jurídicos, significa trazer produtos originários de outro Estado (importação interna) ou de outro país (exterior) para o território de seu Estado ou para o território brasileiro, com objetivo de permanência. Tal situação somente se concretiza quando uma *operação jurídica* subjacente, não sendo fato jurídico tributário do ICMS a mera entrada no Brasil ou circulação física de produtos estrangeiros em nosso território. O critério material desse imposto é, portanto, *importar bens ou mercadorias do exterior*, ou seja, *realizar operações de importação de bens ou mercadorias do exterior*, sendo a entrada no território pátrio, pelo desembaraço aduaneiro, a indicação de tempo em que se considera ocorrido aquele fato nuclear.

3. CRITÉRIOS PESSOAL ATIVO E PESSOAL PASSIVO DO ICMS INCIDENTE SOBRE OPERAÇÕES DE IMPORTAÇÃO DE BENS

É no critério pessoal do consequente da regra-matriz de incidência que vamos encontrar os dados indicativos para reconhecer os sujeitos ativo e passivo da relação jurídica do tributo. O sujeito ativo é titular do direito subjetivo de exigir a prestação pecuniária. Regra geral, coincide com as pessoas políticas de direito constitucional interno, dotadas de competência legislativa e habilitadas, por isso mesmo, a inovar a ordem jurídica editando normas gerais e abstratas. Nada impede, porém, que o ente tributante, ao exercer sua competência, eleja outra pessoa para figurar no polo positivo da relação, transferindo-lhe a capacidade ativa, com correspondente titularidade do direito subjetivo de receber a prestação fiscal.

Quanto ao sujeito passivo da obrigação tributária, é a pessoa física ou jurídica, privada ou pública, de quem se exige o cumprimento da prestação pecuniária. Na maioria das vezes, a Constituição não aponta exatamente quem deva ser o sujeito passivo das exações cuja competência legislativa faculta às pessoas políticas. O constituinte costuma aludir a um evento, deixando a cargo do legislador ordinário não só estabelecer o desenho estrutural da hipótese normativa, que deverá girar em torno daquela referência constitucional, mas, além disso, escolher o sujeito que arcará com o peso da incidência fiscal, fazendo as vezes de devedor da prestação tributária. A cada um dos eventos eleitos para compor a hipótese da regra-matriz de incidência, a autoridade legislativa apanha um sujeito, segundo o critério de sua participação direta e pessoal com a ocorrência objetiva, e passa a chamá-lo de contribuinte, fazendo-o constar da relação obrigacional, na qualidade de sujeito passivo. A obrigação tributária, entretanto, só se instaura com sujeito passivo que integre a ocorrência típica. A ênfase afirmativa está fundada num argumento singelo, mas poderoso: o legislador tributário não pode refugir dos limites constitucionais da sua competência, que é oferecida de maneira discreta, mediante a indicação de meros eventos. Aproveitando-se dessas referências, a autoridade legislativa exerce suas funções, autolimitando-se ao compor a descrição normativa. Feito isso, não pode transpor as fronteiras do fato que ele mesmo (legislador ordinário) demarcou, nos termos constitucionalmente permitidos. Em consequência, somente pode ocupar a posição de sujeito passivo tributário quem estiver em relação com o fato jurídico praticado.

Aplicando tais conceitos ao ICMS incidente sobre operações de importação, identifico como sujeito ativo o Estado ou o Distrito Federal em que se realizar a operação jurídica de importação de mercadorias, enquanto o sujeito passivo é o importador, aquele que praticou o fato descrito na hipótese tributária, conforme a seguir exposto:

a) Sujeito ativo

Consideradas as diretrizes gerais do art. 155, II e § 2º, IX, *a*, da Carta Magna, verificamos ser o ICMS-importação de competência dos Estados e do Distrito Federal, os quais, salvo hipóteses de transferência da capacidade tributária ativa, figuram como titulares do direito subjetivo de perceber as prestações pecuniárias concernentes a operações de importação que se realizem nos limites do seu território.

b) Sujeito passivo

Nos impostos incidentes sobre operações de importação, assume o papel de sujeito passivo quem realiza a conduta de "importar". Em outras palavras, contribuinte dessa espécie de imposto é a pessoa cujo nome está consignado na declaração de importação, por ser este, unicamente, quem promove a introdução de mercadorias estrangeiras no País, como resultado de negócio jurídico por ele praticado.

3.1. Considerações adicionais sobre a pessoa política titular da capacidade tributária ativa no ICMS-importação

Procurando elucidar o assunto e evitar conflitos de competência, explicitou o constituinte que o ICMS incidente sobre operações de importação de mercadorias caberá "ao Estado onde estiver situado o domicílio ou o estabelecimento do destinatário da mercadoria" (art. 155, §2º, IX, a, final). Por destinatário deve-se entender o adquirente, importador, aquele a quem a mercadoria estrangeira foi juridicamente remetida, sob pena de a interpretação ser conflitante com outros dispositivos constitucionais.

O recolhimento do ICMS-importação é devido ao Estado em que ocorreu a operação jurídica, consistente naquele em que se localiza o sujeito passivo do tributo, destinatário da operação importadora. Caso o bem seja revendido para terceiros imediatamente após a importação, é desnecessário o ingresso físico ou simbólico da mercadoria no estabelecimento do importador, podendo esta ser diretamente remetida ao adquirente interno. Na hipótese, temos duas operações: uma de importação; outra meramente mercantil. E, sendo o destino jurídico do produto importado o critério de determinação do sujeito ativo, permanece ele inalterado em face de negócios jurídicos posteriores.

A utilidade de tal conclusão é facilmente observada nas situações em que o importador se encontra estabelecido em um Estado "A", sendo a mercadoria remetida a adquirente situado em outro Estado ("B").

Considerando que o critério material do imposto analisado consiste em "realizar operações de importação de mercadorias", e que possui capacidade tributária para sua exigência o Estado para o qual o bem importado for juridicamente destinado, o ICMS-importação é devido à pessoa política onde estiver localizado o estabelecimento do importador (no exemplo, Estado "A"), pouco importando se a entrada física do bem ocorreu em Estado diverso ("B"). A Constituição ordena que, para fins de tributação pelo ICMS, interessa o local onde se deu a operação jurídica de importação, consistente no Estado do estabelecimento que a promoveu.

Quanto ao sujeito ativo, nada se altera quando a importação tenha sido realizada e o bem encaminhado diretamente para terceiros, situados em outro Estado ("B"). Em primeiro lugar, porque a tributação recai sobre a "operação jurídica de importação", cabendo o imposto ao Estado onde está situado o destinatário do negócio, na figura do importador. Além disso, as "circulações físicas" não apresentam relevo para fins tributários, devendo a realização de "operações jurídicas" ser considerada fato tributável, com implicações na delimitação do sujeito ativo. Por fim, convém registrar que o preceito constitucional não se refere a estabelecimento do destinatário "final", último adquirente da mercadoria na cadeia circulatória que teve início com a importação.

Sobre o assunto, assim já se manifestou o Supremo Tribunal Federal:

> TRIBUTÁRIO. ICMS. IMPORTAÇÃO DE ÁLCOOL. CARBURANTE. ENTRADA DA MERCADORIA EM ESTADO DIVERSO DAQUELE DO ESTABELECIMENTO IMPORTADOR. LEI COMPLEMENTAR 87/96, ART. 11, I, ALÍNEAS 'D' E 'E'. O sujeito ativo do ICMS é o Estado onde estiver situado o estabelecimento importador, sendo irrelevante se o produto ingressou em Estado diverso ou se a empresa do destino final do produto esteja localizada no Estado em que houve o desembaraço aduaneiro. Mesmo sem que a mercadoria tenha ingressado em estabelecimento do adquirente, tendo sua circulação ocorrido inteiramente no Estado onde ocorreu sua chegada do exterior, ainda sim, por imposição legal, o Estado importador é que tem direito ao ICMS, pois, apesar de fisicamente interna, a operação deve ser considerada, por ficção, interestadual. Nesse diapasão, o ICMS incidente sobre a saída do produto em razão da venda subseqüente feita para a Petrobrás é igualmente devido àqueles mesmos Estados importadores. – Precedente (REsp 256.814/RJ, Relatora Ministra Nancy Andrighi, DJ de 11.09.2000, pg. 248). – Recurso especial provido. Alega-se violação aos arts. 5º, XXXV, LIV e LV e 155, § 2º, IX, a, da Constituição. O acórdão limitou-se a aplicar a legislação infraconstitucional pertinente

> (LC 87/96): incide a Súmula 282. Ainda que não fosse a ausência de prequestionamento de matéria constitucional, a 1ª Turma do Supremo Tribunal Federal julgou, recentemente, o RE 299079 (Carlos Brito; 30.6.2004; DJ da Decisão em 03.08.2004), no qual se confirmou a orientação – contrária à pretensão do recorrente – no sentido de que quando a operação se inicia no exterior, o ICMS é devido ao Estado em que está localizado o destinatário jurídico do bem, isto é, o importador. Nego seguimento ao recurso extraordinário.[48]

No mesmo sentido, veja-se o seguinte trecho da decisão proferida pelo Excelentíssimo Ministro Celso de Mello, ao conceder tutela antecipada na Ação Cível Originária n. 854-2/MS:

> As razões – ora reproduzidas 'in extenso' – permitem rememorar que a jurisprudência do Supremo Tribunal Federal, em matéria de configuração da hipótese de incidência do ICMS nos casos de importação de mercadorias do exterior, firmou-se no sentido de reconhecer, quanto ao aspecto temporal de sua ocorrência, que este se concretiza no momento do desembaraço aduaneiro do produto importado (RTJ 164/1099 – RTJ 178/1288), como o proclama a Súmula 661/STF:
>
> 'Na entrada de mercadoria importada do exterior, é legítima a cobrança do ICMS por ocasião do desembaraço aduaneiro'.
>
> É importante observar, de outro lado, no que concerne ao aspecto subjetivo da referida hipótese de incidência, que esta Suprema Corte, ao examinar tal questão na perspectiva das operações relativas à importação de mercadorias do exterior, deixou assentado que o sujeito ativo do ICMS, presente tal contexto (CR/88, art. 155, § 2º, IX, 'a', 'in fine'), é o Estado em que localizado o estabelecimento importador:
>
> 'O ICMS incidente na importação de mercadoria é devido ao Estado onde estiver localizado o destinatário jurídico do

---

48. RE 396.859/RJ, 1ª T., Rel. Min. Sepúlveda Pertence, j. em 16-11-2004, *DJU* de 10-12-2004, p. 36.

> bem, isto é, o estabelecimento importador: precedente (RE 299.079, Carlos Britto, Inf/STF 354)'. (RE 396.895-AgR/RJ, Rel. Min. Sepúlveda Pertence).

Em face de todas essas considerações, concluo que a circunstância de os bens importados não transitarem fisicamente pelo estabelecimento do importador, sendo de forma direta remetidos a adquirente situado em outro Estado, não autoriza a exigência do ICMS-importação por esse segundo ente político, visto que a "operação jurídica" é concretizada com sujeito passivo localizado em outro limite territorial.

4. A INTERPRETAÇÃO DO ART. 11, I, D, DA LEI COMPLEMENTAR N. 87/96

Para discorrer sobre os preceitos veiculados pela Lei Complementar n. 87/96 é preciso estabelecer, inicialmente, sua função e limites impostos pelo ordenamento. Sobre o assunto, convém dar destaque ao relevante papel de mecanismo de ajuste que a legislação complementar cumpre, em termos tributários, calibrando a produção legislativa ordinária em consonância às determinações da Carta Magna.

Para resumir o que venho discorrendo a respeito da função da lei complementar, posso dizer que o constituinte a elegeu como veículo apto a pormenorizar, de forma cuidadosa, as várias outorgas de competência atribuídas às pessoas políticas, compatibilizando interesses locais, regionais e federais, debaixo de disciplina unitária, verdadeiro corpo de regras de âmbito nacional, sempre que os elevados valores da Carta Maior estiverem em jogo. A regra é a franca utilização das competências constitucionais pelas entidades políticas portadoras de autonomia. Esse é o motivo pelo qual o legislador, ao disciplinar competência tributária objetivando dispor sobre eventuais conflitos entre as unidades da Federação, há de fazê-lo em harmonia com o Texto Constitucional, nos exatos limites impostos por esse Diploma.

Aplicando tais ponderações ao caso concreto relatado neste trabalho, é forçoso concluir pela impossibilidade de lei complementar regulamentar competência tributária de modo diverso daquele prescrito pelo constituinte. Se este, no art. 155, IX, "a", dispõe que o ICMS incidente sobre a importação é devido ao Estado onde estiver situado o estabelecimento destinatário da mercadoria, inconcebível que outra legislação, inclusive a complementar, estabeleça sujeito ativo diverso.

Tecidos esses esclarecimentos, convém apontar a incompatibilidade do disposto no art. 11, I, "d", da Lei Complementar n. 87/96, com o perfil constitucional do ICMS incidente sobre operações de importação. O legislador complementar, deixando-se levar pela aparente indicação da "entrada do bem ou mercadoria importados" como materialidade desse imposto, determinou, equivocadamente, considerar-se local da operação importadora o do estabelecimento onde ocorrer a entrada física. Prescrição desse teor, entretanto, além de afrontar o Texto Magno, abriga contradição interna: o caput do dispositivo reconhece que o fato jurídico tributário consiste na prática de "operação", mas a alínea "d" do inciso I exige, para sua concretude, "entrada física". Logo, inconsistente a estipulação ali contida, não encontrando fundamento na ordem jurídica vigente.

Apesar de sua contrariedade aos dispositivos da Constituição da República, o art. 11, I, "d", da Lei Complementar n. 87/96 teve sua repercussão, reanimando as discussões sobre que Estado tem direito de exigir o ICMS-importação. Tal circunstância levou a Secretaria-Executiva da Comissão Técnica Permanente do ICMS – COTEPE/ICMS a encaminhar questionamento a respeito do tema à Procuradoria-Geral da Fazenda Nacional, que, em resposta, emitiu o Parecer PGFN/CAT/N. 1.093/97, manifestando a seguinte posição:

> Fica evidente que o estabelecimento destinatário da mercadoria ou serviço é aquele que efetivamente praticou o fato

> jurídico, ou seja, aquele que realizou a importação. É irrelevante que a entrada das mercadorias tenha se dado em Estado diverso. (...) destinatário da mercadoria ou do bem, na importação, é o próprio estabelecimento importador, cujo domicílio fiscal define a Unidade da Federação competente para cobrar o ICMS nessa operação. (grifei)

Por ocasião do referido Parecer, a Procuradoria da Fazenda Nacional concluiu que, interpretando-se o art. 11 em conformidade com a Constituição, este poderia ser adotado apenas para fins de fixação de responsabilidade.

Semelhante linha de raciocínio foi desenvolvida pela Consultoria Tributária de São Paulo, na Resposta à Consulta n. 277/98. Ao examinar hipótese de importação de bens realizada por empresa estabelecida no Estado de São Paulo, com posterior revenda para adquirente localizado em outro Estado, sem que tivesse ocorrido a entrada física da mercadoria no estabelecimento importador paulista, referido órgão administrativo concluiu que o importador adquire titularidade da mercadoria no instante do desembaraço aduaneiro, de modo que a venda de tal bem no mercado interno configura operação distinta. Vejamos:

> (...)
>
> 5.1. A Consulente atua exclusivamente dentro do território do Estado de São Paulo, procedendo ao desembaraço aduaneiro da mercadoria importada, bem como sua revenda para adquirente em outro Estado. Tais eventos podem aperfeiçoar-se na própria repartição alfandegária ou em Armazém Geral, locais onde se acha depositada a mercadoria.
>
> (...)
>
> 6. Com efeito, nos diversos incisos do artigo 12 da Lei Complementar 87/96 encontramos os eventos que apontam para o aspecto temporal da hipótese de incidência do ICMS. Assim, na importação, considera-se ocorrido o fato gerador no momento do desembaraço aduaneiro das mercadorias

(inciso IX), quando, então, o importador assume sua plena titularidade.

6.1. Relata a consulta que, ao alienar a mercadoria a terceiro estabelecido em outro Estado, pretende o importador remetê-la desde logo, já a partir do local do seu desembaraço, local esse que poderá ser tanto o do armazém geral como o da repartição aduaneira.

E ao fazê-lo, estará a Consulente aperfeiçoando um segundo fato gerador, resultante da venda, ainda que o bem não ingresse fisicamente no seu estabelecimento.

(...)

9. Ante o exposto e achando-se definido, com base nos critérios da L.C. 87/96, o local da operação, tanto na importação como na revenda, compete à Consulente obedecer às normas regulamentares do ICMS contidas na legislação do Estado de São Paulo, o que implica no recolhimento do ICMS incidente na importação para este Estado, por meio de guia especial, nos termos do artigo 102, inciso I, "a" do RICMS. (grifei)

O ICMS-importação, portanto, é devido no instante do desembaraço aduaneiro e deve ser recolhido ao Estado da localização do importador, entendido este como a pessoa que juridicamente promoveu a entrada das mercadorias no território nacional. Assim determina a Constituição, que em nenhum momento se refere à entrada física.

5. A INCIDÊNCIA TRIBUTÁRIA E O "TIPO ESTRUTURAL"

O direito positivo apresenta-se como objeto cultural, criado pelo homem, construído num universo de linguagem. Trata-se de sistema autopoiético, que regula, ele próprio, sua produção e transformação. Não obstante sua operatividade, consistente na incidência normativa, dependa de atos-de-fala, ou seja, da enunciação pela autoridade competente, tais atos devem ser praticados segundo critérios estabelecidos pelo próprio sistema jurídico. As autoridades mesmas somente recebem esse qualificativo porque assim previsto pelo direito, devendo agir nos exatos limites da competência que lhe foi atribuída.

Essa tomada de posição leva-nos a evidenciar o caráter constitutivo da linguagem jurídico-positiva, à qual sempre nos referimos. Sendo a linguagem constitutiva da realidade, dentre elas a jurídica, determinado fato só é concretizado se observados os requisitos linguísticos exigidos para tanto, pois somente haverá subsunção se estiverem presentes todas as notas características do conceito eleito pelo legislador para integrar a hipótese normativa. Consequentemente, dependendo da forma como o negócio jurídico é efetuado, quer dizer, da linguagem jurídica empregada, estaremos diante de um fato jurídico tributário ou não.

Registre-se, nesta oportunidade, que ao distribuir as competências, o constituinte efetuou cortes, estabelecendo rígidos limites ao exercício da tributação. Desse modo, autorizou as pessoas políticas a tributarem apenas determinadas situações especificadas no Texto Constitucional, ficando-lhes vedado atingir fatos não cobertos pela competência tributária a elas atribuída. Ofereceu, também, critérios para determinar os possíveis sujeitos passivo e ativo de cada exação.

Acontece que ao selecionar os fatos susceptíveis de tributação, o constituinte empregou "tipos estruturais" e "tipos funcionais". Estar-se-á diante de um tipo estrutural quando a hipótese normativa apresentar notas características de formas e atos de Direito Privado, como ocorre, por exemplo, no imposto sobre transmissão *causa mortis* e doação e no imposto sobre transmissão *inter vivos* por ato oneroso. O tipo funcional, por sua vez, consiste na atribuição de competência para tributar um fato sem qualquer relação com categoria de Direito Privado pré-concebida, como é o caso do imposto sobre a renda e proventos de qualquer natureza, onde são irrelevantes os meios pelos quais a renda é auferida. Em suma, quando a estrutura do negócio jurídico integra o antecedente da regra-matriz de incidência, trata-se de "tipo estrutural". Quando, porém, a hipótese normativa tributária é composta apenas pela obtenção de resultado econômico, independentemente do ato jurídico praticado, tem-se "tipo funcional".

Pelos fundamentos expostos, é intuitivo concluir que nos casos em que a regra-matriz tributária elege em sua hipótese um "tipo estrutural", a fenomenologia da incidência somente se verificará quando o procedimento adotado pelo particular corresponder, por inteiro, à forma normativamente prevista. Se o procedimento empregado pelo particular é diverso daquele utilizado para concretizar-se o negócio conotativamente descrito pela norma jurídica, distintos são os fatos jurídicos, ainda que seus efeitos econômicos sejam semelhantes. E a incidência normativa deve respeitar tal peculiaridade, surgindo o liame obrigacional nos exatos termos prescritos pela regra-matriz relativa ao tipo estrutural verificado.

6. O PRINCÍPIO DA AUTONOMIA DA VONTADE E DA LIVRE INICIATIVA

No exercício da atividade de fiscalização, compete à autoridade administrativa investigar os fatos ocorridos, colhendo, com observância às regras pertinentes ao direito das provas, elementos que possibilitem a formulação de juízo quanto à incidência das normas tributárias. Ao desempenhar tal função, porém, deve ater-se a apurar os fatos praticados, averiguando se estes preenchem as linhas definitórias circunscritas na hipótese normativa: havendo o perfeito quadramento, nasce a obrigação tributária, mediante seu relato na linguagem prevista pelo direito positivo; existindo algum ponto dissonante, a percussão jurídica fica obstada.

As considerações acima formuladas são de extrema relevância, pois em virtude do princípio da autonomia da vontade, que viceja no âmbito do Direito Privado, pode o particular adotar as mais variadas estruturas negociais. Para atingir o resultado econômico pretendido, está habilitado a escolher livremente o arcabouço negocial que melhor lhe aprouver, de forma que os custos sejam reduzidos e os lucros otimizados.

São inegavelmente lícitas as atitudes dos contribuintes que objetivem à reestruturação e reorganização de seus negócios. A própria Carta da República, ao garantir o direito de propriedade (art. 5º, XXII) e o pleno direito ao exercício da autonomia da vontade (art. 5º, IV, IX, XIII, XV e XVII; e art. 170 e seus incisos), dentre os quais se encontra a liberdade contratual, confere ao contribuinte a permissão para ordenar-se do modo que entender mais vantajoso, segundo o princípio da livre iniciativa.

Consignadas tais anotações, impõe-se o registro segundo o qual, prevendo a norma tributária, em sua hipótese, "tipo estrutural", somente poderá ser aplicada com a ocorrência do negócio jurídico nela previsto. A prática de forma negocial diversa, ainda que desencadeie resultado econômico parecido, não permite à autoridade administrativa lavrar o lançamento, constituindo crédito tributário. A supremacia da segurança jurídica nas relações entre Estado e indivíduo determina a tendência conceptual classificatória no Direito Tributário, representada pelo princípio da tipicidade cerrada, impedindo a juridicização de fatos outros que não aqueles estipulados no antecedente da regra-matriz de incidência.

A opção negocial feita pelo contribuinte, para melhor operacionalizar o desempenho de suas atividades, não pode ser desconsiderada pela autoridade administrativa, para fins de tributação. O desprezo pela forma adotada encontra óbice intransponível na legalidade tributária e na tipicidade fechada.

Ademais, como já insistia Alfredo Augusto Becker,

> a doutrina da Interpretação do Direito Tributário, segundo a realidade econômica, é filha do maior equívoco que tem impedido o Direito Tributário de evoluir como ciência jurídica. Esta doutrina, inconscientemente, nega a utilidade do direito, porquanto destrói precisamente o que há de jurídico dentro do Direito Tributário.[49]

Em face da taxatividade da tipologia tributária, à autoridade administrativa não resta espaço para valoração econômica acerca dos negócios praticados. O tipo estrutural exige, para que se efetue a subsunção, que a parcela da realidade a qual se pretende tributar corresponda à exata qualificação jurídica prevista na hipótese normativa. Se, em virtude dos princípios da autonomia da vontade e da livre iniciativa, o fato for reputado, pelo Direito Privado, como diverso daquele descrito no antecedente da regra-matriz, não há que se falar em surgimento da obrigação tributária. Inadmissível a desconsideração das formas adotadas pelo particular para, usando critérios meramente econômicos, sujeitá-lo, à tributação.

7. CRITÉRIOS DISTINTIVOS ENTRE "IMPORTAÇÃO POR CONTA PRÓPRIA" E "IMPORTAÇÃO POR CONTA E ORDEM DE TERCEIRO"

Nos termos prescritos pelo ordenamento brasileiro vigente, a importação de bens do exterior pode ser realizada (i) por conta própria; ou (ii) por conta e ordem de terceiro. Ambas as formas de importar mercadorias são reconhecidas e regulamentadas pela Secretaria da Receita Federal do Brasil, sendo livre e perfeitamente legal a escolha entre importar mercadoria estrangeira por conta própria ou por meio de um intermediário contratado para esse fim.

---

49. *Teoria geral do direito tributário*, São Paulo: Noeses, 2010, p. 130.

Na importação "por conta e ordem de terceiro", a empresa interessada em adquirir determinado bem do exterior contrata uma prestadora de serviços, para que esta, na qualidade de importadora por conta e ordem, utilizando recursos originários da contratante, providencie, entre outros, o despacho de importação da mercadoria em nome da empresa adquirente. Estipula o parágrafo único do art. 1º da Instrução Normativa SRF n. 225/2002 que

> entende-se por importador por conta e ordem de terceiro a pessoa jurídica que promover, em seu nome, o despacho aduaneiro de importação de mercadoria adquirida por outra, em razão de contrato previamente firmado, que poderá compreender, ainda, a prestação de outros serviços relacionados com a transação comercial, como a realização de cotação de preços e a intermediação comercial.

Nesse caso, o importador atua como mero prestador de serviço, a fim de promover o despacho aduaneiro das mercadorias adquiridas por outrem. Por isso, na declaração de importação (DI) deve constar o número de inscrição do adquirente no Cadastro Nacional de Pessoas Jurídicas (CNPJ); o conhecimento de carga correspondente precisa estar consignado ou endossado ao importador contratado, dando-lhe direito a realizar o despacho aduaneiro e retirar as mercadorias do recinto alfandegário; e a fatura comercial deve indicar o adquirente da mercadoria (art. 3º, §§ 1º e 2º, da IN SRF 225/2002). Nota-se que, conquanto a pessoa encarregada da operação "por conta e ordem de terceiros" figure como importadora, esta não detém a propriedade dos bens importados, que é transferida diretamente ao comprador brasileiro.

A importação "por conta própria", por sua vez, consiste na operação em que *a empresa importadora adquire mercadorias do exterior*, fazendo-o *em seu nome* e sendo responsável pelo fechamento e liquidação do contrato de câmbio *com recursos próprios*, para, em seguida, vendê-las no mercado interno.

Nessa sistemática, a transmissão da propriedade dos bens importados dá-se entre fornecedor e importador, e, em momento subsequente, tem-se nova transmissão da titularidade, que passa do importador, ora vendedor, para o adquirente nacional. Há, efetivamente, dois contratos de compra e venda: (i) um, entre o fornecedor estrangeiro e a empresa importadora; (ii) outro, entre esta e a pessoa brasileira que adquire o bem mediante transação interna.

Tecidos esses esclarecimentos, saltam aos olhos os caracteres distintivos da "importação por conta e ordem de terceiros" e da "importação por conta própria". Na primeira modalidade, exige-se contrato prévio entre a pessoa jurídica importadora e o adquirente, de modo que o importador atue como mero mandatário, realizando a nacionalização do bem para terceiros. Os registros fiscais e contábeis da pessoa jurídica importadora deverão, por conseguinte, evidenciar que se trata de mercadoria de propriedade alheia. De outro lado, na modalidade "importação por conta própria", a pessoa jurídica importadora procede à importação e ao desembaraço aduaneiro das mercadorias com recursos próprios, assumindo todos os riscos financeiros da operação.

Convém registrar que o fato de a pessoa jurídica importadora, em determinados casos, ter a expectativa de saber quem será o comprador das mercadorias no Brasil, não altera a natureza jurídica da "importação por conta própria". Nessa modalidade operacional, a venda no mercado interno é negócio jurídico distinto daquele concernente à importação, visto que realizado dentro do território nacional e em momento posterior ao desembaraço aduaneiro da mercadoria importada. Tanto que, se houver descumprimento por parte de eventual promissário comprador, a pessoa jurídica importadora terá a livre disponibilidade do bem, podendo comercializá-lo a outros sujeitos e pelo preço e condições que lhe convierem.

Tendo em vista o aumento significativo do número de empresas que se utilizam da importação realizada por terceiros, e procurando sanar eventuais lacunas sobre o assunto, foi editada a Lei n. 11.281/2006, estabelecendo a distinção entre "importação por conta e ordem" e "importação por encomenda". Nessa segunda modalidade operacional, a pessoa encomendante contrata a importadora para que esta, com seus próprios recursos, efetue a aquisição e importação de mercadorias e, posteriormente, as revenda ao encomendante.

Na importação por encomenda, quem realiza o negócio jurídico de importação é a própria *trading*. A empresa que encomenda a mercadoria figura como mera adquirente de operação de compra e venda implementada no mercado interno. Nota-se que essa disciplina normativa, ao reconhecer a possibilidade de importações por encomenda, atribui-lhes efeitos fiscais semelhantes aos aplicáveis às importações por conta própria.

8. DAS RESPOSTAS ÀS INDAGAÇÕES

Feitas as considerações que me pareceram pertinentes e imprescindíveis à análise da incidência do ICMS importação, passo a enfrentar as indagações formuladas no início do presente texto. Para tanto, reescrevo as perguntas e, sequencialmente, faço consignar as respectivas respostas:

1. As importações feitas por trading são juridicamente válidas, do ponto de vista tributário?

Certamente. Denomina-se *trading company* a empresa comercial exportadora e/ou importadora, cujo objetivo social consiste na comercialização de bens. Nesse sentido, realiza a compra de produtos fabricados por terceiros para revendê-los no mercado externo, ou importa mercadorias e as comercializa em território nacional.

Na qualidade de empresa comercial, a *trading* pode importar bens por conta própria ou por conta e ordem de terceiros.

Na primeira hipótese, ela adquire mercadorias com recursos próprios, objetivando vendê-las no mercado interno. Quando a importação é realizada por conta e ordem, a *trading* exerce papel de mero despachante, sendo a importação feita em nome e com recursos financeiros da empresa que solicitou o serviço. Em ambos os casos, as atividades desenvolvidas por essa espécie de pessoas jurídicas são lícitas e reconhecidas pelo direito positivo vigente, inclusive para fins de tributação.

2. Quando é devido o ICMS incidente na importação?

O ICMS incidente na importação, exigido com fundamento no art. 155, § 2º, IX, "a", do Texto Constitucional, é devido por ocasião do desembaraço aduaneiro dos bens ou mercadorias. O constituinte refere-se, expressamente, à entrada no território nacional de bens ou mercadorias importadas, que se opera mediante desembaraço aduaneiro. É esse o instante em que se verifica a concretização da materialidade do imposto, consistente na operação de importação.

3. Quem é o sujeito passivo da obrigação tributária relativa ao ICMS incidente na importação de mercadorias do exterior?

Nos impostos incidentes sobre operações de importação, assume o papel de sujeito passivo quem realiza a conduta de "importar". Em outras palavras, contribuinte dessa espécie de imposto é a pessoa cujo nome está consignado na declaração de importação, por ser este, unicamente, quem promove a introdução de mercadorias estrangeiras no País, como resultado de negócio jurídico por ele praticado. Com efeito, consistindo a materialidade do ICMS-importação na "realização de operações de importação de bens", sujeito passivo será a pessoa que praticar referida conduta, quer dizer, o importador.

4. O ICMS incidente na importação de mercadorias deve ser recolhido ao Estado em que estiver domiciliado o estabelecimento importador, independentemente de ocorrer a entrada física ou simbólica da mercadoria importada no estabelecimento?

Tendo em vista a repartição constitucional das competências tributárias, especialmente o disposto no art. 155, II e § 2º, IX, "a", da Carta Magna, os Estados e o Distrito Federal são titulares do direito subjetivo de perceber as prestações pecuniárias relativas ao ICMS incidente sobre as operações de importação que se realizem nos limites do seu território. Procurando elucidar o assunto e evitar conflitos de competência, prescreve o constituinte que o ICMS incidente sobre operações de importação de mercadorias caberá "ao Estado onde estiver situado o domicílio ou o estabelecimento do destinatário da mercadoria" (art. 155, § 2º, IX, "a", final). Por destinatário deve-se entender o adquirente, importador, aquele a quem a mercadoria estrangeira foi juridicamente remetida, sob pena de a interpretação ser conflitante com outros dispositivos constitucionais.

O ICMS incide, sempre, sobre "operações". No caso, sobre operações de importação de bens ou mercadorias. Consequentemente, o Estado autorizado a exigir o pagamento do imposto é aquele onde se realizar a operação jurídica, isto é, a pessoa política em que estiver localizado o estabelecimento importador, partícipe da relação negocial e destinatário jurídico do bem.

É irrelevante a ocorrência de entrada física ou simbólica da mercadoria importada no estabelecimento do importador. Caso o bem seja revendido para terceiros imediatamente após a importação, este pode ser diretamente remetido ao adquirente interno. Nessa hipótese, temos duas operações: uma de importação; outra mercantil interna. E, sendo o destino jurídico do produto importado o critério de determinação do sujeito ativo, este permanece inalterado em face de negócios jurídicos posteriores.

5. *Em caso de resposta positiva à primeira questão, pode o Estado de São Paulo desconsiderar as operações de compra e venda realizadas posteriormente à importação?*

De modo algum. O adquirente do bem importado em virtude de operação de compra e venda realizada depois da importação não realiza o fato jurídico previsto no critério material da regra-matriz do ICMS-importação. Não é ele, portanto, o destinatário do produto importado, sendo inadmissível pretender deslocar o critério espacial do gravame em análise para o local em que se opera a circulação interna da mercadoria.

A relação jurídica de importação não se confunde com o liame atinente à operação subsequente, de compra e venda. São dois vínculos distintos e inconfundíveis, e, no primeiro deles, a sujeição ativa é determinada pelo local do estabelecimento importador, sendo este o sujeito passivo. Irrelevante, nesse caso, a pessoa a quem o bem será comercializado. Assim, relativamente às vendas efetuadas a pessoa estabelecida no mesmo Estado do importador, o ICMS deve ser recolhido a esse ente político, calculado segundo a alíquota interna. Tratando-se de comercialização para pessoa estabelecida em Estado diverso daquele em que se localiza o importador, parte do imposto deve ser pago ao Estado do vendedor, utilizando-se alíquota interestadual, e cabendo ao Estado em que se localiza o adquirente exigir a diferença entre a alíquota interna e a interestadual. Essa é a sistemática de tributação imposta pelo art. 155, § 2º, VII e VIII, da Carta Suprema.

A opção negocial feita pelo contribuinte, para melhor operacionalizar o desempenho de suas atividades, não pode ser desconsiderada pela autoridade administrativa, para fins de tributação. O desprezo pela forma adotada encontra obstáculo intransponível na legalidade tributária e na já referida tipicidade fechada. Não encontra respaldo no ordenamento, por conseguinte, a pretensão do Estado de São Paulo de desprezar as operações de compra e venda realizadas posteriormente à importação.

6. Em que hipótese pode o Estado de São Paulo exigir o ICMS incidente nas importações de mercadorias?

Considerando que o critério material do imposto analisado consiste em "realizar operações de importação de bens", e que possui capacidade tributária para sua exigência o Estado para o qual o bem importado for juridicamente destinado, o ICMS-importação é devido à pessoa política onde estiver localizado o estabelecimento do importador, pouco importando se a entrada física do bem ocorreu em Estado diverso.

A Constituição ordena que, para fins de tributação pelo ICMS, interessa o local onde se deu a operação jurídica de importação, consistente no Estado do estabelecimento que a promoveu. Em vista disso, o Estado de São Paulo apresentará capacidade tributária ativa para exigir o ICMS incidente sobre importações de mercadorias apenas nas hipóteses em que o estabelecimento importador situar-se dentro de seus limites territoriais.

7. Que é e como se identifica a importação por conta e ordem?

Na importação "por conta e ordem de terceiro", a empresa interessada em adquirir determinado bem do exterior contrata uma prestadora de serviços, para que esta, na qualidade de importadora por conta e ordem, utilizando os recursos originários da contratante, providencie, entre outros, o despacho de importação da mercadoria em nome da empresa adquirente. Estipula o parágrafo único do art. 1º da Instrução Normativa SRF n. 225/2002 que

> entende-se por importador por conta e ordem de terceiro a pessoa jurídica que promover, em seu nome, o despacho

> aduaneiro de importação de mercadoria adquirida por outra, em razão de contrato previamente firmado, que poderá compreender, ainda, a prestação de outros serviços relacionados com a transação comercial, como a realização de cotação de preços e a intermediação comercial.

Nesse caso, o importador atua como mero prestador de serviço, a fim de promover o despacho aduaneiro das mercadorias adquiridas por outrem. Por isso, na declaração de importação deve constar o número de inscrição do adquirente no Cadastro Nacional de Pessoas Jurídicas; o conhecimento de carga correspondente precisa estar consignado ou endossado ao importador contratado, dando-lhe direito a realizar o despacho aduaneiro e retirar as mercadorias do recinto alfandegário; e a fatura comercial deve indicar o adquirente da mercadoria (art. 3º, §§ 1º e 2º da IN SRF 225/2002). Nota-se que, conquanto a pessoa que efetuou a operação "por conta e ordem de terceiros" figure como importadora, esta não detém a propriedade dos bens importados, a qual é transferida diretamente ao comprador brasileiro.

TEMA XIX

IPVA E ALIENAÇÃO FIDUCIÁRIA

Análise da sujeição passiva do imposto em contratos de alienação fiduciária

Sumário: 1. Introdução e questões que devem orientar o estudo. 2. O sistema constitucional brasileiro e a rígida discriminação das competências tributárias. 3. Fenomenologia da incidência tributária e o necessário quadramento do fato à norma jurídica. 4. A regra-matriz de incidência tributária. 4.1. Arquétipo constitucional da regra-matriz de incidência tributária do IPVA. 5. O fenômeno do conhecimento e sua relação com o "nome" das coisas. 5.1. A expressão "natureza jurídica". 5.2. A interpretação dos vocábulos empregados pelo legislador. 6. Propriedade – aproximação do conceito. 6.1. Anotações sobre os conceitos jurídicos de "domínio" e "posse": sua relação com a "propriedade". 7. Natureza jurídica da "alienação fiduciária" e da "propriedade fiduciária". 8. Função da contabilidade no quadro das imposições tributárias. 9. Identificação do sujeito passivo tributário e sua relação com o princípio da capacidade contributiva. 10. Critério espacial do IPVA. 11. Proposições que respondem às perguntas formuladas.

1. INTRODUÇÃO E QUESTÕES QUE DEVEM ORIENTAR O ESTUDO

Historicamente, os Fiscos estaduais cobravam o IPVA exclusivamente dos devedores fiduciantes, mantendo consistência com o entendimento dos órgãos de trânsito federais e estaduais, que sempre consideraram os devedores fiduciantes como proprietários dos veículos, tal como se infere dos Certificados de Registro de Veículos emitidos nessa circunstância.

Esse entendimento, que coloca apenas o devedor fiduciante no polo passivo do débito de IPVA, funda-se na premissa de que a *alienação fiduciária em garantia* é instituto criado com a finalidade de *garantir* a satisfação de um financiamento.

Nas operações de Crédito Direto ao Consumidor (CDC) de automóveis, o gravame de alienação fiduciária em garantia diminui significativamente os riscos de inadimplência envolvidos na contratação e permitem redução das taxas de juros, aumentando, portanto, o mercado de financiamento desses bens para a população. Mas a finalidade de garantia não se perde de vistas nessas operações, pois a "consolidação" da propriedade no acervo patrimonial dos credores fiduciários é um acidente na execução do contrato de financiamento, ocorrendo apenas temporariamente e no caso de inadimplemento.

Mantendo coerência com essas premissas, as instituições financeiras que se fazem credoras fiduciárias não registram em sua contabilidade, como ativo imobilizado, os veículos automotores objeto de contratos de financiamento, pois ato contrário seria incompatível com a natureza e com a finalidade da alienação fiduciária em garantia. Por esse motivo, não reconhecendo a propriedade de tais veículos como sua, por tratar-se de uma "propriedade precária", constituída com o fim de garantia, as instituições financeiras credoras fiduciárias não contabilizam nem mesmo as despesas de depreciação desses bens financiados. Se assim o fizessem, os atos estariam em desacordo com o disposto na Lei n. 4.595/64 (art. 35, inc. II), nas Resoluções CMN n.s 1120, 1653, 1770 e na Circular BACEN n. 909.

Recentemente, porém, alguns Estados vêm sustentando que a chamada "propriedade fiduciária", constituída no âmbito da alienação fiduciária em garantia de automóveis, materializaria fato tributável pelo IPVA, conferindo-se aos credores fiduciários a qualidade de contribuintes desse imposto.

Para dar rendimento ao presente estudo, e no sentido de isolar os tópicos que outorgam substância ao assunto, formulo quesitos para os quais preparei respostas objetivas, à luz do direito positivo brasileiro.

Ei-los:

1. A propriedade fiduciária tratada nos artigos 1361 a 1368-A do Código Civil, que por definição legal é "resolúvel", difere juridicamente da propriedade fiduciária constituída por meio de alienação fiduciária em garantia?

2. A propriedade fiduciária constituída no âmbito de alienação fiduciária em garantia é, na sua essência jurídica, "propriedade" ou "garantia"?

3. O conceito de propriedade pode ser dissociado, sem se desnaturar, dos direitos de usar, gozar, dispor ou reivindicar o bem, na forma adotada pelo direito brasileiro?

4. Sob o ponto de vista do direito privado, questiona-se quais as diferenças entre os conceitos jurídicos de (i) propriedade, (ii) domínio, (iii) posse, nas modalidades direta e indireta, (iv) alienação fiduciária em garantia e (v) propriedade fiduciária.

5. A propriedade fiduciária em garantia pode ser considerada propriedade plena? A propriedade fiduciária garante o uso, fruto e disponibilidade do bem?

6. O devedor fiduciante detém os direitos de usar, gozar, dispor ou reivindicar o bem alienado fiduciariamente em garantia?

7. A propriedade fiduciária tratada nos artigos 1361 a 1368 do Código Civil e a propriedade fiduciária constituída por meio de alienação fiduciária em garantia revelam capacidade contributiva suficiente para se constituírem em fato gerador do IPVA? É juridicamente admissível tratá-las como fato gerador do imposto a partir da outorga constitucional de competência tributária aperfeiçoada pelo artigo 155, inciso III, da Constituição de 1988?

8. Sob o ponto de vista tributário, quais são os critérios (i) material, (ii) espacial, (iii) temporal, (iv) pessoal e (v) quantitativo da regra-matriz do IPVA?

9. Quem é o contribuinte da obrigação tributária de IPVA de veículo com alienação fiduciária: o credor fiduciário ou o devedor fiduciante?

10. Que diferencia a propriedade resolúvel da propriedade plena para fins de incidência do IPVA?

11. Na alienação fiduciária em garantia, em que local é devido o imposto: no do domicílio do credor fiduciário ou no do domicílio do devedor fiduciante? A legislação de trânsito determina ou colabora para determinar o critério espacial do IPVA nesse caso?

2. O SISTEMA CONSTITUCIONAL BRASILEIRO E A RÍGIDA DISCRIMINAÇÃO DAS COMPETÊNCIAS TRIBUTÁRIAS

Sistema jurídico é expressão ambígua que, em alguns contextos, pode provocar equívoco. Com esse nome encontramos designados tanto o sistema da Ciência do Direito quanto o do direito positivo (ordenamento), instaurando-se certa instabilidade semântica que prejudica a fluência do discurso, de tal modo que, mesmo nas circunstâncias de inocorrência de erro lógico, a compreensão do texto ficará comprometida, perdendo o melhor teor de sua consistência. Há dúvidas no que concerne à amplitude significativa da locução, pois não faltam os que negam a possibilidade de o direito positivo apresentar-se como sistema, configurando aquele caos de sensações a ser ordenado pelas categorias do pensamento, a que aludiu Kant. A Ciência do Direito, sim, organizando descritivamente o material colhido do direito positivo, atingiria o nível de sistema. Tal não é, contudo, nosso entendimento. Enquanto conjunto de enunciados prescritivos que se projetam sobre a região material das condutas interpessoais, o direito posto há de ter um mínimo de racionalidade para ser compreendido pelos sujeitos destinatários, circunstância que lhe garante, desde logo, a condição de sistema. A questão é relevante, mas, antes de tudo, importa saber que é sistema e quais as proporções de conteúdo que devemos atribuir a esse termo.

Já recordara Alf Ross[50] que

> la mayor parte de las palabras son ambiguas, y que todas las palabras son vagas, esto es, que su campo de referencia es indefinido, pues consiste en un núcleo o zona central y un nebuloso círculo exterior de incertidumbre.

Dentro dessa plurivocidade haverá sempre uma acepção de base e outra (ou outras) que podemos chamar de contextual (ou contextuais), como observa Luiz Alberto Warat[51]. Surpreendido no seu significado de base, o sistema aparece como o objeto formado de porções que se vinculam debaixo de um princípio unitário ou como a composição de partes orientadas por vetor comum. Onde houver um conjunto de elementos relacionados entre si e aglutinados perante uma referência determinada, teremos a noção fundamental de sistema.

---

50. *Sobre el derecho y la justicia*, Eudeba, 1963, p. 130.

51. *O direito e sua linguagem*, Porto Alegre: Sérgio A. Fabris Editor, 1964, p. 65.

Atendo-nos à mencionada significação de base, é possível ver a ordem jurídica brasileira como um sistema de normas, concebido pelo homem para motivar e alterar a conduta no seio da sociedade. As normas jurídicas formam um sistema, na medida em que se relacionam de várias maneiras, segundo um princípio unificador. Esse sistema apresenta-se composto por subsistemas que se entrecruzam em múltiplas direções, mas que se afunilam na busca de seu fundamento último de validade semântica que é a Constituição. E esta, por sua vez, constitui também um subsistema, o mais importante, que paira, sobranceiro, sobre todos os demais, em virtude de sua privilegiada posição hierárquica, ocupando o tópico superior do ordenamento e hospedando as diretrizes substanciais que regem a totalidade do sistema jurídico nacional.

Cabe registrar que o texto da Constituição é o espaço, por excelência, das linhas gerais que informam a organização do Estado. A ordem jurídica apresenta normas dispostas numa estrutura hierarquizada, regida pela fundamentação ou derivação, que se opera tanto no aspecto material quanto no formal ou processual, o que lhe imprime possibilidade dinâmica, regulando, ele próprio, sua criação e seus modos de transformação. Examinando o sistema de baixo para cima, cada unidade normativa encontra-se fundada, material e formalmente, em normas superiores. Invertendo-se o prisma de observação, verifica-se que das regras superiores derivam, material e formalmente, regras de menor hierarquia. A Carta Magna exerce esse papel fundamental na dinâmica do sistema, pois nela estão traçadas as características dominantes das várias instituições que a legislação comum posteriormente desenvolverá.

Entre os assuntos tratados pelo Texto Maior está o da competência legislativa tributária. Uma vez cristalizada a limitação ao poder legiferante, pelo seu legítimo agente (o constituinte), a matéria dá-se por pronta e acabada, devendo o legislador infraconstitucional regulá-la nos exatos termos constitucionalmente prescritos. Tratando-se de atribuição de competência, estão envolvidas não apenas autorizações, mas também limitações, não podendo a pessoa competente ultrapassar as fronteiras de sua atuação, demarcadas no Texto Supremo. Como já se manifestava Geraldo Ataliba[52],

> o sistema constitucional brasileiro é o mais rígido de quantos se conhece, além de complexo e extenso. Em matéria tributária tudo foi feito pelo constituinte, que afeiçoou integralmente o sistema, entregando-o pronto e acabado ao legislador ordinário, a quem cabe somente obedecê-lo, em nada podendo contribuir para plasmá-lo.

Temos no Brasil, portanto, minuciosa discriminação das competências tributárias, em que é relacionado, de forma pormenorizada, o campo tributável atribuído a cada pessoa política.

3. FENOMENOLOGIA DA INCIDÊNCIA TRIBUTÁRIA E O NECESSÁRIO QUADRAMENTO DO FATO À NORMA JURÍDICA

As regras do direito juridicizam os fatos sociais (entre eles, os naturais que interessem de algum modo à sociedade) fazendo irromper relações jurídicas, no seio das quais aparecem os direitos subjetivos e os deveres correlatos. Daí dizer-se que a incidência da regra faz nascer o vínculo entre sujeitos de direito, por força da imputação normativa. E a norma tributária não escapa desse quadro de atuação, que é universal, valendo para todo espaço e tempo histórico.

Como decorrência do acontecimento do evento previsto hipoteticamente na norma tributária, instala-se o fato, constituído pela linguagem competente, irradiando-se o efeito jurídico

52. *Sistema constitucional tributário brasileiro*, São Paulo: Revista dos Tribunais, 1968, p. 21.

próprio, qual seja o liame abstrato, mediante o qual uma pessoa, na qualidade de sujeito ativo, ficará investida do direito subjetivo de exigir de outra, chamada de sujeito passivo, o cumprimento de determinada prestação pecuniária. Empregando a terminologia do Código Tributário Nacional, dizemos que ocorreu o "fato gerador" (em concreto), surgindo daí a obrigação tributária: é a fenomenologia da chamada "incidência dos tributos".

Em rigor, não é o texto normativo que incide sobre o fato social, tornando-o jurídico. É o ser humano que, buscando fundamento de validade em norma geral e abstrata, constrói a norma jurídica individual e concreta, na sua bimembridade constitutiva, empregando, para tanto, a linguagem que o sistema estabelece como adequada, vale dizer, a linguagem competente. Instaura, desse modo, o fato e relata seus efeitos prescritivos, contidos no laço obrigacional que vai atrelar os sujeitos da relação. E tal atividade, que consiste na expedição de uma norma individual e concreta, somente será possível se houver outra norma, geral e abstrata, servindo-lhe de fundamento de validade.

Tecnicamente, interessa sublinhar que a incidência requer, por um lado, a norma jurídica válida e vigente; por outro, a realização do evento vertido em linguagem que o sistema indique como própria e adequada. Percebe-se, portanto, que a chamada "incidência jurídica" se reduz, pelo prisma lógico, a duas operações formais: a primeira, de subsunção ou inclusão de classes, em que se reconhece que uma ocorrência concreta, localizada num determinado ponto do espaço social e numa específica unidade de tempo, inclui-se na classe dos fatos previstos no suposto da norma geral e abstrata; outra, a segunda, de implicação, porquanto a fórmula normativa prescreve que o antecedente implica a tese, vale dizer, o fato concreto, ocorrido *hic et nunc*, faz surgir uma relação jurídica também determinada, entre dois ou mais sujeitos de direito. É importante ter em mente, outrossim, que tais operações lógicas somente se realizam mediante a atividade de ser humano, que efetue a subsunção e promova a implicação que o preceito normativo reclama.

Voltando nossa atenção à primeira dessas operações formais, diremos que houve subsunção quando o fato jurídico tributário guardar absoluta identidade com o desenho normativo da hipótese. Esse quadramento, porém, tem de ser completo. É aquilo que se tem por tipicidade, que no Direito Tributário, assim como no Direito Penal, adquire transcendental importância. Segundo tal preceito, para que determinada ocorrência seja tida como fato jurídico tributário, **imprescindível a satisfação de todos os critérios identificadores tipificados na norma geral e abstrata**. Que apenas um não seja reconhecido, e a dinâmica da incidência ficará inteiramente comprometida.

Tais pressupostos acarretam a necessidade de examinar-se a regra-matriz de incidência tributária do IPVA, bem como a natureza jurídica da chamada "propriedade fiduciária", para, com suporte nesses elementos, tecermos conclusões a respeito da incidência ou não nesse caso. Somente se preenchidos os requisitos da hipótese constitucionalmente autorizada, ter-se-á a possibilidade de exigência do imposto, dando ensejo à relação jurídica, nos exatos moldes da delimitação da competência veiculada pela Carta Maior.

4. A REGRA-MATRIZ DE INCIDÊNCIA TRIBUTÁRIA

Norma jurídica, em acepção estrita, é a expressão mínima e irredutível (com perdão do pleonasmo) de manifestação do deôntico, com sentido completo. Isso porque os comandos jurídicos, para serem compreendidos no contexto de uma comunicação bem sucedida, devem revestir um *quantum* de estrutura formal. Certamente, ninguém entenderia uma ordem, em todo seu alcance, apenas com a indicação, por exemplo, da conduta desejada: “pague a quantia de x reais”. Adviriam, desde logo, algumas perguntas e, no segmento das respectivas respostas, chegaríamos à fórmula que tem o condão de oferecer o sentido completo da mensagem, com a identificação da pessoa titular do direito, do sujeito obrigado e, ainda, como, quando, onde e porque deve fazê-lo. Somente então estaríamos diante daquela unidade de sentido que as prescrições jurídicas necessitam para serem adequadamente cumpridas. Em simbolismo lógico é representada pela fórmula D[F→(S’RS”)], que interpreto: *deve ser que, dado o fato F, então se instale a relação jurídica R, entre os sujeitos S’ e S”.*

Diante do princípio da homogeneidade sintática das regras do direito positivo, não pode ser outra a conclusão senão aquela segundo a qual as normas jurídicas tributárias ostentam a mesma estrutura formal de todas as entidades do conjunto, diferençando-se apenas nas instâncias semântica e pragmática. Caracterizam-se por incidir em determinada região do social, marcada por acontecimentos economicamente apreciáveis, atrelados a condutas obrigatórias da parte dos administrados, que se consubstanciam em prestações pecuniárias em favor do Estado-Administração. Todavia, se o esquema lógico ou sintático permanece estável, em toda a extensão do sistema, outro tanto não ocorre no plano semântico.

Quero mencionar que, no domínio das chamadas “normas tributárias”, nem todas as unidades dizem respeito, propriamente, ao fenômeno da percussão impositiva. Várias estabelecem diretrizes gerais ou fixam providências administrativas para imprimir operatividade a tal pretensão. São poucas, individualizadas e especialíssimas as definidoras da incidência tributária, conotando eventos de possível ocorrência e prescrevendo os elementos da obrigação de pagar. Para uma aproximação mais breve, como expediente didático, pode-se até afirmar que existe somente uma para cada figura tributária, acompanhada por numerosas regras de caráter funcional. É firmado nessa base empírica que passo a designar “norma tributária em sentido estrito" aquela que assinala o núcleo do impacto jurídico da exação. E esta, exatamente por instituir o âmbito de incidência do tributo, é também denominada "norma-padrão" ou "regra-matriz de incidência tributária".

A construção da regra-matriz de incidência, assim como de qualquer norma jurídica, é obra do intérprete, a partir dos estímulos sensoriais do texto legislado. Sua hipótese prevê fato de conteúdo econômico, enquanto o consequente estatui vínculo obrigacional entre o Estado, ou quem lhe faça as vezes, na condição de sujeito ativo, e uma pessoa física ou jurídica, particular ou pública, como sujeito passivo, de tal sorte que o primeiro ficará investido do direito subjetivo público de exigir, do segundo, o pagamento de determinada quantia em dinheiro. Em contrapartida, o sujeito passivo será cometido do dever jurídico de prestar aquele objeto.

Essa meditação nos autoriza a declarar que, para se obter- a fórmula abstrata da regra-matriz de incidência, é mister isolar as proposições em si, como formas de estruturas sintáticas; suspender o vector semântico da norma para as situações objetivas, constituídas por eventos do mundo e por condutas; bem como desconsiderar os atos psicológicos de querer e de pensar a norma. Efetuadas as devidas abstrações lógicas, identificaremos, no descritor da norma, um critério material (comportamento de uma pessoa, representado por verbo pessoal e de predicação incompleta, seguido pelo complemento), condicionado no tempo (critério temporal) e no espaço (critério espacial). Já na consequência, observaremos um critério pessoal (sujeito ativo e sujeito passivo) e um critério quantitativo (base de cálculo e alíquota). A conjunção desses dados referenciais nos oferece a possibilidade de exibir, na sua plenitude, o núcleo lógico estrutural da proposição normativa:

$$D\{[Cm(v.c).Ce.Ct] \rightarrow [Cp(Sa.Sp).Cq(bc.al)]\}$$

Explicando os símbolos dessa linguagem formal, teremos: "D" é o dever-ser neutro, interproposicional, que outorga validade à norma jurídica, incidindo sobre o conectivo implicacional para juridicizar o vínculo entre a hipótese e a consequência. "[Cm(v.c).Ce.Ct]" é a hipótese normativa, em que "Cm" é o critério material da hipótese, núcleo da descrição fáctica; "v" é o verbo, sempre pessoal e de predicação incompleta; "c" é o complemento do verbo; "Ce" é o critério espacial; "Ct" o critério temporal; e "." é o conectivo conjuntor. "→" é o símbolo do conectivo condicional, interproposicional; e "[Cp(Sa.Sp).Cq(bc.al)]" é o consequente normativo, em que "Cp" é o critério pessoal; "Sa" é o sujeito ativo da obrigação; "Sp" é o sujeito passivo. Em seguida, "Cq" é o critério quantitativo; "bc" é a base de cálculo; e "al" é a alíquota.

4.1. Arquétipo constitucional da regra-matriz de incidência tributária do IPVA

Vimos que na norma jurídica tributária instituidora do tributo, denominada "regra-matriz de incidência tributária", identificamos cinco critérios, sendo três na hipótese e dois no consequente. Aqueles observados no antecedente normativo descrevem o fato (critérios material, espacial e temporal) em decorrência do que se origina a obrigação de recolher o gravame, e os elementos do vínculo constam dos critérios da consequência (critérios pessoal e quantitativo). A Constituição da República, como já anotei, traça o molde dentro do qual o legislador ordinário poderá atuar, ao instituir a regra-matriz de incidência tributária. Impende, agora, analisarmos o arquétipo constitucionalmente eleito, para, em momento posterior, verificarmos a possibilidade jurídica de os Estados e o Distrito Federal exigirem o IPVA dos credores fiduciários.

A Carta Maior, em seu art. 155, III, e § 6º, delimita a competência para instituição do referido imposto, enunciando:

> Art. 155. Compete aos Estados e ao Distrito Federal instituir impostos sobre:

> (...)
>
> III – propriedade de veículos automotores.
>
> (...)
>
> § 6º. O imposto previsto no inciso III:
>
> I – terá alíquotas mínimas fixadas pelo Senado Federal;
>
> II – poderá ter alíquotas diferenciadas em função do tipo e utilização."

Ingressemos, de pronto, no esquema lógico do critério material da hipótese tributária, procurando, dentro desse aspecto, seus elementos nucleares, representados por um verbo e seu complemento. Não obstante o constituinte tenha deixado de consignar expressamente o verbo que integra o critério material do imposto sobre a propriedade de veículos automotores, a interpretação sistemática nos leva a concluir pela adequação do termo "*ser*", visto que a significação construída a partir de tal vocábulo é apta para expressar o fato típico escolhido para dar nascimento à obrigação tributária envolvendo o referido imposto.

Verificado o verbo, passemos ao seu complemento. Este, segundo o comando constitucional, está representado pela expressão "*proprietário de veículos automotores*". A locução deve ser analisada em sua totalidade, pondo em evidência os fatos sobre as quais o constituinte fez recair a tributação, bem como aqueles que deixou fora do âmbito de incidência tributária.

Mais do que isso. O Texto Constitucional deve ser examinado em sua integridade, propiciando a interpretação sistemática efetuada com base numa visão grandiosa do direito, para tanto compreendendo o texto legislado como algo impregnado de toda a pujança que a ordem jurídica ostenta. Para delimitar o aspecto material do IPVA, é imprescindível o recurso não apenas às normas de competência positiva, mas também àquelas que orientam o modo pelo qual se dá a autorização para instituir tributos, como é o caso do princípio da capacidade contributiva.

Quanto ao critério espacial, não pode ser diverso do âmbito territorial do Estado ou do Distrito Federal em que se der o exercício da propriedade do veículo automotor. Em consonância com o disposto no art. 120 do Código Nacional de Trânsito, esse fato se verifica no local do registro do veículo automotor, o qual, por sua vez, deve ser efetuado no lugar do domicílio ou residência do proprietário.

Em consequência, é competente para instituir e exigir o IPVA, figurando no polo ativo da relação jurídica tributária (sujeito ativo), a pessoa jurídica de direito público interno em cujos limites territoriais o automóvel estiver registrado.

No que diz respeito ao critério temporal, o constituinte deixou sua escolha ao legislador ordinário, desde que, evidentemente, este não o faça com violação a qualquer dos preceitos constitucionais: o instante em que se considera ocorrido o fato jurídico tributário não pode ser anterior ao evento, devendo corresponder ao momento em que se adquire ou mantém a propriedade do veículo automotor.

Tomando como norte o critério material constitucionalmente permitido, depreende-se, com certa facilidade, a base de cálculo e o sujeito passivo da exação. O valor a ser tomado para fins de quantificação do gravame há de corresponder à medida do fato jurídico tributário, consistindo, portanto, no valor venal do veículo automotor. O sujeito passivo precisa estar intimamente relacionado à prática do fato jurídico, não podendo ser, por isso mesmo, pessoa diversa do proprietário do veículo automotor.

No que pertine à alíquota, esta não pode ser excessiva, de modo que ofenda a capacidade contributiva, o que viria a caracterizar confisco, proibido pelo comando do art. 150, IV, do Texto Maior. Além disso, a Emenda Constitucional n. 42/03 dispõe sobre a possibilidade de o Senado Federal fixar alíquotas mínimas e de o ente tributante instituí-las de forma diferençada em razão do tipo e utilização do veículo, concretizando o primado da seletividade.

Preenchendo o arranjo sintático da regra-matriz de incidência tributária com a linguagem do direito positivo, tomando, para esse fim, o arquétipo constitucionalmente traçado, teremos:

- Hipótese normativa:

(a) **critério material**: ser proprietário de veículo automotor;

(b) **critério espacial**: limites territoriais do Estado ou Distrito Federal em que está registrado o veículo automotor;

(c) **critério temporal**: instante fixado em lei, a partir do momento em que a propriedade é adquirida e se mantém (por exemplo, 1º de janeiro de cada ano; ou, se veículo novo, o instante da aquisição; ou, se veículo importado, o átimo de sua entrada no território nacional).

- Consequente normativo:

(d) **critério pessoal**: (d.1) *sujeito ativo*: Estado ou Distrito Federal em que estiver registrado o veículo automotor; (d.2) *sujeito passivo*: proprietário do veículo automotor;

(e) **critério quantitativo**: (e.1) *base de cálculo*: valor venal do veículo automotor; (e.2) *alíquota*: percentual fixado em lei do Estado ou do Distrito Federal, com observância ao art. 155, § 6º, I e II, da Constituição.

Oferecidos tais esclarecimentos, e tendo em vista responder às perguntas inicialmente formuladas, impõe-se o exame do núcleo da hipótese de incidência tributária, consistente em *ser proprietário de veículo automotor*. Para tanto, examinaremos, a seguir, os requisitos para que se configure a "propriedade", passando, depois, a enunciar os caracteres da denominada "propriedade fiduciária".

Com essas informações, estaremos habilitados a identificar, com precisão, o sujeito passivo do IPVA nos casos em que o veículo tiver sido objeto de alienação fiduciária.

5. O FENÔMENO DO CONHECIMENTO E SUA RELAÇÃO COM O "NOME" DAS COISAS

Decompondo-se o fenômeno do conhecimento, encontramos o dado da linguagem, sem o qual ele não se fixa nem se transmite. Já existe um *quantum* de conhecimento na percepção, mas ele só se realiza plenamente no plano proposicional e, portanto, com a intervenção da linguagem. "Conhecer", ainda que experimente mais de uma acepção, significa "saber enunciar proposições sobre". Conheço determinado objeto na medida em que posso expedir enunciados sobre ele, de tal arte que o conhecimento, nesse caso, manifesta-se pela linguagem, mediante proposições descritivas ou indicativas.

Por outro lado, a cada momento se confirma a natureza da linguagem como constitutiva de nossa realidade. Já afirmava Wittgenstein, na proposição 5.6, do *Tractatus Lógico-Philosophicus*: *"os limites da minha linguagem são os limites do meu mundo"*, o que, dito de outro modo, pode significar: *meu mundo vai até aonde for minha linguagem*. E a experiência o comprova: olhando para uma folha de laranjeira, um botânico seria capaz de escrever laudas, relatando a "realidade" que vê, ao passo que o leigo ficaria limitado a poucas linhas. Dirigindo o olhar para uma radiografia de pulmão, o médico poderia sacar múltiplas e importantes informações, enquanto o advogado, tanto no primeiro caso, como neste último, ver-se-ia compelido a oferecer registros ligeiros e superficiais. Por seu turno, examinando fragmento do Texto Constitucional brasileiro, um engenheiro não lograria mais do que construir mensagem adstrita à fórmula literal utilizada pelo legislador, enquanto o bacharel em Direito estaria em condições de desenvolver análise ampla, contextual, trazendo à tona as normas, identificando valores e apontando princípios implícitos. Por que uns têm acesso a esses campos e outros não? Por que alguns ingressam em certos setores do mundo, ao mesmo tempo em que outros se acham absolutamente impedidos de fazê-lo? A resposta é uma só: a realidade do botânico, em relação à Botânica, é bem mais abrangente do que a de outros profissionais, o mesmo ocorrendo com a realidade do médico, do engenheiro e do bacharel em Direito. E que fator determinou que essas realidades se expandissem, dilatando o domínio dos respectivos conhecimentos? A linguagem ou a "morada do ser", como proclamou Heidegger.

Feita a observação, verifica-se que o homem cria novos nomes e novos fatos, na conformidade de seus interesses e de suas necessidades. Para nós, basta o vocábulo "neve". Entretanto, para os esquimós, envolvidos por circunstâncias bem diversas, impõe-se distinção entre as várias modalidades de "neve". Não se pode precisar o motivo exato, mas os povos de cultura portuguesa houveram por bem, em determinado momento de sua evolução histórica, especificar a palavra "saudade", diferentemente de outras culturas que a mantêm incluída em conceitos mais gerais, como "nostalgia", "tristeza" etc. Em português, como em castelhano, temos "relógio" ("reloj"); já em inglês discriminou-se "clock" para relógio de parede e "watch" para o de bolso ou pulso. E em francês, existem três vocábulos distintos: "horloge" (de torre ou de parede), "pendule" (de mesa ou de pé) e "montre" (de bolso ou de pulso).

O esclarecimento das razões determinantes dessas especificações é, muitas vezes, encontrado na Gramática Histórica, disciplina incumbida de estudar as dinâmicas que presidem a evolução do idioma. Todavia, tanto as palavras que vão sendo criadas, como aqueles vocábulos já conhecidos e que passam a assumir novas acepções, incorporam-se ao patrimônio linguístico por força de necessidades sociais. A Física tinha no átomo a unidade irredutível da matéria. Assim que o interesse científico se acentuou, intensificando-se a pesquisa que culminou com a possibilidade de decomposição daquela partícula, tornou-se imperiosa a expansão da linguagem para constituir a nova realidade: eis o "próton", o "nêutron", o "elétron".

Breve comparação entre dicionários de um mesmo idioma, editados em momentos históricos diferentes, aponta para significativo crescimento do número de palavras, assim na chamada "linguagem natural", que nos discursos das várias ciências. É a linguagem constituindo realidades novas e alargando as fronteiras do nosso conhecimento.

No âmbito do direito, entretanto, o fenômeno apresenta-se mais complexo, pois não é qualquer linguagem capaz de introduzir alterações na realidade, mas tão somente aquela prevista pelo próprio ordenamento jurídico. A mera atribuição de denominação diferenciada, por exemplo, não é suficiente para criar uma realidade distinta. Só é possível identificar determinada existência, no mundo do direito, pelo exame de seu regime jurídico. Daí porque a "natureza jurídica" de algo é ditada pelas normas que a regem e pelas prescrições que dela decorrem, sendo irrelevante o nome que lhe venha a ser atribuído.

5.1. A expressão "natureza jurídica"

Tenho empregado "natureza jurídica" entre aspas para expressar minha discordância relativa à literalidade da locução. Em termos convencionais, fala-se em "natureza" para designar a busca da essência, da substância ou da compleição natural das coisas. A "natureza" revelar-se-ia pelos atributos essenciais que teriam a virtude de pôr em evidência a própria coisa. Nessa acepção, a "natureza" da coisa poria em destaque sua essência mesma ou substância, dando a conhecer a matéria de que se compõe o objeto: está à mostra a força essencialista que envolve a tradição jurídica, na incansável e malograda busca pela "realidade". Há uma expressiva tendência na cultura ocidental em relatar o mundo circundante como se tivéssemos acesso às ontologias, às essências, esquecendo-nos de que o único instrumento do qual dispomos para organizar os "objetos da experiência" ou o "mundo da vida", como prefere Habermas, seguindo Husserl, é a linguagem e, por mais que ela se aproxime dos objetos, nunca chega a tocá-los.

O problema é de fundo filosófico. Ocorre que em sua base filosófica tradicional, o direito leva ao terreno ontológico as observações sobre a estrutura da linguagem, supondo que haja substâncias (na nomenclatura aristotélica) e que as palavras são integradas às coisas. Faz uma transposição entre a estrutura real da linguagem e uma suposta estrutura transcendente do universo, tese essa que o atual grau de desenvolvimento do direito não pode mais aceitar: a relação entre palavra e coisa é artificial, fruto de decisões individuais ou sociais, alheia, em princípio, às características observáveis da coisa mesma. A *lua*, como satélite da terra, é exatamente a mesma, quer a chamemos de *moon*, *lune* ou *luna*.

Ao inventar nomes traçamos, artificialmente, limites na nossa realidade, como se a cortássemos, idealmente, em pedaços. E, ao assinalar cada nome, identificamos o pedaço que, segundo nossa decisão, corresponderá a esse nome. As coisas não mudam de nome, nós é que mudamos o modo de nomear as coisas[53]. Apenas existem nomes aceitos, nomes rejeitados e nomes menos aceitos que outros: não existem nomes verdadeiros das coisas. Por isso, nosso esforço ***não*** há de centralizar-se

53. Ricardo Guibourg, Alejandro Ghigliani e Ricardo Guarinoni, *Introducción al conocimiento científico*, Buenos Aires: EUDEBA, 1985.

na análise do nome dos objetos – "propriedade fiduciária" e "alienação fiduciária" –, mas nos fenômenos jurídicos para os quais eles apontam.

A "propriedade fiduciária" é, antes de mais nada, fórmula expressional com que se denota certo feixe de enunciados jurídico-prescritivos. O mesmo se pode dizer da "alienação fiduciária": consiste em uma série de proposições normativas. A essas prescrições é que dirigiremos nossa atenção, por serem elas os comandos que determinam a "natureza" do contrato e dos negócios jurídicos praticados com base no conteúdo daquele documento.

5.2. A interpretação dos vocábulos empregados pelo legislador

Toda espécie de linguagem apresenta-se composta por signos. Entretanto, um mero conjunto sígnico não configura, necessariamente, linguagem. Para tanto, imprescindível que tais elementos estejam ordenados de forma que possibilitem interação entre dois ou mais sujeitos. Onde houver linguagem haverá possibilidade de comunicação. Polarizemos nossas atenções, porém, nos sistemas idiomáticos, pois esses corpos de linguagem, dotados de amplos recursos para o desenvolvimento do processo de comunicação, são os utilizados pelo legislador.

Existem fatores que distorcem, dificultam ou retardam o recebimento da mensagem, tecnicamente denominados "ruídos". A ambiguidade e a vaguidade, por exemplo, são problemas semânticos presentes onde houver linguagem. Um termo é vago quando não existe regra que permita decidir os exatos limites para sua aplicação, havendo um campo de incerteza relativa ao enquadramento de um objeto na denotação correspondente ao signo. Já a ambiguidade é caso de incerteza designativa, em virtude da coexistência de dois ou mais significados. Um termo é ambíguo quando existem dúvidas sobre qual seu âmbito de denotação, ao passo que será vago toda vez que, especificado seu campo denotativo, surgirem dúvidas em torno de respectiva extensão.

Como todas as palavras são vagas e potencialmente ambíguas, torna-se necessário, em qualquer análise de texto que se pretenda aprofundada, realizar-se rigoroso estudo semântico.

Recorde-se também, nesta oportunidade, a existência de diversos tipos de linguagem, interessando-nos, para os fins do presente trabalho, ressaltar as diferenças concernentes à linguagem natural ou ordinária, à linguagem técnica e à linguagem científica. A *linguagem natural* é aquela da qual se utilizam os seres humanos em sua comunicação ordinária, possuindo apreciável riqueza significativa, mas lidando com significações muitas vezes imprecisas, dada a intensidade com que se apresentam vagas e ambíguas. Não se presta, portanto, à elaboração de discurso rigoroso, tendente à univocidade e formulado de modo satisfatoriamente preciso. *Linguagem técnica* é aquela que se assenta no discurso natural, mas aproveita, em quantidade considerável, palavras e expressões de cunho determinado, pertinentes ao domínio da linguagem científica. Já esta última, a *linguagem científica,* aparece quando se outorga a certos vocábulos ou expressões um valor semântico restrito, por meio de definições precisas, sendo envolvido em discurso organizado por método compatível com o objeto escolhido.

As ponderações acima se mostram de grande relevância para o estudo e a aplicação do direito positivo. Conforme já mencionei em trabalhos anteriores[54], a linguagem empregada pelo legislador na redação dos textos jurídicos é a *técnica*, valendo dizer que parte do discurso natural, mas aproveita, em porção significativa, vocábulos e locuções de cunho determinado,

54. *Curso de direito tributário*, 24ª ed., São Paulo: Saraiva, 2012, p. 4.

pertencentes ao domínio científico. Ao ingressarmos na interpretação do direito posto, tal fator há de ser impreterivelmente considerado. O sentido das construções utilizadas pelo legislador não deve ser buscado, por isso mesmo, na linguagem ordinária, repleta de imprecisões. Mister se faz que a interpretação dos textos jurídicos se opere a partir das significações atribuídas pelo discurso científico, pois somente dessa maneira será possível alcançar o padrão preciso que aquele tipo de mensagem requer.

São bem comuns e muito conhecidas, entre nós, figuras de tributos cujos nomes sugerem realidades completamente distintas. Estão aí, para dizê-lo, a taxa de melhoramento dos portos, o salário-educação, os depósitos e uma sorte imensa de outras denominações. Por isso, tendo em vista a imprecisão dos nomes empregados pelo legislador, não refletindo, muitas vezes, a "natureza jurídica" da entidade, o foco da atenção do intérprete não deve centrar-se na literalidade da expressão "propriedade fiduciária". É indispensável o exame das normas que disciplinam essa figura, identificando seus caracteres e efeitos de direito para, com suporte nelas, traçar as consequências jurídicas do contrato de alienação fiduciária.

Eis a trajetória a ser percorrida no curso deste estudo, cujo cerne reside na identificação da "natureza jurídica" da alienação fiduciária em garantia e da propriedade fiduciária dela decorrente.

6. PROPRIEDADE – APROXIMAÇÃO DO CONCEITO

Na analítica dos direitos e deveres jurídicos correlatos, podemos perfeitamente dizer que "propriedade" é direito subjetivo. E direito subjetivo manifesta-se, invariavelmente, na forma de relação jurídica que, por sua vez, decorre da incidência de norma sobre um fato juridicizado. No caso da propriedade, esse fato é a expressão de um acordo de vontades, colhido pela norma que o juridicizou com certos efeitos peculiares. A prescrição normativa reguladora da propriedade estatui que, *assentada a vontade das partes, então deve ser a prerrogativa do proprietário em exercer, como sujeito ativo, o direito de uso, gozo e disposição do bem em relação aos demais sujeitos, constituídos e reconhecidos perante o direito posto, que passam a ficar, desse modo, cometidos do dever reflexo de não turbar e de não impedir o exercício do referido direito.*

É sempre oportuno lembrar que a generalidade e o caráter abstrato da norma contrastam com a individualização e a concretude da relação jurídica. Falamos em direito objetivo no plano da norma, reservando a expressão "direito subjetivo" para o momento em que ocorrer o acontecimento factual, irradiando-se efeitos jurídicos concretos. Daí porque advertirmos sobre as diversas acepções com que pode ser tomado o vocábulo "propriedade", ora designando as prescrições do direito objetivo, ora disputado na interação das condutas interpessoais, enquanto direito subjetivo, ora ainda composto na forma de "instituto", entidade jurídica instituída e regulamentada por um conjunto orgânico de normas de direito positivo, gerais e abstratas e individuais e concretas, como um microssistema normativo dentro de outros subsistemas maiores. Mas, pondo entre parênteses essas variações semânticas, cumpre-nos reconhecer, desde logo, que "propriedade" é uma criação do direito enquanto técnica impositiva, manifestando-se como norma, fato e correspectiva relação jurídica, dimensões que a Dogmática não pode deixar fora de seu campo especulativo.

A norma jurídica geral e abstrata não passa do nível conceptual para o domínio da concretude sem fato que lhe corresponda. E o fato, recortado da multiplicidade heterogênea dos acontecimentos socioculturais, é fato jurídico na medida em que corresponde ao esquema abstrato do descritor normativo. Aquilo que excede ao esquema, ou é juridicamente irrelevante, ou é apenas relevante para outras normas do mesmo sistema do direito positivo.

Passando para o campo dos fatos, a norma, que é uma objetivação conceptual, adquire forma de objetivação. Assim sendo, a realização da norma é um processo de individualização. O fato é, topicamente, um aqui-e-agora. O fato típico, como classe, inexiste como dado existencial: é uma construção conceptual, objetiva, sim, mas que não oferece a resistência das coisas e dos fatos que compõem o mundo circundante. A classe das coisas móveis, no sentido jurídico, como classe, não é móvel nem imóvel. Para o direito, e para certos efeitos, pode ser imóvel uma casa, um terreno, um navio ou uma aeronave. O direito cria suas próprias realidades, constrói seus próprios conceitos e define-os para sobre eles poder falar com mais precisão. É como um tecido vivo e inteligente, capaz de prontamente absorver novas situações e transformá-las segundo suas categorias operacionais. Atento ao teor de imprecisão e de ambiguidade de que a linguagem é portadora, corta a denotação das palavras mediante definições estipulativas, redefinindo a realidade e precisando, assim, a urdidura normativa.

Voltando nossa atenção ao tema circunscrito neste trabalho, examinemos o art. 1.228 do Código Civil brasileiro, que prescreve: "O proprietário tem a faculdade de usar, gozar e dispor da coisa, e o direito de reavê-la do poder de quem quer que injustamente a possua ou detenha".

É esse feixe de direitos subjetivos que constitui o direito de propriedade. O proprietário é-o em decorrência de um fato. É titular de direito subjetivo, e direito subjetivo dá-se entre sujeitos, não entre sujeitos e coisas. As relações jurídicas exigem termos sujeitos correlatos, ainda que, de um lado, indeterminados, como é o caso dos direitos subjetivos reais.

Agora, se o direito é um instrumento de domínio das condutas intersubjetivas, para discipliná-las, tendo em vista a realização de certos valores que a sociedade anela; se esse direito se manifesta sempre, invariavelmente, como um corpo de linguagem prescritiva de comportamentos; fica difícil imaginarmos a expressão "direito real" como se fora uma relação dotada daquela concretude material que a locução sugere. Com os dados da intuição sensível não se percebe o vínculo jurídico entre marido e mulher, ou entre pai e filho. Isso porque as relações do direito são estruturas conceptuais, pensadas por interpretantes inteligentes. A expressão "direito real" esconde a forte tendência essencialista que perpassa o direito e a cultura ocidental e nossa própria linguagem é reflexo dessa inclinação, pois o substantivo ocupa o lugar de "sol", em volta do qual giram as demais palavras (adjetivos, verbos e advérbios). Daí o condicionamento tendente a imaginar, com boa dose de ingenuidade, que a "realidade" se apresenta aos nossos olhos com essa mesma estrutura.

Os direitos reais, como os pessoais, são ambos interpessoais e intersubjetivos. A possível indeterminação quanto ao sujeito passivo que vamos encontrar nos reais, também a encontramos nos pessoais, uma vez que o liame jurídico já se estabelece com a individualização de apenas um dos sujeitos. Aquilo que os separa é a referência a certos conceitos que o direito positivo demarca com satisfatória precisão. Para Kelsen, o direito de propriedade é o reflexo de uma pluralidade de deveres de um número indeterminado de indivíduos em face de um mesmo indivíduo, com referência a uma mesma coisa.

Sabemos que todas as palavras são vagas e, ao menos potencialmente, ambíguas. Definir implica não só isolar o conceito, demarcando as imprecisões da linguagem simbólica, isto é, restringindo sua vaguidade, mas também eleger uma entre as significações possíveis, libertando-a de sua plurissignificação. Firmemos, desse modo, que conceituar é classificar, enquanto definir é precisar a classificação. As palavras têm uma denotação, que é o conjunto dos significados que, potencialmente, representam enquanto signo. Ao mesmo tempo, essas palavras classificam dicotomicamente, na medida em que estabelecem duas categorias: a dos objetos que representam e a dos objetos que não representam. A definição de tributo do art. 3º do Código Tributário Nacional, por exemplo, cria duas classes: uma, a dos tributos; outra, a de tudo aquilo que não é tributo. E assim o faz, também, o Código Civil brasileiro, classificando as coisas em móveis e imóveis, fungíveis e infungíveis, divisíveis e indivisíveis, singulares e coletivas. A função de tais classificações não é mudar a contextura das coisas-em-si, mas **criá-las e inseri-las em regimes jurídicos específicos**.

Dessa forma, ao criticar a expressão "direito real" não se pretende dizer que não existem direitos reais, mas alertar o interlocutor para as falsas dificuldades que podem surgir de uma interpretação essencialista, ingênua e apressada. Os direitos reais são, como todos os outros, interpessoais, intersubjetivos. Não obstante, por mais tendenciosa e comprometida que venha a ser a expressão "direito real", ela constitui uma classificação e, portanto, não é certa nem errada, mas denota a *categoria dos direitos que se congregam sob um específico regime jurídico, criado pelo próprio direito positivo e incrementado pela doutrina para reger os negócios jurídicos e os direitos subjetivos relativos à posse, uso e gozo ou disposição de uma coisa*. Apenas se preenchidos tais requisitos estaremos diante de "propriedade", no sentido técnico, empregado pelo legislador.

6.1. Anotações sobre os conceitos jurídicos de "domínio" e "posse": sua relação com a "propriedade"

Estabelece a Constituição da República que compete aos Estados e ao Distrito Federal instituir imposto sobre a "propriedade de veículos automotores". As leis estaduais e distritais, contudo, costumam atribuir o dever de pagamento do IPVA a quem detenha a *propriedade, o domínio ou posse de veículo automotor*.

Salta aos olhos, de pronto, a dúvida que a leitura dos textos sugere: se a Constituição fala apenas em "propriedade" do veículo automotor, como pode a norma de inferior hierarquia, veiculada em lei ordinária, fazer menção ao domínio ou à posse? Nessa mesma linha de raciocínio, como pode o aplicador do direito fazer recair a exigência sobre o credor fiduciário?

A *propriedade*, foi dito acima, consiste no direito de usar, gozar e dispor dos bens, e reavê-los do poder de quem quer que injustamente os possua.

O *domínio*, por seu turno, é composto pelos direitos de usar e gozar determinado bem, sem, no entanto, abarcar o direito de dele dispor. Exemplo clássico de situação em que um sujeito detém apenas o domínio útil é o caso da enfiteuse, prevista no Código Civil de 1916, em que o proprietário atribui a outra pessoa o domínio útil do imóvel, pagando esta ao senhorio uma remuneração anual.

Por fim, a *posse* também se relaciona com o direito de uso e de gozo, correspondendo ao exercício de alguns poderes inerentes à propriedade. Costuma desdobrar-se a posse em (i) *direta* e (ii) *indireta*, segundo o poder que tenha cada um dos seus detentores, distinção esta que é traçada no próprio Código Civil:

> Art. 1.197. A posse direta, de pessoa que tem a coisa em seu poder, temporariamente, em virtude de direito pessoal, ou real, não anula a indireta, de quem aquela foi havida, podendo o possuidor direto defender a sua posse contra o indireto.

À evidência, posse e propriedade não se confundem. A posse é regulada pelos arts. 1.196 a 1.224, do Código Civil, em título próprio. Já a propriedade também é disciplinada em título específico, nos arts. 1.228 a 1.368, figurando entre os chamados "direitos reais", denominação esta que não se atribui à posse.

O domínio e a posse são atributos intrínsecos a um direito maior, que é o direito de propriedade. Com ele, porém, não se confundem. A constitucionalidade das referências constantes das leis ordinárias está adstrita à interpretação de que os elementos "domínio" e "posse" contribuem para a formação da "situação jurídica" *propriedade*, entendendo aqui essa expressão como o plexo de relações que têm, num único sujeito, pontos de referência.

A tributação do IPVA pode recair, unicamente, sobre a pessoa que age como titular do domínio e da posse, na qualidade de **elementos inerentes à propriedade**. Consoante rígida repartição constitucional das competências tributárias, os Estados e o Distrito Federal só estão autorizados a instituir o IPVA sobre a propriedade, sendo-lhes vedado, por conseguinte, exigir esse imposto em relação aos atributos ou desdobramentos da propriedade, isoladamente considerados.

Acerca do assunto, é pacífico o entendimento do Egrégio Superior Tribunal de Justiça, no sentido de que somente quem exerce a posse ou o domínio como forma de exteriorização da propriedade pode figurar no polo passivo da relação jurídica tributária. Vejamos:

> O concessionário do imóvel público, que detém a posse mediante relação pessoal, sem *animus domini*, não se confunde com o contribuinte do IPTU, qual seja, o proprietário do imóvel, o titular do domínio útil ou o possuidor por direito real (art. 34 do CTN)."[55]

E ainda:

> "TRIBUTÁRIO. IPTU. CONTRIBUINTE. POSSUIDOR POR RELAÇÃO DE DIREITO PESSOAL. ART. 34 DO CTN.
>
> 1. O IPTU é imposto que tem como contribuinte **o proprietário ou o possuidor por direito real, que exerce a posse com *animus domini***.

---

55. STJ, 2ª T., AgRg no REsp 885353/RJ, Rel. Min. Mauro Campbell Marques, DJe 06/08/2009.

> 2. O cessionário do direito de uso é possuidor por relação de direito pessoal e, como tal, não é contribuinte do IPTU do imóvel que ocupa.
>
> 3. Recurso especial improvido.[56]

Os referidos julgados, conquanto digam respeito à exigência de IPTU, a noção de *propriedade* tributável, neles objetivada, repercute no IPVA, já que este, segundo disposição constitucional, tem a *propriedade* como núcleo de sua hipótese de incidência.

Conforme reiteradas manifestações do STJ, tratando-se de situações em que a Constituição atribua competência para tributação da "propriedade", inadmissível a cobrança do gravame em relação a sujeitos que não exerçam os direitos com ânimo de proprietário. E o credor fiduciário, por certo, não manifesta qualquer pretensão de tomar os veículos automotores para incremento de seu acervo patrimonial:

> PROCESSUAL CIVIL E TRIBUTÁRIO. EXECUÇÃO FISCAL. DÍVIDA ORIUNDA DE ESTADIA DE VEÍCULO OBJETO DE CONTRATO DE COMPRA E VENDA COM RESERVA DE DOMÍNIO. ILEGITIMIDADE PASSIVA DO BANCO FIDUCIÁRIO. PRECEDENTES.
>
> 1. O credor fiduciário (banco), que possui apenas o domínio resolúvel da coisa alienada, não pode ser responsabilizado pelas despesas de remoção e estadia de veículo apreendido em razão de cometimento, pelo condutor do veículo, de infração administrativa. Precedentes.
>
> 2. Agravo regimental não provido.[57]

Conquanto detenha o domínio resolúvel, este, além de ser somente um dos vários requisitos inerentes à propriedade,

56. STJ, 2ª T., REsp 685.316/RJ, Rel. Min. Castro Meira, DJ 18/04/2005, p. 277 (destaquei).

57. STJ, Ag.Rg no Ag 1192657/SP, 2ª T., Rel. Min. Eliana Calmon, Dje 10/02/2010.

apresenta-se em caráter temporário, sem *animus* de definitividade, motivo pelo qual não se pode atribuir ao alienante fiduciário o encargo dos débitos relativos ao veículo.

7. "NATUREZA JURÍDICA" DA "ALIENAÇÃO FIDUCIÁRIA" E DA "PROPRIEDADE FIDUCIÁRIA"

Atentos na definição traçada por Maria Helena Diniz[58], na alienação fiduciária tem-se a "transferência, feita pelo credor, da propriedade resolúvel e da posse indireta de um bem móvel ou imóvel como garantia do seu débito, resolvendo-se o direito do adquirente com o adimplemento da obrigação, ou melhor, com o pagamento da dívida garantida".

A propriedade fiduciária, regulamentada pelos arts. 1.361 a 1.368 do Código Civil, tem por finalidade servir como instrumento de garantia de financiamentos, conforme indicado expressamente no art. 1.361, *caput*:

> Art. 1.361. Considera-se fiduciária a **propriedade resolúvel** de coisa móvel infungível que o devedor, **com escopo de garantia**, transfere ao credor.
>
> § 1º. Constitui-se a propriedade fiduciária com o registro do contrato, celebrado por instrumento público ou particular, que lhe serve de título, no Registro de Títulos e Documentos do domicílio do devedor, ou, em se tratando de veículos, na repartição competente para o licenciamento, fazendo-se a anotação no certificado de registro.
>
> § 2º. Com a constituição da propriedade fiduciária, dá-se o desdobramento da posse, tornando-se o devedor possuidor direto da coisa.
>
> § 3º A propriedade superveniente, adquirida pelo devedor, torna eficaz, desde o arquivamento, a transferência da propriedade fiduciária. (grifei)

---

58. *Dicionário jurídico*, São Paulo: Saraiva, 1998, v. 1, p. 166 (grifei).

No que pertine especificamente à alienação fiduciária de coisa imóvel, a Lei n. 9.514/97 disciplinou o assunto e, na esteira das prescrições veiculadas no Código Civil, consignou tratar-se de propriedade resolúvel, cuja finalidade é figurar como garantia de outro negócio jurídico. Confira-se seu art. 22, *in verbis:*

> Art. 22. A alienação fiduciária regulada por esta Lei é o negócio jurídico pelo qual o devedor, ou fiduciante, **com o escopo de garantia**, contrata a transferência ao credor, ou fiduciário, da propriedade resolúvel de coisa imóvel. (grifei)

Isso significa que os bens mantidos sob a "propriedade" fiduciária das instituições financeiras, enquanto garantidores dos débitos contraídos por seus proprietários, assim como os respectivos frutos e rendimentos, não se comunicam com o patrimônio dos credores. A chamada "propriedade fiduciária", por conseguinte, não configura propriedade verdadeira, plena em seus atributos.

Essa peculiaridade foi muito bem percebida por Pontes de Miranda, levando-o a concluir pela inexistência de identidade entre aquilo que é denominado "propriedade fiduciária" e a propriedade propriamente dita, a que se refere o art. 1.228 do Código Civil:

> A expressão 'transmissão fiduciária da propriedade' põe a palavra propriedade em sentido larguíssimo, porque há transferência fiduciária de direitos, que não são, sequer, direitos reais. Tal o que ocorre com a transmissão fiduciária dos créditos.[59]

O simples fato de tratar-se de "propriedade resolúvel" já é suficiente para entrever a citada distinção. A condição

59. *Tratado de direito privado*, Rio de Janeiro: Borsoi, v. 52, p. 339.

resolutiva confere caráter precário à suposta "propriedade" de que é detentor o alienante fiduciário.

Não estão presentes os direitos inerentes à propriedade. O credor fiduciário *não usa, não colhe os frutos e não pode dispor do bem alienado fiduciariamente*. Ou seja, *nem um* dos direitos descritos no art. 1.228 do Código Civil permanece com o adquirente fiduciário. A coisa serve somente para assegurar a satisfação do crédito. Tanto é assim que a alienação da "propriedade" somente pode ter lugar com o inadimplemento da dívida.

A alienação fiduciária, porém, possui mais uma particularidade: tomada a coisa pelo credor, em virtude do não pagamento do débito, este não pode com ela permanecer. Deve proceder à venda, apropriando-se do valor correspondente ao seu crédito, mas não aproveitando eventual saldo positivo decorrente da venda do bem. É o que dispõem os arts. 1.364 e 1.365 do Código Civil:

> Art. 1.364. Vencida a dívida, e não paga, fica o credor obrigado a vender, judicial ou extrajudicialmente, a coisa a terceiros, a aplicar o preço no pagamento de seu crédito e das despesas de cobrança, e a entregar o saldo, se houver, ao devedor.
>
> Art. 1.365. É nula a cláusula que autoriza o proprietário fiduciário a ficar com a coisa alienada em garantia, se a dívida não for paga no vencimento.

Como se vê, a finalidade da alienação fiduciária não é a transmissão da propriedade do bem, *in casu*, do veículo automotor, mas sim garantir um débito. Assemelha-se, portanto, à "garantia real", consistente na gravação de bens para assegurarem direitos do credor, sem, contudo, alterar sua substância ou titularidade: *"O direito real de garantia é direito sobre o bem, móvel ou imóvel, quanto ao valor dele. Nem se lhe retira substantia, nem usus, nem fructus, nem* habitatio."[60]

60. Pontes de Miranda, *Tratado de direito privado*, Rio de Janeiro: Borsoi, v. 20, p. 18.

Embora no Código Civil brasileiro não exista rubrica intitulada "direitos reais de garantia", sua disciplina jurídica encontra-se dispersa por todo o texto, estando prevista no Livro III (Direito das Coisas), Título X (Do Penhor, da Hipoteca e da Anticrese). E esse Diploma Normativo submete a propriedade fiduciária ao regime ali estipulado, evidenciando, assim, tratar-se de direito de garantia real (cf. art. 1.367, CC)[61].

Isso não significa, porém, a completa identidade entre as diversas espécies de direito de garantia real. Cada qual apresenta suas particularidades, instituídas pelo direito positivo brasileiro. E a alienação fiduciária tem a grande vantagem de possibilitar a rápida recuperação do crédito concedido, mediante a prescrição de meios céleres para expropriar-se o bem dado em garantia (alienado fiduciariamente), a exemplo do que ocorre com a ação de busca e apreensão, cabível na hipótese de inadimplemento do devedor. Ainda, tendo em vista que a alienação fiduciária afeta determinado bem para fins de garantia de débito contraído por seu proprietário, deduz-se o direito de o credor fiduciário resguardar os bens alienados fiduciariamente, opondo-se a eventuais constrições patrimoniais perpetradas por terceiros.

Diz-se dos contratos de alienação fiduciária que o alienante conserva a posse direta e o credor a indireta (art. 1.361, § 2º, CC). Tal prescrição, ao aludir à posse indireta, presta-se apenas para assegurar ao credor fiduciário o direito à busca e apreensão da coisa. Mas, imprópria é essa denominação "posse indireta", pelo fato de que o credor não pode ficar com a coisa. Muito distinta, por exemplo, da posse indireta que permanece com o locador, em decorrência de seu direito de proprietário.

---

61. Art. 1.367. Aplica-se à propriedade fiduciária, no que couber, o disposto nos arts. 1.421, 1.425, 1.426, 1.427 e 1.436.

O conceito de posse decorre da prescrição veiculada no art. 1.196 do Código Civil, nos termos do qual *"Considera-se possuidor todo aquele que tem de fato o exercício, pleno ou não, de algum dos poderes inerentes à propriedade"*. Ora, o credor fiduciário não detém qualquer poder inerente à propriedade, mas sim aqueles relativos ao direito de garantia real, que implicam a legitimidade para tomar as medidas necessárias para assegurar a integridade do bem e a observância ao cumprimento dos requisitos garantidores do débito. Por esse motivo, entendo padecer de atecnia o emprego da locução "posse indireta" para fazer referência ao direito do credor fiduciário.

Não há dúvidas de que a relação estabelecida entre credor e devedor fiduciário em torno de determinado bem é diferente daquela que envolve, por exemplo, locador e locatário. Em decorrência de um contrato de locação, os sujeitos envolvidos manifestam interesse no bem locado, sendo atribuída a ambos os direitos inerentes à posse. Tratando-se de alienação fiduciária, diversamente, os interesses do credor e do devedor fiduciário não convergem para o bem: o devedor fiduciário é o proprietário da coisa e como tal pretende manter-se; o credor fiduciário grava o bem para garantir a satisfação de um crédito, cujo valor corresponde ao foco de seus interesses. Por isso, a anuência com a tese de que o devedor fiduciário é quem detém, em verdade, a posse do bem alienado fiduciariamente.

As locuções "alienação fiduciária" e "propriedade fiduciária" não refletem com exatidão o negócio jurídico subjacente. Na chamada "alienação fiduciária", alienação não há, inexistindo transferência da propriedade. O contrato de alienação fiduciária não se confunde com o contrato de compra e venda. Do contrato de compra e venda exsurge a obrigação do vendedor no sentido de transferir o domínio de certa coisa e, para o comprador, o dever de pagar certo preço em dinheiro. A denominada "alienação fiduciária", por sua vez, não tem por objeto a transmissão da titularidade do bem, mas a garantia da satisfação de um débito. Junto com esses dois contratos, coexiste um terceiro, envolvendo operação de crédito. São, portanto, três contratos distintos, estabelecendo específicos direitos e deveres aos sujeitos envolvidos e subordinando-se à tributação própria. Assim é que na operação de venda feita por um comerciante de veículos automotores incide o ICMS. E sobre a operação de crédito realizada pela instituição financeira recai o IOF. Nessa esteira, exatamente por prestar-se à garantia de débito contraído pelo devedor fiduciante, é que aparece para o credor fiduciário o direito de demandar busca e apreensão do veículo, em caso de inadimplemento, bem como de reivindicá-lo mediante embargos de terceiro.

Fim, ensina Miguel Reale[62], "*não é senão um valor enquanto racionalmente reconhecido como motivo da conduta*". Finalidade é a substantivação desse valor; é o objetivo, o alvo, a destinação de uma dada conduta. Pois bem, a finalidade do contrato de compra e venda mercantil é a transferência do domínio da mercadoria, ao passo que a finalidade do contrato de alienação fiduciária é a realização da garantia.

8. FUNÇÃO DA CONTABILIDADE NO QUADRO DAS IMPOSIÇÕES TRIBUTÁRIAS

Chama-se "contabilidade" à linguagem do tipo técnico, especialmente concebida para captar, registrar, acumular, resumir e interpretar os fenômenos que afetam as situações patrimoniais, financeiras e econômicas das empresas e dos órgãos públicos. Enquanto discurso que veicula regras procedimentais acerca da escrituração de contas e registros de operações, num sistema organizado, é objeto de uma ciência também denominada "Contabilidade", a quem compete descrever, de maneira crítica e com visão unitária, os limites

62. *Introdução à Filosofia*, São Paulo: Saraiva, 1.992, p. 144.

metodológicos dentro dos quais as várias técnicas podem ser empregadas, indagando sobre seus pressupostos, avaliando o rendimento dos processos estipulados, tudo em função das finalidades que o conjunto propõe alcançar.

As regras técnicas da contabilidade, orientadas por construções da Ciência Contábil, podem adquirir aplicabilidade cogente, sempre que forem absorvidas como matéria de normas do direito positivo. Toda vez que isso acontecer, os meros expedientes escriturais passam a ser conteúdos de condutas obrigatórias, permitidas ou proibidas, assumindo foros de juridicidade: eis a linguagem do direito positivo juridicizando a linguagem dos procedimentos contábeis. Falaremos, então, em "contabilidade legal" como o conjunto de normas jurídicas que prescrevem de que modo deve ser conduzido o exercício das técnicas contábeis para satisfazer os objetivos do direito posto. É exatamente sob tal ponto de vista que o desempenho adequado das operações contábeis passa a representar "linguagem competente" para constituir, juridicamente, fatos a que o direito atribui relevância.

Assentadas essas premissas, e levando-se em conta que o ser humano, como sujeito do conhecimento, tende a simplificar as complexidades do objeto que observa para poder conhecê-lo efetivamente, é lícito asseverar que tanto a técnica contábil, encampada ou não por preceitos do direito posto, quanto este último, promovem um corte drástico na realidade sobre que atuam.

A contabilidade, como técnica, procura retratar situações do "mundo da vida", vertendo-as num sistema sígnico peculiar que fala daqueles objetos da experiência segundo certo ângulo de observação, sem que, ao fazê-lo, venha a com ele confundir-se: nessa medida, é também uma linguagem que fala sobre o real das mutações patrimoniais, econômicas e financeiras. Ora, sabemos que a procura da verdade material é sempre uma investigação que não passa da verdade formal, pois ainda que seja contra sua própria vontade, o homem não se livra da linguagem, modo pelo qual constitui seu meio-envolvente, vale dizer, sua realidade. E, por mais rico que seja o signo, oferecendo traços, marcas, aspectos do elemento a que se refere, estará sempre em falta para com o objeto, pois o real, nesse sentido, é múltiplo, irrepetível e infindável em seus aspectos.

Por outro lado, o direito, ao recolher técnicas contábeis, juridicizando-as, promove outra redução na complexidade dos procedimentos contábeis, de tal sorte que a chamada "contabilidade legal" revela, com bastante força, essa dupla manifestação redutora. A "contabilidade legal" é formada de conceitos talhados normativamente, funcionando como seletores de propriedades que recortam o "real" para atender aos fins que lhe são próprios. Além disso, subordina-se ao filtro do direito, vale dizer, seus conceitos submetem-se aos juízos de valor inerentes às elaborações jurídicas. Fica evidente a dupla redução de complexidades: uma, decorrente dos próprios limites desse arsenal de técnicas em que se consubstancia a contabilidade; outra, advinda do processo de normatização a que são submetidas, quando de seu ingresso nos domínios do direito.

A lembrança do papel que a contabilidade exerce nos domínios do direito é muito útil, na medida em que **as normas contábeis não autorizam o registro da chamada "propriedade fiduciária" no ativo fixo** e, em decorrência, proíbem o registro das despesas de depreciação desses bens.

Mais ainda: tratando-se de instituições financeiras, estas não podem adquirir bens desvinculados da sua atividade negocial. E, caso venham a fazê-lo em virtude, por exemplo, de busca e apreensão de bem gravado fiduciariamente, estão obrigadas a vendê-los no prazo máximo de um ano, conforme dispõe a Lei n. 4.595/64, no art. 35, II:

> Art. 35. É vedado ainda às instituições financeiras:
>
> (...)

> II – Adquirir bens imóveis não destinados ao próprio uso, salvo os recebidos em liquidação de empréstimos de difícil ou duvidosa solução, caso em que deverão vendê-los dentro do prazo de um (1) ano, a contar do recebimento, prorrogável até duas vezes, a critério do Banco Central da República do Brasil.

Semelhante prescrição é veiculada pelas Resoluções CMN n. 1120, 1653 e 1770, bem como pela Circular BACEN n. 909.

Com efeito, as normas jurídicas que disciplinam a movimentação patrimonial das instituições financeiras impedem que os bens objeto de alienação fiduciária integrem o ativo fixo dessas entidades. Desse modo, torna-se inconteste o fato de que a denominada "propriedade fiduciária" não integra o patrimônio do credor fiduciário, motivo pelo qual a este não pode ser atribuído qualquer ônus pelo bem e despesas a ele correlatas.

9. IDENTIFICAÇÃO DO SUJEITO PASSIVO TRIBUTÁRIO E SUA RELAÇÃO COM O PRINCÍPIO DA CAPACIDADE CONTRIBUTIVA

Sujeito passivo da relação jurídica tributária é a pessoa de quem se exige o cumprimento da prestação pecuniária, nos nexos obrigacionais, bem como da prestação insuscetível de avaliação patrimonial, nas relações que veiculam meros deveres instrumentais ou formais.

A Constituição da República não aponta quem deva ser o sujeito passivo das exações cuja competência legislativa faculta às pessoas políticas. Invariavelmente, o constituinte alude a um evento, deixando a cargo do legislador ordinário não só estabelecer o desenho estrutural da hipótese normativa, que deverá girar em torno daquela referência constitucional, mas, além disso, escolher o sujeito que arcará com o peso da incidência fiscal, fazendo as vezes de devedor da prestação tributária. A cada um dos eventos eleitos para compor a hipótese da regra-matriz de incidência, a autoridade legislativa apanha um sujeito, segundo o critério de sua participação direta e pessoal com a ocorrência objetiva, e passa a chamá-lo de contribuinte, fazendo-o constar da relação obrigacional, na qualidade de sujeito passivo.

A ênfase afirmativa está fundada num argumento singelo, mas poderoso: o legislador tributário não pode refugir dos limites constitucionais da sua competência, que é oferecida de maneira discreta, mediante a indicação de meros eventos. Aproveitando-se dessas referências, a autoridade legislativa exerce suas funções, autolimitando-se ao compor a descrição normativa. Feito isso, não pode transpor as fronteiras do fato que ele mesmo (legislador ordinário) demarcou, nos termos constitucionalmente permitidos. Em consequência **somente pode ocupar a posição de sujeito passivo tributário quem estiver em relação com o fato jurídico praticado**. Só assim concretiza-se o princípio da capacidade contributiva.

A capacidade contributiva absoluta consubstancia-se na participação das pessoas em fatos que denotem sinais de riqueza. Fatos esses que, eleitos para compor a hipótese da regra-matriz de incidência tributária, ensejarão o nascimento de obrigação pecuniária, quantificada conforme a proporção monetária do acontecimento tributado. Logo, para que a capacidade contributiva seja observada, é imprescindível que a tributação tome como base de cálculo elemento mensurador do fato praticado pelo contribuinte, espelhando presuntivamente aqueles signos de riqueza. Isso, por si só, inviabiliza qualquer pretensão tributária de incidência sobre valores que extrapolem a medida do fato praticado pelo contribuinte, invadindo esfera patrimonial alheia.

Essa ordem de considerações permite entrever a impossibilidade de colocar-se o credor fiduciário no polo passivo da obrigação tributária inerente ao IPVA. O credor fiduciário não detém, verdadeiramente, a propriedade do veículo automotor, mas apenas o direito de garantia real sobre ele. Logo, não praticando o fato previsto na hipótese de incidência, vedada está a imposição tributária.

10. CRITÉRIO ESPACIAL DO IPVA

A hipótese, como proposição descritiva de situação objetiva real, na lição rigorosamente correta de Lourival Vilanova[63], é construída pela vontade do legislador, que recolhe os dados de fato da realidade que deseja disciplinar (realidade social), qualificando-os, normativamente, como *fatos jurídicos*. Mas esse descritor, que é o antecedente ou suposto da norma, está imerso na linguagem prescritiva do direito positivo, porque, mesmo formulado por um conceito de teor descritivo, vem atrelado à consequência da regra, onde reside a estipulação da conduta (prescritor), meta finalística e razão da própria existência do direito. Por isso, os conceitos jurídicos veiculados na hipótese não estão sujeitos aos valores de verdade ou falsidade, como as proposições descritivas que os cientistas emitem. As hipóteses das normas jurídicas valem ou não valem, como também as respectivas consequências (prescritores) têm validade ou invalidade.

Ao escolher os fatos que lhe interessam como pretexto para desencadear efeitos jurídicos, o legislador expede conceitos que selecionam propriedades do evento. Lembra aquele ilustre professor que os conceitos, quer normativos, quer empírico-naturais ou empírico-sociais, são, invariavelmente, *seletores de propriedades*. Seria impossível cogitar de uma descrição que pudesse captar o evento na infinita riqueza de seus

63. *As estruturas lógicas e o sistema do direito positivo*, São Paulo: Noeses, 2005, p. 46.

predicados. O vínculo natural da *consanguinidade*, pondera K. Engisch, não entra, ele todo, em sua consequência "*parentesco*". E citando o exemplo de Pontes de Miranda: *A própria morte não é fato que entre nu, em sua rudeza, em sua definitividade no mundo jurídico...*[64].

Temos de considerar assim a hipótese das normas tributárias. Ao conceituar o fato que dará ensejo ao nascimento da relação jurídica do tributo, o legislador também seleciona as propriedades que julgou importantes para caracterizá-lo. E, desse conceito, podemos extrair critérios de identificação que nos permitam reconhecê-lo toda vez que, efetivamente, aconteça. No enunciado hipotético vamos encontrar três critérios identificadores do fato: *a*) critério material; *b*) critério espacial; e *c*) critério temporal.

Voltemos nossa atenção para o critério espacial. Há regras jurídicas que trazem expressos os locais em que o fato deve ocorrer, a fim de que irradie os efeitos que lhe são característicos. Outras, porém, nada mencionam, carregando implícitos os indícios que nos permitem saber onde nasceu o laço obrigacional. É uma opção do legislador. Aquilo que de real encontramos, no plano do direito positivo brasileiro, é uma dose maior ou menor de esmero na composição dos critérios espaciais, de tal modo que alguns são elaborados com mais cuidado que outros. Todavia, ainda que aparentemente pensemos ter o político se esquecido de mencioná-lo, haverá sempre um plexo de indicações, mesmo tácitas e latentes, para assinalar o lugar preciso em que aconteceu aquela ação, tomada como núcleo do suposto normativo.

Inexiste, contudo, liberdade ilimitada para determinação do critério espacial. Até mesmo porque as diretrizes do local em que se considera acontecido o fato jurídico tributário são indicativas do ente competente para figurar no polo ativo do

64. Lourival Vilanova, ob. cit., p. 47.

gravame. O critério espacial deve cingir-se, portanto, aos limites territoriais em que se concretiza a materialidade tributável, ou a um ponto ou zona dentro desse âmbito.

Tratando-se do IPVA, o critério material consiste na locução "ser proprietário de veículo automotor". E, como demonstrado, o sujeito passivo há de ser o proprietário do veículo. Então o critério espacial não pode ser outro que não o lugar em que se estabelece o proprietário, tendo ali seu domicílio ou sua residência.

Convém esclarecer que, perante a lei civil, domicílio da pessoa natural é o lugar onde ela estabelece a sua residência com ânimo definitivo (art. 70 do Código Civil). Entretanto, tendo diversas residências onde alternadamente viva, considerar-se-á domicílio seu qualquer delas (CC, art. 71). Quanto às relações profissionais, o domicílio da pessoa natural é o lugar onde a profissão é exercida, ou, exercendo-a em lugares diversos, cada um deles constitui domicílio para as relações que lhe correspondem (CC, art. 72 e parágrafo único). No que diz respeito às pessoas jurídicas de direito privado, é o lugar onde funcionarem as respectivas diretorias e administrações, ou onde elegerem domicílio especial no seu estatuto ou atos constitutivos (CC, art. 75, IV). E, no caso de manterem diversos estabelecimentos em lugares diferentes, cada um será considerado domicílio para os atos nele praticados (CC, art. 75, § 1º).

Para efeitos de aplicação da legislação tributária, o assunto é disciplinado pelo art. 127 do Código Tributário Nacional. Vige a regra geral da eleição do domicílio que o sujeito passivo pode fazer a qualquer tempo, decidindo, espontaneamente, sobre o local de sua preferência. Todas as comunicações fiscais, de avisos e esclarecimentos, bem como os atos, propriamente, de intercâmbio procedimental — intimações e notificações — serão dirigidas àquele lugar escolhido, que consta dos cadastros das repartições tributárias, e onde o fisco espera encontrar a pessoa, para a satisfação dos mútuos interesses.

O *caput* do art. 127 do Código Tributário, todavia, já prevê a falta de eleição, por parte do contribuinte, estipulando, então, as normas aplicáveis, visto que a entidade tributante não pode ficar à mercê da negligência do sujeito passivo em indicar seu domicílio preferido. Nessa contingência, isto é, não havendo manifesta escolha, os três incisos do mencionado dispositivo terão cabimento para suprir a omissão. O inciso I, aludindo às pessoas físicas, toma como domicílio tributário a sua residência habitual ou, sendo esta incerta ou desconhecida, o centro habitual de sua atividade. O inciso II refere-se às pessoas jurídicas de direito privado e às firmas individuais, fixando o local da sua sede ou, em relação aos atos ou fatos que derem origem à obrigação, o de cada estabelecimento. E o inciso III reporta-se às pessoas jurídicas de direito público, firmando como domicílio fiscal qualquer de suas repartições, dentro do território do ente que tributa.

Anteviu bem o legislador, ao conceber que poderiam ocorrer situações em que nenhum dos três incisos tivessem aplicação, expedindo a regra do §1º, segundo a qual, quando não couber a aplicação das regras fixadas em qualquer dos incisos deste artigo, considerar-se-á como domicílio tributário do contribuinte o lugar da situação dos bens ou da ocorrência dos atos ou fatos que deram origem à obrigação. Dessa maneira, haverá sempre para a Administração Tributária um ponto de referência para nele convocar o sujeito passivo ao cumprimento de suas obrigações e dos seus deveres instrumentais.

A legislação do IPVA não pode fugir de tais regras. O IPVA há de ser exigido no domicílio eleito ou no local de residência do veículo automotor, em cujo departamento de trânsito esse bem esteja registrado.

Essa disciplina jurídica já permite entrever a impossibilidade de atribuir-se ao credor fiduciário a sujeição passiva do citado imposto, pois tal medida implicaria atribuição de competência ao Estado ou Distrito Federal em que se situa a instituição financeira, centralizando o recolhimento do IPVA para alguns Estados com maior concentração de entidades financiadoras. Adotada essa linha de pensamento, ter-se-ia indevida redução da arrecadação tributária de grande parte das pessoas políticas, em manifesta ofensa ao princípio federativo, tornando desproporcional a distribuição das receitas tributárias entre os entes públicos.

Sobre o assunto, mister se faz trazer à colação o art. 120 do Código de Trânsito Brasileiro, instituído pela Lei n. 9.503/97, que estipula o lugar em que os veículos automotores devem ser registrados:

> Art. 120. Todo veículo automotor, elétrico, articulado, reboque ou semi-reboque, deve ser registrado perante o órgão executivo de trânsito do Estado ou do Distrito Federal, no Município **de domicílio ou residência de seu proprietário**, na forma da lei." (grifei)

A regra veiculada pelo Código de Trânsito Brasileiro vai ao encontro do critério espacial do IPVA, pois o registro do veículo automotor relaciona-se com o domicílio ou residência do proprietário. Ainda, nos termos do art. 121 desse Diploma Legal, após registrado será expedido o Certificado de Registro de Veículo – CRV, feito em nome do proprietário.

Tendo em vista que esse documento exterioriza a propriedade do veículo automotor e o local de seu exercício, se transmitida a propriedade ou se o proprietário alterar seu domicílio ou residência, é imperativa a emissão de novo Certificado de Registro de Veículo, conforme prescrito no art. 123 da Lei n. 9.503/97:

> Art. 123. Será obrigatória a expedição de novo Certificado de Registro de Veículo quando:
>
> **I – for transferida a propriedade;**

> **II – o proprietário mudar o Município de domicílio ou residência;**
>
> III – for alterada qualquer característica do veículo;
>
> IV – houver mudança de categoria. (Destaquei).

Nota-se que também a legislação de trânsito não reconhece o credor fiduciário como proprietário do veículo automotor: quando se transmite a propriedade, deve ser expedido novo CRV em que conste a alteração do nome e dados do titular do bem, devendo o veículo ser registrado em outro Município se nele estiver o novo proprietário; diversamente, tratando-se de alienação fiduciária, o chamado "proprietário fiduciário" não figura como titular do bem, nem há obrigatoriedade de alterar-se o local de seu registro, bastando mera anotação desse ônus no CRV, para fins de gravar o bem mediante garantia real.

11. PROPOSIÇÕES QUE RESPONDEM ÀS PERGUNTAS FORMULADAS

Passo a responder, uma a uma e em termos objetivos, às indagações propostas no início desse texto.

1. A propriedade fiduciária tratada nos artigos 1361 a 1368-A do Código Civil, que por definição legal é "resolúvel", difere juridicamente da propriedade fiduciária constituída por meio de alienação fiduciária em garantia?

A mera atribuição de denominação diferençada não é suficiente para criar uma realidade distinta. Só é possível identificar determinada existência, no mundo do direito, pelo exame de seu regime jurídico. Daí porque a "natureza jurídica" de algo é ditada pelas normas que o regem e pelas prescrições dela decorrentes, sendo irrelevante o nome que lhe venha a ser atribuído.

Por isso, nosso esforço ***não*** há de centralizar-se na análise do nome dos objetos – "propriedade fiduciária" e "alienação fiduciária" –, mas nos fenômenos jurídicos para os quais eles apontam. A "propriedade fiduciária" é, antes de mais nada, fórmula expressional com que se denota certo feixe de enunciados jurídico-prescritivos. O mesmo pode dizer-se da "alienação fiduciária": consiste em uma série de proposições normativas. A essas prescrições é que devemos dirigir nossa atenção, por serem elas os comandos que determinam a "natureza" do contrato e dos negócios jurídicos praticados com base no conteúdo daquele documento.

Esclarecido esse ponto, podemos dizer que a "alienação fiduciária" alienação não é; e que a "propriedade fiduciária" dela decorrente também não é propriedade.

A "propriedade resolúvel", assim como todos os demais vocábulos, é vaga e ambígua. Que é ser "propriedade resolúvel"? É a propriedade que, no seu título constitutivo consta uma causa de sua extinção, ou seja, as próprias partes estabelecem uma condição resolutiva, a qual, se realizada, põe fim aos efeitos do ato jurídico. Ocorre, por exemplo, na doação com cláusula de reversão, sendo inserido no documento de doação cláusula em que se estipula que os bens doados devem voltar ao patrimônio do doador se este sobreviver ao donatário. Nesse caso, o donatário passa a efetivamente deter a titularidade do bem, com todos os direitos e deveres consectários.

Muito diferente, porém, é a "propriedade resolúvel" inerente à alienação fiduciária. Nessa hipótese, não se transmite a titularidade do bem, mas apenas grava-se a coisa com ônus real, tendo por finalidade garantir a satisfação do débito. E o adjetivo "fiduciária" não deixa dúvidas quanto a isso, pois indica o caráter "garantidor" do negócio. Toda situação denominada "propriedade fiduciária" decorre de vínculo negocial que tem por objeto a constituição de uma garantia ao adimplemento de obrigações.

2. A propriedade fiduciária constituída no âmbito de alienação fiduciária em garantia é, na sua essência jurídica, "propriedade" ou "garantia"?

Trata-se de verdadeira "garantia". Essa conclusão decorre do atilado exame das disposições normativas que regulam a "propriedade" e a "garantia", em cujo percurso é identificada a similitude entre a finalidade da chamada "propriedade fiduciária" e a dos direitos reais de garantia.

As locuções "alienação fiduciária" e "propriedade fiduciária" não refletem com exatidão o negócio jurídico subjacente. Na chamada "alienação fiduciária", alienação não há, inexistindo transferência da propriedade. O contrato de alienação fiduciária não se confunde com o contrato de compra e venda. Do contrato de compra e venda exsurge a obrigação do vendedor no sentido de transferir o domínio de certa coisa e, para o comprador, o dever de pagar certo preço em dinheiro. A denominada "alienação fiduciária", por sua vez, não tem por objeto a transmissão da titularidade do bem, mas a garantia da satisfação de um débito. Junto com esses dois contratos, coexiste um terceiro, envolvendo operação de crédito. São, portanto, três contratos distintos, estabelecendo específicos direitos e deveres aos sujeitos envolvidos.

A finalidade do contrato de compra e venda mercantil é a transferência do domínio da mercadoria, ao passo que a finalidade do contrato de alienação fiduciária é a realização da garantia. Tanto é assim que o Código Civil, no art. 1.367, determina a submissão da "propriedade fiduciária" ao regime estipulado no Título destinado ao penhor (Livro III, Título X, do Código Civil), indiscutivelmente qualificado como garantia real. Por isso a nossa assertiva de que a chamada "propriedade fiduciária", constituída mediante contrato de "alienação fiduciária", caracteriza modalidade de garantia, sendo dotada, porém, de algumas peculiaridades, as quais asseguram o direito de demandar a busca de apreensão do bem, no caso de inadimplemento, bem como de reivindicá-lo mediante embargos de terceiro.

3. O conceito de propriedade pode ser dissociado, sem se desnaturar, dos direitos de usar, gozar, dispor ou reivindicar o bem, na forma como adotado pelo direito brasileiro?

De modo algum. Nos termos do art. 1.228 do Código Civil, o proprietário tem a faculdade de usar, gozar e dispor da coisa, assim como o direito de reavê-la do poder de quem quer que injustamente a possua ou detenha. É esse feixe de direitos subjetivos que constitui o direito de propriedade. Por conseguinte, somente se presentes esses direitos estaremos diante de "propriedade", no sentido técnico, empregado pelo legislador.

4. Sob o ponto de vista do direito privado, questiona-se quais as diferenças entre os conceitos jurídicos de (i) propriedade, (ii) domínio, (iii) posse, nas modalidades direta e indireta, (iv) alienação fiduciária em garantia e (v) propriedade fiduciária.

A *propriedade* consiste no direito de usar, gozar e dispor dos bens, e reavê-los do poder de quem quer que injustamente os possua.

O *domínio* é composto pelos direitos de usar e gozar determinado bem, sem, no entanto, abarcar o direito de dele dispor.

A *posse* também se relaciona com o direito de uso e de gozo, correspondendo ao exercício de alguns poderes inerentes à propriedade. Costuma desdobrar-se a posse em (i) *direta* e (ii) *indireta*, segundo o poder que tenha cada um dos seus detentores: posse indireta é aquela mantida pelo proprietário quando este cede temporariamente a terceiros o direito de uso e de gozo do bem, mantendo, contudo, o direito de dele dispor;

posse direta, por seu turno, consiste no exercício material do uso e do gozo temporário de determinada coisa, em virtude de contrato de direito pessoal firmado com o proprietário.

Como se vê, o domínio e a posse são atributos intrínsecos a um direito maior, que é o direito de propriedade. Com ele, porém, não se confundem.

Alienação fiduciária é o contrato mediante o qual um sujeito grava bem de sua propriedade para que este sirva como garantia de débito contraído. Não transfere, portanto, a propriedade, nem o domínio ou a posse da coisa.

A *propriedade fiduciária* consiste no nome atribuído à relação jurídica estabelecida em decorrência do contrato de alienação fiduciária, consistindo no direito real de garantia de que é titular o credor fiduciário.

5. *A propriedade fiduciária em garantia pode ser considerada propriedade plena? A propriedade fiduciária garante o uso, fruto e disponibilidade do bem?*

A chamada "propriedade fiduciária" não configura verdadeira propriedade, muito menos propriedade plena, pois o credor fiduciário não detém o direito de usar, de fruir e de dispor do bem.

Diz-se dos contratos de alienação fiduciária que o alienante conserva a posse direta e o credor a indireta (art. 1.361, § 2º, CC). Tal prescrição, ao aludir à posse indireta, presta-se apenas para assegurar ao credor fiduciário o direito à busca e apreensão da coisa. Mas, imprópria é essa denominação "posse indireta", pelo fato de que o credor não pode ficar com a coisa. Muito distinta, por exemplo, da posse indireta que permanece com o locador, em decorrência de seu direito de proprietário.

O conceito de posse decorre da prescrição veiculada no art. 1.196 do Código Civil, nos termos do qual *"Considera-se possuidor todo aquele que tem de fato o exercício, pleno ou não, de algum dos poderes inerentes à propriedade"*. Ora, o credor fiduciário não detém qualquer poder inerente à propriedade, mas sim direito de garantia real. Por esse motivo, entendo padecer de atecnia o emprego da locução "posse indireta" para fazer referência ao direito do credor fiduciário.

Não há dúvidas de que a relação estabelecida entre credor e devedor fiduciário em torno de determinado bem é diferente daquela que envolve, por exemplo, locador e locatário. Em decorrência de contrato de locação, os sujeitos envolvidos manifestam interesse no bem locado, sendo atribuída a ambos os direitos inerentes à posse. Tratando-se de alienação fiduciária, diversamente, os interesses do credor e do devedor fiduciário não convergem para o bem: o devedor fiduciário é o proprietário da coisa e como tal pretende manter-se; o credor fiduciária grava o bem para garantir a satisfação de um crédito, cujo valor corresponde ao foco de seus interesses. Por isso, minha anuência com a tese de que o devedor fiduciário é quem detém, em verdade, a posse do bem alienado fiduciariamente.

A "propriedade fiduciária", constituída no âmbito de alienação fiduciária, tem por finalidade servir como instrumento de garantia de financiamentos, conforme indicado expressamente no art. 1.361, *caput*, do Código Civil. Isso significa que os bens mantidos sobre a "propriedade" fiduciária das instituições financeiras, enquanto garantidores dos débitos contraídos por seus proprietários, assim como os respectivos frutos e rendimentos, não se comunicam com o patrimônio dos credores. A chamada "propriedade fiduciária", por conseguinte, não configura propriedade verdadeira, plena em seus atributos.

6. O devedor fiduciante detém os direitos de usar, gozar, dispor ou reivindicar o bem alienado fiduciariamente em garantia?

Sim. O devedor fiduciante detém a propriedade plena do bem oferecido em garantia, podendo usá-lo, dele gozar, reivindicá-lo e até dele dispor. O fato de a disposição do bem depender de anuência do credor fiduciário não significa supressão desse direito, mas, simplesmente, o efeito da existência de ônus de garantia real.

7. A propriedade fiduciária tratada nos artigos 1361 a 1368 do Código Civil e a propriedade fiduciária constituída por meio de alienação fiduciária em garantia revelam capacidade contributiva suficiente para se constituírem em fato gerador do IPVA? É juridicamente admissível tratá-las como fato gerador do imposto a partir da outorga constitucional de competência tributária aperfeiçoada pelo artigo 155, inciso III, da Constituição de 1988?

Não. A tributação do IPVA pode recair, unicamente, sobre a pessoa que age como titular do domínio e da posse, na qualidade de **elementos inerentes à propriedade**. Conforme rígida repartição constitucional das competências tributárias, os Estados e o Distrito Federal só estão autorizados a instituir o IPVA sobre a propriedade, sendo-lhes vedado, por conseguinte, exigir esse imposto em relação aos atributos ou desdobramentos da propriedade, isoladamente considerados.

A obrigação tributária só se instaura com sujeito passivo que integre a ocorrência típica. A ênfase afirmativa está fundada em argumento singelo, mas poderoso: o legislador tributário não pode refugir dos limites constitucionais da sua competência, que é oferecida de maneira discreta, mediante a indicação de meros eventos. Aproveitando-se dessas referências, a autoridade legislativa exerce suas funções, autolimitando-se ao compor a descrição normativa. Feito isso, não pode transpor as fronteiras do fato que ele mesmo (legislador ordinário) demarcou, nos termos constitucionalmente permitidos. Em consequência **somente pode ocupar a posição de sujeito passivo tributário quem estiver em relação com o**

fato jurídico praticado. Só assim concretiza-se o princípio da capacidade contributiva.

A capacidade contributiva absoluta consubstancia-se na participação das pessoas em fatos que denotem sinais de riqueza. Fatos esses que, eleitos para compor a hipótese da regra-matriz de incidência tributária, ensejarão o nascimento de obrigação pecuniária, quantificada conforme a proporção monetária do acontecimento tributado. Logo, para que a capacidade contributiva seja observada, é imprescindível que a tributação tome como base de cálculo elemento mensurador do fato praticado pelo contribuinte, espelhando presuntivamente aqueles signos de riqueza. Isso, por si só, inviabiliza qualquer pretensão tributária de incidência sobre valores que extrapolem a medida do fato realizado pelo contribuinte, invadindo esfera patrimonial alheia.

Essa ordem de considerações permite perceber a impossibilidade de colocar-se o credor fiduciário no polo passivo da obrigação tributária relativa ao IPVA. O credor fiduciário não detém, verdadeiramente, a propriedade do veículo automotor, mas apenas o direito de garantia real sobre ele. Logo, não praticando o fato previsto na hipótese de incidência, tal circunstância impede que a imposição tributária aconteça

8. Sob o ponto de vista tributário, quais são os critérios (i) material, (ii) espacial, (iii) temporal, (iv) pessoal e (v) quantitativo da regra-matriz do IPVA?

A construção da regra-matriz de incidência, assim como de qualquer norma jurídica, é obra do intérprete, a partir dos estímulos sensoriais do texto legislado. Sua hipótese prevê fato denotativo de riqueza, enquanto o consequente estatui vínculo obrigacional entre o Estado, ou quem lhe faça as vezes, na condição de sujeito ativo, e uma pessoa física ou jurídica, particular ou pública, como sujeito passivo, de tal sorte que o primeiro ficará investido do direito subjetivo público de exigir, do segundo, o pagamento de determinada quantia em dinheiro. Em contrapartida, o sujeito passivo será cometido do dever jurídico de prestar aquele objeto.

Efetuadas as devidas abstrações lógicas, identificaremos, no descritor da norma, um critério material (comportamento de uma pessoa, representado por verbo pessoal e de predicação incompleta, seguido pelo complemento), condicionado no tempo (critério temporal) e no espaço (critério espacial). Já na consequência, observaremos um critério pessoal (sujeito ativo e sujeito passivo) e um critério quantitativo (base de cálculo e alíquota). A conjunção desses dados referenciais nos oferece a possibilidade de exibir, na sua plenitude, o núcleo lógico estrutural da proposição normativa. E a Constituição da República traça o molde dentro do qual o legislador ordinário poderá atuar, ao instituir a regra-matriz de incidência tributária.

Ingressemos, de pronto, no esquema lógico do critério material da hipótese tributária, procurando, dentro desse aspecto, seus elementos básicos, representados por um verbo e seu complemento. Não obstante o constituinte tenha deixado de consignar expressamente o verbo que integra o critério material do imposto sobre a propriedade de veículos automotores, a interpretação sistemática nos leva a concluir pela adequação do termo "*ser*", visto que a significação construída a partir de tal vocábulo é apta para expressar o fato típico escolhido para dar nascimento à obrigação tributária, envolvendo o referido imposto. Verificado o verbo, passemos ao complemento. Este, segundo o comando constitucional, está representado pela expressão "*proprietário de veículos automotores*".

Quanto ao critério espacial, não pode ser diverso do âmbito territorial do Estado ou do Distrito Federal em que se der o exercício da propriedade do veículo automotor. Em consonância com o disposto no art. 120 do Código Nacional de Trânsito, esse fato se verifica no local do registro do veículo automotor, que, por sua vez, deve ser efetuado no lugar do domicílio ou residência do proprietário.

Em consequência, é competente para instituir e exigir o IPVA, figurando no polo ativo da relação jurídica tributária (sujeito ativo), a pessoa jurídica de direito público interno em cujos limites territoriais o automóvel estiver registrado.

No que diz respeito ao critério temporal, o constituinte deixou sua escolha ao legislador ordinário, desde que, evidentemente, este não o faça com violação a qualquer dos preceitos constitucionais: o instante em que se considera ocorrido o fato jurídico tributário não pode ser anterior ao evento, devendo corresponder ao instante em que se adquire ou mantém a propriedade do veículo automotor.

Tomando como norte o critério material constitucionalmente permitido, depreende-se, com certa facilidade, a base de cálculo e o sujeito passivo da exação. O valor a ser tomado para fins de quantificação do gravame há de corresponder à medida do fato jurídico tributário, consistindo, portanto, no valor venal do veículo automotor. O sujeito passivo precisa estar intimamente relacionado à prática do fato jurídico, não podendo ser, por isso mesmo, pessoa diversa do proprietário do veículo automotor.

No que se refere à alíquota, esta não pode ser excessiva, de modo que ofenda a capacidade contributiva, o que viria a caracterizar confisco, proibido pelo comando do art. 150, IV, do Texto Maior. Além disso, a Emenda Constitucional n. 42/03 dispõe sobre a possibilidade de o Senado Federal fixar alíquotas mínimas e de o ente tributante instituí-las de forma diferenciada em razão do tipo e utilização do veículo, concretizando o primado da seletividade.

Em síntese, preenchendo o arranjo sintático da regra-matriz de incidência tributária com a linguagem do direito positivo, tomando, para esse fim, o arquétipo constitucionalmente traçado, teremos:

- Hipótese normativa:

(a) **critério material**: ser proprietário de veículo automotor;

(b) **critério espacial**: limites territoriais do Estado ou Distrito Federal em que está registrado o veículo automotor;

(c) **critério temporal**: instante fixado em lei, a partir do momento em que a propriedade é adquirida e se mantém (por exemplo, 1º de janeiro de cada ano; ou, se veículo novo, o instante da aquisição; ou, se veículo importado, o átimo de sua entrada no território nacional).

- Consequente normativo:

(d) **critério pessoal**: (d.1) *sujeito ativo*: Estado ou Distrito Federal em que estiver registrado o veículo automotor; (d.2) *sujeito passivo*: proprietário do veículo automotor;

(e) **critério quantitativo**: (e.1) *base de cálculo*: valor venal do veículo automotor; (e.2) *alíquota*: percengem estabelecida em lei estadual, com observância ao art. 155, § 6º, I e II, da Constituição.

9. Quem é o contribuinte da obrigação tributária de IPVA de veículo com alienação fiduciária: o credor fiduciário ou o devedor fiduciante?

O devedor fiduciante é o contribuinte do IPVA, por ser quem pratica o fato descrito na hipótese de incidência tributária, exercendo a propriedade do veículo automotor.

Esse é o motivo pelo qual, como já anotei, não há possibilidade jurídica de colocar o credor fiduciário no polo passivo da obrigação tributária inerente ao IPVA. Ora, se o credor fiduciário não detém a propriedade do veículo automotor, mas somente direito de garantia real sobre ele, não manifesta a capacidade contributiva objetiva, suscetível de oneração pelo imposto estadual.

10. O que diferencia a propriedade resolúvel da propriedade plena para fins de incidência do IPVA?

A propriedade plena consiste no feixe de relações jurídicas decorrentes do direito de usar, gozar e dispor de determinado bem. A propriedade resolúvel, constituída no âmbito da alienação fiduciária, não autoriza a utilização, o gozo ou a disposição do veículo automotor, tendo por objetivo resguardar o credor quanto ao adimplemento da operação de crédito firmada. O detentor da chamada "propriedade resolúvel", que nesse caso nem propriedade é, está impossibilitado, por expressa disposição legal, de ficar com o bem para si, ainda que este tenha sido objeto de busca e apreensão. O veículo expropriado deve ser vendido, empregando-se o valor assim angariado para a satisfação do seu crédito.

Por esses motivos, o credor fiduciário, titular da suposta "propriedade resolúvel", não responde por quaisquer débitos inerentes ao veículo. E isso se advém do fato de que inexiste, no caso, verdadeira propriedade. Somente o titular da propriedade plena, ou seja, o devedor fiduciário, concretiza o fato previsto na hipótese de incidência do IPVA, devendo arcar com o respectivo débito.

11. Na alienação fiduciária em garantia, em que local é devido o imposto: no do domicílio do credor fiduciário ou no do domicílio do devedor fiduciante? A legislação de trânsito determina ou colabora para determinar o aspecto espacial do IPVA nesse caso?

A legislação de trânsito é importantíssima para determinar o critério espacial do IPVA, pois indica o modo pelo qual se delimita o âmbito territorial do exercício da propriedade do veículo automotor.

O art. 120 do Código de Trânsito Brasileiro estipula que os veículos automotores devem ser registrados perante o órgão de trânsito do Estado ou do Distrito Federal, no Município de domicílio ou residência de seu proprietário. Essa regra se coaduna perfeitamente com o critério espacial do IPVA, pois o registro do veículo automotor relaciona-se com o domicílio ou residência do proprietário.

O IPVA há de ser exigido, portanto, no domicílio eleito ou no local de residência do veículo automotor, em cujo departamento de trânsito esse bem está registrado.

Tema XX

CRITÉRIO ESPACIAL E SUJEIÇÃO ATIVA NO ICMS INCIDENTE NAS ATIVIDADES DE TV POR ASSINATURA

1. OBJETO DO TEXTO

Problema atual e de elevada controvérsia é aquele

concernente ao critério espacial e à sujeição ativa do ICMS devido pela prestação dos serviços de TV por assinatura[65], nas hipóteses em que o centro de transmissão esteja em uma unidade federada distinta daquelas em que se localizam os receptores da comunicação.

Com fundamento no art. 11, III, § 6º, da Lei Complementar n. 87/96 (com redação dada pela Lei Complementar n. 102/2000), as empresas que atuam na área de TV por assinatura vêm recolhendo o ICMS incidente sobre suas atividades na seguinte proporção: 50% para o Estado em que se localiza seu centro de transmissão e 50% para as Unidades da Federação em que os assinantes (receptores da comunicação) estejam situados.

A despeito disso, alguns Estados têm se insurgido contra tal procedimento, lavrando autos de infração para exigir 100% do ICMS relativo às receitas geradas pelos pacotes de TV cujos assinantes se localizem em seus territórios.

Instaurada a controvérsia, torna-se oportuno examinar o tema, para identificar os sujeitos ativos do ICMS devido em função dos serviços de TV por assinatura via satélite, bem como a proporção do imposto a ser recolhido para cada qual. Para conferir objetividade e alinhar o texto aos desígnios que inspiram esta obra, elaboro então três quesitos sobre o assunto para respondê-los ao final do Estudo. São eles:

1. Qual o papel reservado à Lei Complementar 87/96 pela Constituição? A competência dada ao legislador complementar compreende a fixação de termos à instituição, pelos Estados, do

65. Convém registrar que, em outra oportunidade, manifestei-me sobre a inexistência de prestação de serviços na atividade da pessoa jurídica que torna possível o acesso ao conteúdo televisivo (de TV por assinatura). No entanto, considerando que a jurisprudência pacificou o entendimento de tratar-se prestação de serviço, partirei de tal premissa para desenvolver estudo sobre a sujeição ativa do ICMS-comunicação e seu critério espacial.

critério espacial da regra-matriz de incidência tributária do ICMS? Qual o papel das disposições do §6º e da alínea "c-1", ambas inscritas no art. 11, da mencionada Lei?

2. Que se entende por serviços medidos ou não medidos? Que documento é habilitado pelo sistema de direito positivo brasileiro para realizar, em termos jurídicos, o discrímen? Tem ele relevância para a incidência do tributo?

3. De acordo com as prescrições que regulamentam o exercício da competência para legislar sobre o ICMS, qual será o sujeito ativo do ICMS-Comunicação nos casos em que se trate da incidência desse tributo em operações de televisão por assinatura nas quais prestador e tomador estejam em diferentes unidades da federação?

2. INTEGRIDADE LÓGICO-SEMÂNTICA DO DIREITO POSITIVO: NOÇÃO IMPRESCINDÍVEL PARA A CONSTRUÇÃO DE SENTIDO

Dentre os muitos traços que lhe são peculiares, o direito oferece o dado da linguagem como seu integrante constitutivo. A linguagem não só fala do objeto (Ciência do Direito), como participa de sua constituição (direito positivo). Se é verdade que não há fenômeno jurídico sem prescrições escritas ou não escritas, também é certo que não podemos cogitar de manifestação do direito sem uma linguagem, idiomática ou não, que lhe sirva de veículo de expressão.

Dessa maneira, o procedimento de quem se põe diante do direito com pretensões cognoscitivas há de ser orientado pela compreensão dos textos prescritivos. A partir do (i) contato com a literalidade textual, vale dizer, com o plano dos significantes ou com o chamado plano da expressão, ali onde estão as estruturas morfológicas e gramaticais, (ii) o intérprete constrói os conteúdos significativos e (iii) ordena-os na forma estrutural de normas jurídicas, (iv) articulando essas entidades para formar um domínio. Se retivermos a observação de que o direito carrega sempre esses quatro planos – o das formulações literais, o de suas significações enquanto enunciados prescritivos, o das normas jurídicas, como unidades de sentido obtidas mediante o grupamento de significações segundo determinado esquema formal (implicação), e, por fim, o sistema jurídico, como forma das formas (Husserl), construído a partir da organização vertical e horizontal das regras de direito positivo –, e se pensarmos que todo nosso empenho se dirige para construir essas normas a partir de um estrato de linguagem, não será difícil verificar a gama imensa de obstáculos encontrados no percurso gerativo de sentido ou, em termos mais simples, na trajetória da interpretação.

A missão do exegeta dos textos jurídico-positivos, ainda que possa parecer facilitada pela eventual coincidência da mensagem prescritiva com a sequência das fórmulas gráficas utilizadas pelo legislador (no direito escrito), oferece ingentes dificuldades, se a proposta for de exame mais sério e atilado. E, sendo o direito um objeto da cultura, invariavelmente penetrado por valores, teremos, de um lado, as estimativas, sempre cambiantes em função da ideologia de quem interpreta; de outro, os intrincados problemas que cercam a metalinguagem, também inçada de dúvidas sintáticas e de problemas de ordem semântica e pragmática.

A lei, vista de certo ângulo, representa o texto, na sua dimensão de veículo de prescrições jurídicas. Constituição, emenda constitucional, lei complementar, lei ordinária, medida provisória, resoluções, decretos, sentenças, acórdãos, contratos, manifestações unilaterais de vontade e atos administrativos, enquanto suportes materiais de linguagem prescritiva, pertencem à plataforma da expressão dos textos prescritivos e, como tais, são instrumentos introdutórios de normas jurídicas, constituindo a base empírica do conhecimento do direito posto.

Já a norma jurídica é juízo implicacional construído pelo intérprete em função da experiência no trato com esses suportes comunicacionais. Por isso, não há que confundir norma, como complexo de significações enunciativas, unificadas em forma lógica determinada (estrutura implicacional), com a expressão literal desses enunciados, ou mesmo os conteúdos de sentido que tais enunciados apresentem quando isoladamente considerados. O plano dos significantes (plano de expressão) é o veículo que manifesta, graficamente (no direito escrito), a mensagem expedida pelo autor. Na sua implexa totalidade, constitui o *sistema morfológico e gramatical do direito posto*, conjunto de frases prescritivas introduzidas por fatos jurídicos que a ordenação positiva para tanto credencia.

Com propósitos analíticos, entretanto, podemos isolar frase por frase, enunciado por enunciado, compondo um domínio de significações, antes de agrupar os conteúdos segundo fórmulas moleculares caracterizadas pelo conectivo implicacional. Nesse momento intermediário, estaremos diante daquilo que poderíamos chamar de *sistema de significações proposicionais*. Agora, num patamar mais elevado de elaboração, juntaremos significações, algumas no tópico de antecedente, outras no lugar sintático de consequente, tudo para constituir as entidades mínimas e irredutíveis (com o perdão do pleonasmo) de manifestação do deôntico, com sentido completo, uma vez que as frases prescritivas, insularmente tomadas, são também portadoras de sentido. Formaremos, desse modo, as unidades normativas, regras ou normas jurídicas que, articuladas em relações de coordenação e de subordinação, acabarão compondo a forma superior do *sistema normativo*.

Colho o ensejo para reiterar que todos os sistemas a que me referi são constitutivos do *texto*, entendida a palavra na sua mais ampla dimensão semântica. Nunca é demais insistir que as subdivisões em sistemas respondem a cortes metódicos que os objetivos da investigação analítica impõem ao espírito do pesquisador.

Com efeito, a norma jurídica é estrutura categorial construída, epistemologicamente, pelo intérprete, a partir das significações que a leitura do texto do direito positivo desperta em seu espírito. Por isso, quase sempre, não coincidem com os sentidos imediatos dos enunciados nos quais o legislador distribui a matéria no corpo físico da lei. Advém daí que, na maioria das vezes, a leitura de um único artigo será insuficiente para a compreensão da regra jurídica. E quando isso acontece, o exegeta se vê na contingência de consultar outros preceitos do mesmo diploma e, até, a sair dele, fazendo incursões pelo sistema.

Ter em mente essas noções sobre o sistema do direito positivo será imprescindível para o deslinde do problema objeto dos meus cuidados. Saber do local da prestação dos serviços de comunicação e, por conseguinte, do sujeito ativo do ICMS, no caso das atividades desenvolvidas por prestadores de serviços de TV por assinatura, exige que se compreenda a organização formal da totalidade do sistema prescritivo do direito, cuja estrutura faz-se por meio de relações de subordinação e de coordenação. Por isso mesmo, os incisos, alíneas e parágrafos do art. 11 da Lei Complementar n. 87/96 não podem ser considerados isoladamente: é preciso que tais disposições sejam interpretadas no contexto do sistema constitucional brasileiro e, ainda, tendo-se em conta que esse dispositivo legal veicula enunciados para disciplinar as particularidades de cada situação concreta, será necessário considerar as especificidades envolvidas nas circunstâncias fácticas sujeitas ao ICMS.

Insisto ao afirmar que a devida compreensão do objeto deste trabalho envolve tomada de posição firme e decisiva perante o ordenamento normativo brasileiro, em termos de vê-lo como um todo, na sua inteireza lógico-semântica, fugindo, por esse modo, de construções que se mantenham atreladas à literalidade do texto, presas ao suporte físico, e que poderiam provocar reações precipitadas do nosso espírito, levando-o a gerações de sentido forjadas em descompasso com a orientação da ordem em vigor. O contacto que o intérprete trava com o plano de expressão, lembremo-nos bem disso, é apenas o início do percurso gerativo de sentido, após o que deverá ele ingressar na dimensão dos conteúdos significativos dos enunciados, para, ulteriormente, articular significações, compondo as normas jurídicas, consideradas aqui como o mínimo formal indispensável para que a mensagem deôntica se apresente na sua integralidade significativa.

3. O PRINCÍPIO DA HIERARQUIA COMO AUTÊNTICO AXIOMA DOS SISTEMAS NORMATIVOS

Chega a ser contra-sentido falar em sistemas de normas sem organização hierárquica. Se o valor integra a própria raiz do dever-ser e se um de seus predicados sintáticos é a gradação dos preceitos em escala de hierarquia, o deôntico vem, desde logo, marcado pela presença indispensável dessa cadeia de vínculos de subordinação. E o critério de pertinência de uma norma a dado sistema reside na contingência de que as múltiplas unidades busquem seu fundamento de validade em outras que lhes sejam superiores. Essa linha de relacionamento vertical corta todo o conjunto, delineando o percurso das regras terminais, que se aproximam das condutas mesmas reguladas pelo direito, até chegar às normas de superior importância, situadas no patamar da Constituição, e prosseguindo, numa derradeira associação, para encontrar a norma hipotética fundamental, pressuposto gnosiológico do conhecimento jurídico, como imaginou Kelsen. Nesse trajeto, contado de preceito a preceito, configura-se a unidade da ordem jurídica, pois todas as mensagens prescritivas hão de convergir para um único ponto. Unidade que pode conviver tanto com a unicidade como com a pluricidade. O sistema brasileiro é uno e único, isto é, tem unidade e unicidade.

É preciso enfatizar que a quebra de qualquer elo nas relações de subordinação entre as regras do sistema rompe a sequência da causalidade jurídica, abrindo brechas que comprometem o funcionamento do conjunto, inibindo-lhe a eficácia.

Ora, se assim é, a hierarquia assume proporções decisivas para a operacionalidade da ordem jurídica total, motivo pelo que atua como fator de conexão entre as várias entidades do sistema.

Para além disso, a acomodação de cada norma nos diversos patamares do direito posto é uma função da hierarquia da fonte que a produziu. Se a prescrição adveio de emenda ao Texto Supremo, alojar-se-á no mais alto escalão hierárquico. Agora, se foi introduzida por decreto do Presidente da República, ficará acima das instruções ministeriais, porém abaixo das leis ordinárias. Eis o laço de subordinação traçando a verticalidade do ordenamento e oferecendo critério seguro para a arrumação sintática das muitas unidades do sistema. A pergunta que se faz, quando da análise de uma proposição prescritiva qualquer, é sempre esta: qual o veículo que a introduziu na ordem positiva? Apenas depois de resolvido esse problema de natureza formal e conhecida a posição da norma no contexto geral, é que passamos a considerar seus aspectos lógico-semânticos, tendo em vista a construção de sentido que chamamos de tarefa interpretativa. A interpretação da regra de direito passa a ser um *posterius* com relação a esse esforço inicial de identificação do nível que a norma ocupa nos diversos setores hierárquicos do conjunto.

Creio não ser preciso dizer mais nada sobre a transcendente importância da hierarquia para o direito, que se move sempre para preservá-la, uma vez que seu desaparecimento mexe com a consistência interna, provocando equiparação inaceitável entre seus componentes, o que torna impossível a decisão a propósito de saber que norma deva prevalecer entre duas que apresentem o mesmo conteúdo, mas sejam expedidas com os modais deônticos opostamente invertidos. Por exemplo, entre a sentença do magistrado e o acórdão do tribunal, toda vez que as mensagens sejam contrárias ou contraditórias.

A hierarquia, enfim, é valor caríssimo ao direito que, sem ela, não sobrevive. Por isso mesmo são punidas, severamente, as iniciativas dos que a ignorem. Vale repisar que inexiste unidade normativa, no sistema, sem ocupar um dos muitos tópicos na complexa arquitetura sintática da ordem posta. Daí porque a observância da gradação hierárquica venha a ser pressuposto do funcionamento do sistema, como é condição também indeclinável da própria atividade cognoscente das mensagens prescritivas. Se não houver referência ao diploma introdutor, que qualifica o padrão de juridicidade das normas por ele introduzidas, como reconhecer um dispositivo constitucional? De que modo outorgar a importância, muitas vezes de cunho nacional, que a lei complementar merece? De ver está que a hierarquia, tomada como condição cognoscitiva, torna-se igualmente condição de aplicação do direito vigente, o que nos força identificar nela a força propulsora da operatividade da ordem jurídico-prescritiva.

Refletindo sobre tais aspectos, vejo na hierarquia não apenas um princípio ou mesmo um sobreprincípio, mas verdadeiro axioma do sistema normativo. E é exatamente por esse prisma que tomo a desconsideração dos liames de subordinação hierárquica como o mais grave atentado que pode sofrer uma ordem jurídico-positiva, residindo na instituição das nulidades e das anulabilidades, as providências imediatas com que o direito responde a essa violação de seu postulado fundamental.

Diante do exposto, necessário se faz ter sempre em mente que o texto da Constituição é o espaço, por excelência, das linhas gerais que informam a organização do Estado. Nele são traçadas as características dominantes das várias instituições que a legislação comum posteriormente desenvolverá, como é o caso da competência legislativa tributária.

A Constituição da República, na qualidade de Diploma de hierarquia máxima, delimita a atuação do legislador tributário: ao legislador infraconstitucional cabe a função de instituir e regular a exigência de tributos nos exatos termos constitucionalmente prescritos.

4. A REPARTIÇÃO CONSTITUCIONAL DAS COMPETÊNCIAS TRIBUTÁRIAS COMO DELIMITADORA DO CAMPO DE ATUAÇÃO DE CADA PESSOA POLÍTICA

Vemos a ordem jurídica brasileira como sistema de normas, concebido pelo homem para motivar e alterar a conduta no seio da sociedade. As normas jurídicas formam um sistema, na medida em que se relacionam de várias maneiras, segundo um princípio unificador. Esse sistema apresenta-se composto por subsistemas entrecruzados em múltiplas direções, mas que se afunilam na busca do fundamento último de validade semântica, ou seja, a Constituição. Esta, por sua vez, constitui também um subsistema, o mais importante, que paira, sobranceiro, sobre todos os demais, em virtude de sua privilegiada posição hierárquica, ocupando o tópico superior do ordenamento e hospedando as diretrizes substanciais que regem a totalidade da ordem jurídica nacional.

A ordem jurídica apresenta normas dispostas numa estrutura hierarquizada, regida pela fundamentação ou derivação, a qual se opera tanto no aspecto material quanto no formal ou processual, o que lhe imprime possibilidade dinâmica, regulando, ela própria, sua criação e seus modos de transformação. Examinando o sistema de baixo para cima, cada unidade normativa encontra-se fundada, material e formalmente, em normas superiores. Invertendo-se o prisma de observação, verifica-se que das regras superiores derivam, material e formalmente, regras de menor hierarquia. E a Carta Magna exerce esse papel fundamental na dinâmica do sistema.

Entre os assuntos versados no Texto Maior está o da competência legislativa tributária. Trata-se de especificação da competência legislativa, posta como aptidão de que são dotadas aquelas pessoas para expedir regras jurídicas, inovando o ordenamento positivo e que se opera pela observância de uma série de atos, cujo conjunto caracteriza o procedimento legislativo. Nesse sentido, a competência tributária apresenta-se como uma das parcelas entre as prerrogativas legiferantes das quais são portadoras as pessoas políticas, consubstanciada na faculdade de legislar para a produção de normas jurídicas sobre tributos. Trata-se de tema eminentemente constitucional, carecendo de sentido sua reabertura por leis ordinárias ou complementares e, muito menos, por veículos infralegais.

Uma vez cristalizada a limitação do poder legiferante, pelo seu legítimo agente (o constituinte), a matéria se dá por pronta e acabada, estando o legislador infraconstitucional obrigado a trilhar o caminho seguro e pormenorizado pela Constituição da República.

Por fim, convém assinalar que ao falar-se em "atribuição de competência", estão envolvidas não apenas autorizações, mas também limitações, sendo vedado à pessoa competente ultrapassar as fronteiras de sua atuação, demarcadas na Carta Suprema. Como já se manifestava Geraldo Ataliba[66], "*o sistema constitucional brasileiro é o mais rígido de quantos se conhece, além de complexo e extenso. Em matéria tributária tudo foi feito pelo constituinte, que afeiçoou integralmente o sistema, entregando-o pronto e acabado ao legislador ordinário, a quem cabe somente obedecê-lo, em nada podendo contribuir para plasmá-lo*". Temos no Brasil, portanto, minuciosa discriminação das competências tributárias, em que é relacionado, de forma pormenorizada, o campo tributável atribuído a cada ente político, não

66. *Sistema constitucional tributário brasileiro*, São Paulo: Revista dos Tribunais, 1968, p. 21.

podendo dele distanciar-se o exercício legislativo de qualquer das pessoas jurídicas de direito público.

5. ATRIBUIÇÕES E LIMITES DAS "NORMAS GERAIS DE DIREITO TRIBUTÁRIO"

A despeito de complexo, nosso ordenamento tributário tem sua racionalidade, de tal sorte que os destinatários, se desejarem, não ficarão perdidos, entregues à prática de construções de sentido desenvolvidas livremente, cada qual emitindo interpretações talhadas por seu exclusivo modo de compreensão e orientadas por sua particular ideologia. O direito posto fixa valores, impõe direcionamento à regulação das condutas, empregando sempre os modais deônticos obrigatório (Op), proibido (Vp) e permitido (Pp), mas sofreando os arroubos intelectivos do receptor das mensagens, mediante vetores expressos ou implícitos, aptos para condicionarem o raciocínio exegético e conterem a progressão de estimativas individuais dentro de padrões axiológicos garantidores de uniformidade, harmonia e unidade no grande *factum* comunicativo que é o direito.

O delicado relacionamento entre a União, os Estados-membros, os Municípios e o Distrito Federal, pessoas políticas portadoras de autonomia, dá-se pela distribuição rígida das competências impositivas, estabelecidas em faixas exclusivas, pela técnica tabular, vale dizer, enumerando-se imposto por imposto, com suas especificidades. Por sua vez, para as demais espécies tributárias, também há parâmetros seguros que eliminam, quase por completo, a possibilidade de entrechoques jurídicos de pretensão tributante.

Não obstante essa minuciosa distribuição das competências tributárias entre as pessoas políticas, há campos da incidência que ensejam dúvidas sobre o ente constitucionalmente autorizado a exigir tributos com relação a determinados fatos, em razão, como bem anota Sacha Calmon Navarro Coêlho[67], da "*insuficiência intelectiva dos relatos constitucionais pelas pessoas políticas destinatárias das regras de competência, relativamente aos fatos geradores de seus tributos*". Por esse motivo, preocupado em manter o esquema federativo e a autonomia dos Municípios, o constituinte atribuiu à lei complementar, com sua natureza ontológico-formal, a incumbência de servir de veículo introdutor de normas destinadas a prevenir conflitos e, consequentemente, invasões de competência (art. 146, I, da Carta Magna).

A legislação complementar cumpre assim, em termos tributários, relevante papel de mecanismo de ajuste, calibrando a produção legislativa ordinária em sintonia com os mandamentos supremos da Constituição da República.

O conteúdo de tais considerações força-nos a concluir que, se atinarmos à significação axiológica dos grandes princípios constitucionais; se observarmos os limites objetivos que a Constituição estabelece; e se nos ativermos ao dinamismo da legislação complementar, exercitando as funções que lhe são próprias, poderemos compreender, apropriadamente, os comandos tributários, atribuindo-lhes o conteúdo, sentido e alcance que a racionalidade do sistema impõe. Tudo, entretanto, no pressuposto de que se observe, com o máximo rigor, com toda a radicalização e com inexcedível intransigência, o axioma fundamental da hierarquia, juntamente com o princípio da reserva legal, considerado como aquele segundo o qual os conteúdos deônticos devem ser introduzidos no ordenamento jurídico mediante o veículo normativo eleito pela regra competencial. Sem observação a tais peculiaridades, o sistema se dissolve, transformando-se num amontoado de proposições prescritivas, sem organização sintática e sem critério que nos possa orientar para estabelecer a multipli-

67. *Comentários à Constituição de 1988:* Sistema Tributário, Rio de Janeiro: Forense, 1990, p. 124.

cidade intensiva e extensiva das normas jurídicas, nos vários patamares do direito posto.

Posso resumir, para dizer que o constituinte elegeu a legislação complementar como o veículo apto para regular, de forma cuidadosa, as várias outorgas de competência atribuídas às pessoas políticas, compatibilizando os interesses locais, regionais e federais, debaixo de disciplina unitária, verdadeiro corpo de regras de âmbito nacional, sempre que os elevados valores, plasmados no Texto Supremo, estiverem em jogo. A regra é a franca utilização das competências constitucionais pelas entidades políticas portadoras de autonomia. Quando, porém, qualquer daquelas diretrizes da Lei Maior estiver na iminência de ser violada, pelo exercício regular da atividade legiferante das pessoas políticas, podendo configurar-se conflito jurídico no campo das produções normativas, ingressa a lei complementar, colocando no ordenamento "normas gerais de direito tributário", para atuar na elucidação dos âmbitos competenciais tributários, regendo matérias que, a juízo do constituinte, parecem suscitar maior vigilância, merecendo, portanto, cuidados especiais.

No que diz respeito ao Imposto sobre Operações Relativas à Circulação de Mercadorias e sobre Prestações de Serviços de Transporte Interestadual e Intermunicipal e de Comunicação (ICMS), o constituinte conferiu à lei complementar as seguintes atribuições (art. 155, § 2º, XII):

> a) definir seus contribuintes;
>
> b) dispor sobre substituição tributária;
>
> c) disciplinar o regime de compensação do imposto;
>
> d) **fixar, para efeito de sua cobrança e definição do estabelecimento responsável, o local das operações relativas à circulação de mercadorias e das prestações de serviços**;
>
> e) excluir da incidência do imposto, nas exportações para o exterior, serviços e outros produtos além dos mencionados no inciso X, *a*;

> f) prever casos de manutenção de crédito, relativamente à remessa para outro Estado e exportação para o exterior, de serviços e de mercadorias;
>
> g) regular a forma como, mediante deliberação dos Estados e do Distrito Federal, isenções, incentivos e benefícios fiscais serão concedidos e revogados;
>
> h) definir os combustíveis e lubrificantes sobre os quais o imposto incidirá uma única vez, qualquer que seja a sua finalidade, hipótese em que não se aplicará o disposto no inciso X, *b*;
>
> i) fixar a base de cálculo, de modo que o montante do imposto a integre, também na importação do exterior de bem, mercadoria ou serviço. (Destaquei).

Apesar da extensa lista de tarefas reservadas à lei complementar, estas hão de ser consideradas no contexto constitucional. Não podemos esquecer que a lei complementar configura mecanismo de ajuste que assegura o funcionamento do sistema, prevenindo conflitos de competência. Logo, ao dispor sobre quaisquer dos assuntos a que se refere o art. 146 da Constituição, e, mais especificamente, o art. 155, § 2º, XII, desse Diploma Normativo, o legislador infraconstitucional deve ater-se a elucidar e reforçar os comandos veiculados pelo constituinte. É-lhe terminantemente vedado extrapolar tal função, inovando e prescrevendo condutas diversas daquelas referidas pelo Texto Magno.

Essa ordem de esclarecimentos assume relevância não apenas perante a atividade do legislador, mas também do intérprete: limita a atuação do primeiro e orienta a do segundo. Por isso, o exame de qualquer texto de lei complementar em matéria tributária há de ser efetuado de acordo com as regras constitucionais de competência. É o que ocorre com a Lei Complementar n. 87/96, cujos termos só podem ser compreendidos se considerada a totalidade sistemática do ordenamento, respeitando-se os limites impostos pela Constituição à disciplina do ICMS.

6. REGRA-MATRIZ DE INCIDÊNCIA TRIBUTÁRIA

Tenho utilizado "norma jurídica", em acepção estrita, como a expressão mínima e irredutível de manifestação do deôntico, com sentido completo. Isso porque os comandos jurídicos, para serem compreendidos no contexto de uma comunicação bem sucedida, devem revestir um *quantum* de estrutura formal. Certamente ninguém entenderia uma ordem, em todo seu alcance, apenas com a indicação, por exemplo, da conduta desejada: "pague a quantia de x reais". Adviriam, desde logo, algumas perguntas e, no segmento das respectivas respostas, chegaríamos à fórmula que tem o condão de oferecer o sentido completo da mensagem, isto é, a identificação da pessoa titular do direito, do sujeito obrigado e, ainda, como, quando, onde e por que deve fazê-lo. Somente então estaríamos diante daquela unidade de sentido que as prescrições jurídicas necessitam para ser cumpridas. Em simbolismo lógico represento por D[F→(S'RS")], que interpreto: *deve ser que, dado o fato F, então se instale a relação jurídica R, entre os sujeitos S' e S"*.

Diante do princípio da homogeneidade sintática das regras do direito positivo, não pode ser outra a conclusão senão aquela segundo a qual as normas jurídicas tributárias ostentam a mesma estrutura formal de todas as entidades do conjunto, diferenciando-se apenas nas instâncias semântica e pragmática. Caracterizam-se por incidir em determinada região do social, marcada por acontecimentos economicamente apreciáveis que são atrelados a condutas obrigatórias da parte dos administrados, e que consistem em prestações pecuniárias em favor do Estado-Administração. Todavia, se o esquema lógico ou sintático permanece estável em toda a extensão do sistema, outro tanto não ocorre no plano semântico.

Convém assinalar que, no domínio das chamadas "normas tributárias", nem todas as unidades dizem, propriamente, com o fenômeno da percussão impositiva. Várias estipulam diretrizes gerais ou fixam providências administrativas para imprimir operatividade a tal pretensão. São poucas, individualizadas e especialíssimas as definidoras da incidência tributária, conotando eventos de possível ocorrência e prescrevendo os elementos da obrigação de pagar. Para uma aproximação mais breve, como expediente didático, pode até afirmar-se que existe somente uma para cada figura tributária, acompanhada por numerosas regras de caráter funcional. É firmado nessa base empírica que passo a designar "norma tributária em sentido estrito" àquela que assinala o núcleo do impacto jurídico da exação. E esta, exatamente por instituir o âmbito de incidência do tributo, é também denominada "norma-padrão" ou "regra-matriz de incidência tributária".

A construção da regra-matriz de incidência, assim como de qualquer norma jurídica, é obra do intérprete, a partir dos estímulos sensoriais do texto legislado. Sua hipótese prevê fato de conteúdo econômico, enquanto o consequente estatui vínculo obrigacional entre o Estado, ou quem lhe faça as vezes, na condição de sujeito ativo, e uma pessoa física ou jurídica, particular ou pública, como sujeito passivo, de tal sorte que o primeiro ficará investido do direito subjetivo público de exigir, do segundo, o pagamento de determinada quantia em dinheiro. Em contrapartida, o sujeito passivo será cometido do dever jurídico de prestar aquele objeto.

Essa meditação nos autoriza a declarar que, para obter a fórmula abstrata da regra-matriz de incidência, é mister (i) isolar as proposições em si, como formas de estruturas sintáticas; (ii) suspender o vector semântico da norma para as situações objetivas, constituídas por eventos do mundo e por condutas; (iii) bem como desconsiderar os atos psicológicos de querer e de pensar a norma. Efetuadas as devidas abstrações lógicas, identificaremos, no descritor da regra, um critério material (comportamento de uma pessoa, representado por verbo pessoal e de predicação incompleta, seguido pelo complemento), condicionado no tempo (critério temporal) e no espaço (critério espacial). Já na consequência, observaremos um critério pessoal (sujeito ativo e sujeito passivo) e um critério quantitativo (base de cálculo e alíquota). A conjunção desses dados referenciais nos oferece a possibilidade de exibir, na sua plenitude, o núcleo lógico estrutural da proposição normativa:

$$D\{[Cm(v.c).Ce.Ct]\rightarrow[Cp(Sa.Sp).Cq(bc.al)]\}$$

Explicando os símbolos dessa linguagem formal, teremos: "D" é o dever-ser neutro, interproposicional, que outorgando validade à norma jurídica, incide sobre o conectivo implicacional para juridicizar o vínculo entre a hipótese e a consequência. "[Cm(v.c).Ce.Ct]" é a hipótese normativa, em que "Cm" é o critério material da hipótese, núcleo da descrição fáctica; "v" é o verbo, sempre pessoal e de predicação incompleta; "c" é o complemento do verbo; "Ce" é o critério espacial; "Ct" o critério temporal; e "." é o conectivo conjuntor; "" é o símbolo do conectivo condicional, interproposicional; e "[Cp(Sa.Sp).Cq(bc.al)]" é o consequente normativo, onde "Cp" é o critério pessoal; "Sa" é o sujeito ativo da obrigação; "Sp" é o sujeito passivo; "bc" é a base de cálculo; e "al" é a alíquota.

7. O ÂMBITO DE INCIDÊNCIA DO ICMS RELATIVO AOS SERVIÇOS DE COMUNICAÇÃO, CONSOANTE A PREVISÃO CONSTITUCIONAL

Nos termos do art. 155, II, da Carta Magna, compete aos Estados e ao Distrito Federal instituir impostos sobre "*operações relativas à circulação de mercadorias e sobre prestações de serviços de transporte interestadual e intermunicipal e de comunicação, ainda que as operações e as prestações se iniciem no exterior*". Dentro da materialidade do referido imposto, conhecido por ICMS, inclui-se a prestação de serviço de comunicação. É nessa parcela da competência impositiva do Estado que focalizarei a atenção, tendo em vista demarcar o domínio de sua abrangência.

Torna-se imperioso, para tanto, análise atilada do significado da expressão "*prestação de serviço de comunicação*", de que fez uso o constituinte. Apenas por esse meio será possível identificar, com exatidão, os fatos sujeitos à incidência do imposto de que tratamos. Além disso, ao determinar o critério material do ICMS-comunicação teremos condições de precisar o local em que o fato jurídico tributário se concretiza (critério espacial), e, por conseguinte, o sujeito habilitado para sua cobrança (critério pessoal ativo), e correspondente base de cálculo.

Tenho mencionado que o processo comunicativo, segundo teóricos das comunicações e linguistas, consiste na transmissão de informação codificada, de uma pessoa para outra. O esquema da comunicação supõe, portanto, a transmissão de mensagem, por meio de um canal, entre emissor e receptor, que possuem em comum, ao menos parcialmente, o repertório necessário para a decodificação da mensagem. Eis o conteúdo semântico cientificamente atribuído ao vocábulo "comunicação".

Coisa distinta, porém, é a "prestação de serviços de comunicação". O vínculo comunicacional instaura-se sempre que houver dois ou mais sujeitos em contingência de interação. Mas, o liame prestacional de serviço de comunicação impõe a presença de requisitos adicionais: prestar "serviço de comunicação" exige que se verifiquem, simultaneamente, os elementos configuradores de duas manifestações de sentido, pois se situa no ponto de intersecção entre os âmbitos definidos por "comunicação" e por "prestação de serviços".

"Prestação de serviço", define Aires Barreto[68], é o "*esforço de pessoas desenvolvido em favor de outrem, com conteúdo econômico, sob regime de direito privado, em caráter negocial, tendente a produzir uma utilidade material ou imaterial*". Configura-se,

68. Imposto sobre serviço de qualquer natureza, *RDT*, vol. 29/30, p. 188.

em outras palavras, no exercício, por alguém (prestador), de atividade que tem por escopo produzir benefício relativamente a outra pessoa (tomador), a qual remunera o prestador (preço do serviço).

Desde logo se vê, na definição de "prestação de serviço" oferecida pelo mencionado jurista, o caráter de necessidade absoluta da coexistência dos três elementos que a compõem, quais sejam: o *prestador*, o *tomador* e o *preço do serviço*. Ao mesmo tempo, recordando as categorias do processo comunicacional, observamos a presença de um emissor, de um canal ou transmissor, de u'a mensagem, de um código comum ao emissor e ao receptor, e de um destinatário.

Considera-se "prestação de serviço de comunicação" o realizar-se o fato comunicacional por pessoa diversa do emissor, a qual transmite ao receptor a mensagem de titularidade alheia (do emissor), mediante pagamento de remuneração. Imprescindível para tal espécie de prestação de serviço não apenas duas pessoas (tomador e prestador), mas, no mínimo, três sujeitos de direito, ocupando posições diferentes no processo comunicacional: um emissor, titular da informação a ser transmitida, chamado "tomador do serviço"; um canal pertencente ao transmissor da mensagem, denominado "prestador do serviço"; e um receptor, destinatário da informação.

Convém deixar bem claro que o receptor não integra a prestação do serviço, sendo sua presença necessária apenas para que se efetive a comunicação. Os participantes do liame comunicativo (emissor e receptor) não prestam serviço de comunicação um para o outro, nem para terceiros. Ambos apenas se comunicam. Presta serviço de comunicação tão só a pessoa que proporciona e mantém em funcionamento os meios físicos necessários à concretização do vínculo comunicacional (ex.: terminais, centrais, linhas de transmissão, satélites etc.), efetivando a transmissão da mensagem entre terceiros. Assim, se alguém, por seus próprios meios, transmite informações a outrem, esse alguém não presta serviço, mas tão somente se comunica.

Do que foi dito infere-se que a comunicação pode ocorrer de dois modos: (1) de forma pessoal, havendo transmissão de mensagem própria; e (2) com intermediação, em que há transmissão da mensagem de terceiros. Apenas na segunda hipótese incide o ICMS, pois como ninguém presta serviço a si mesmo, somente se o canal transmissor configurar pessoa diversa do emissor é que teremos a prestação de serviço de comunicação. Enquanto na comunicação a mensagem é recebida diretamente do emissor, na prestação de serviço de comunicação a mensagem, de propriedade do emissor, é transmitida por um indivíduo diverso (prestador de serviços).

Sintetizando: no processo comunicativo, quem efetua a transmissão da mensagem é o próprio emissor; na prestação de serviço de comunicação, o emissor contrata alguém (prestador do serviço) para que este transmita sua mensagem.

8. CARACTERÍSTICAS E COMPETÊNCIAS DAS AGÊNCIAS REGULADORAS NO DIREITO BRASILEIRO

Diante da reorganização da Administração Pública brasileira, processada por uma verdadeira revolução na outorga e fiscalização de serviços públicos, surgiu a necessidade de serem criadas agências reguladoras. Trata-se de dever constitucional ao qual o Estado Brasileiro está submetido, por força dos arts. 170 e 174 da Carta Magna, bem como dos primados da supremacia do interesse público ao do particular e da indisponibilidade dos interesses públicos, diretrizes implícitas que exaltam a superioridade do bem-estar coletivo. Referidas agências são autarquias especiais, caracterizadas por sua especificidade decorrente da finalidade a que almejam. Apresentam, também, os caracteres da independência administrativa, autonomia financeira, ausência de subordinação hierárquica, bem como mandato fixo e estabilidade de seus dirigentes.

Como autarquia especial, redesenhada à luz de novo modelo de intervenção estatal, as agências reguladoras têm características que lhes são próprias e intransmissíveis. Uma de relevante importância é a especialidade, por tratar-se de organismo técnico, não político, que recebe competência para dispor sobre determinados assuntos e executar sua fiscalização com autonomia. Outro caráter peculiar diz respeito à relação jurídica instaurada com sua criação, onde se verifica a presença constante de três agentes fundamentais: (i) o produtor da utilidade pública, objeto da regulação; (ii) o seu consumidor, cujo interesse se visa a proteger; e (iii) o Poder Público, representado pelas agências reguladoras, exercendo função regulatória e criando relação de mútuo interesse que deve ser guiada pelos princípios de Direito Público.

Quanto à espécie de atividade econômica sujeita ao seu regramento e fiscalização, pode ser serviço privativo do poder público ou não. Exemplos de serviços públicos submetidos à disciplina e controle de agências reguladoras são os serviços de energia elétrica e de telecomunicações, disciplinados, respectivamente, pela Agência Nacional de Energia Elétrica – ANEEL, criada pela Lei n. 9.427, de 26/12/96, e pela Agência Nacional de Telecomunicações – ANATEL, criada pela Lei n. 9.472, de 16/07/97. Algumas atividades, porém, são exercitáveis pelo particular em decorrência de contrato com o Estado, como é o caso da exploração da indústria do petróleo, cuja regulação e controle competem à Agência Nacional do Petróleo – ANP, criada pela Lei n. 9.478, de 06/08/97. Outras são atividades que o Estado também protagoniza (e quando o fizer serão serviços públicos), mas que, paralelamente, são facultadas aos particulares. É o que ocorre com os serviços de saúde, que os particulares desempenham no exercício da livre iniciativa, sob disciplina e fiscalização da Agência Nacional de Vigilância Sanitária – ANVS, criada pela Lei n. 9.782, de 26/01/99 (hoje denominada ANVISA, por força da Medida Provisória n. 2.134-25, de 28/12/2000), e da Agência Nacional de Saúde – ANS, criada pela Lei n. 9.961, de 28/01/2000. Finalmente, há, ainda, as agências reguladoras do uso de bem público, como sucede com a Agência Nacional de Águas, criada pela Lei n. 9.984, de 17/07/2000.

São "agências reguladoras", todas elas, porque exercem a função de regular e fiscalizar os assuntos atinentes a suas esferas de atuação.

Surge, então, o problema de saber o que e até onde as agências reguladoras podem regular algo sem, com isto, invadir competência legislativa. A resposta, porém, não é difícil. Lembra Celso Antônio Bandeira de Mello[69] que

> [...] dado o princípio constitucional da legalidade, e consequente vedação a que atos inferiores inovem inicialmente na ordem jurídica, resulta claro que as determinações normativas advindas de tais entidades hão de se cifrar a **aspectos estritamente técnicos**, que estes, sim, podem, na forma da lei, provir de providências subalternas.

A competência do poder regulador das agências advém dos termos previstos na Constituição da República, por meio dos princípios e dos preceitos fundamentais, e na própria lei de criação de cada uma das agências, que estabelece seu âmbito de competência. Sua função é, portanto, guiada e limitada pelos dispositivos constitucionais e legais, estando sempre voltada à emissão de comandos normativos sobre concorrência, qualidade e universalidade dos serviços objeto de sua regulação, sem danos ao bem comum. É o Estado Regulador atuando no controle da atividade considerada de interesse público e prestada diretamente pela iniciativa privada. Para Lúcia Valle

69. *Curso de direito administrativo*, 13ª ed., São Paulo: Malheiros, 2001, p. 134 (destaquei).

Figueiredo[70], interesse público *"pode ser definido como o bem jurídico de interesse coletivo"*, ou seja, *"aquele a que a Constituição e a lei deram tratamento especial"*. Nessas definições enquadra-se o conceito de "serviços de comunicação", motivo pelo qual esses serviços, mesmo quando prestados no âmbito privado, subordinam-se ao poder regulador do Estado, exercido mediante órgãos criados para essa específica finalidade.

Cabe a esse órgão, por conseguinte, dispor sobre aspectos técnicos dos serviços de comunicação, estabelecendo, por exemplo, os elementos caracterizadores dos serviços não medidos.

8.1. A espécie de atividade desempenhada pelas empresas de TV por assinatura: serviço não medido

Pelo exposto, na conformidade do estatuído no art. 155, II, da Constituição da República, não basta a simples "comunicação" para que incida validamente a regra-matriz do ICMS-comunicação. A percussão do tributo somente será válida se, e somente se, ocorrer, no plano da realidade sensível, a *"prestação de serviço de comunicação"*.

Não faria senso admitir, mesmo porque inexistente previsão constitucional, a incidência do tributo em tela sobre a locução "realizar comunicação". Refletindo sobre o assunto, e partindo da premissa de que não há fato social sem comunicação – visto ser impossível travar contato sem comunicar-se – teríamos, numa proposta de redução ao absurdo, de aceitar o ICMS-comunicação percutindo sobre toda a gama de fatos sociais, eventos que, por si só, na multiplicidade infinita de suas formas, apenas em poucas circunstâncias denotariam capacidade contributiva, motivo pelo qual, sustentar a incidência do

70. *Curso de direito administrativo*, 4ª ed., São Paulo: Malheiros, 2000, p. 168.

imposto sobre a pura e simples comunicação, representa inusitada impropriedade.

Sobre tais fundamentos, posso afirmar que a incidência do ICMS-comunicação dar-se-á apenas quando ocorrer uma atividade em que, por força de remuneração, um indivíduo (A) forneça condições materiais a outro (B) a fim de que este se comunique com outra pessoa (C), agindo como transmissor da mensagem na relação comunicacional. Imprescindível a existência de prestador de serviço que efetivamente realize a comunicação entre emissor e receptor.

O prestador do serviço de comunicação atua como canal, de modo que, mediante certa remuneração, possibilita a troca de mensagens entre terceiros. Na relação jurídica prestacional que dá suporte à comunicação, porém, pode estipular-se contraprestação pecuniária (i) a ser determinada posteriormente, sendo variável conforme a quantidade de utilização do serviço, ou (ii) dar-se mediante valores fixos. Fala-se, assim, em *serviços medidos* (no primeiro caso) e *serviços não medidos* (na segunda hipótese).

Com o escopo de elucidar dúvidas a respeito de termos técnicos relativos a atividades de telecomunicação, a ANATEL formulou glossário, nele consignando a seguinte definição do conceito de "serviço medido": *"serviço de telefonia cuja tarifa é fixada em função da zona ou do tempo de ocupação dos circuitos e do número de ligações efetuadas pelo usuário do serviço"*. Trata-se de modalidade de serviço comunicacional em que a remuneração do prestador varia conforme a quantidade de mensagens transmitidas (*v.g.* pulsos ou minutos de ligação telefônica). Nesse caso, os prestadores exercem sua atividade como canal comunicativo e medem sua intensidade para, depois, calcular o valor devido pelo usuário (tomador do serviço).

Posto isso, não é difícil inferir a definição do conceito de "serviço não medido": sendo classe complementar à primeira, consiste na *prestação de serviço comunicacional em que a remuneração do prestador independe do volume de mensagens transmitidas*; nesse caso, a contraprestação é previamente fixada com o tomador do serviço, sendo determinada conforme o lapso temporal estabelecido, não variando com a maior ou menor intensidade do tráfego das informações.

Tendo-lhe sido conferida a competência para dispor sobre aspectos técnicos dos serviços de comunicação, e instada a manifestar-se sobre a modalidade de serviço exercido por determinada empresa de TV por assinatura, a ANATEL, por meio do Superintendente de Serviços de Comunicação de Massa, emitiu o Ofício n. 26/2010/CMROR/SCM-ANATEL, concluindo:

> [...] 8. Em se tratando de serviços de televisão por assinatura, de fato, o modelo de comercialização adotado [...pelas...] operadoras de TV por assinatura não contempla o pagamento por tempo de utilização de cada canal integrante de um pacote ou por programa exibido individualmente nesses canais. Não se paga por programa assistido, mas por um pacote com programações diversas que são cobradas independentemente do usuário usufruir ou não delas.
>
> [...]
>
> 10. Isto posto, e muito embora não exista um conceito formal no glossário da ANATEL do que seja um "serviço não medido", **o que pode-se afirmar é que os serviços de televisão por assinatura não podem, nos termos da definição de "medição", ser contabilizados com termos absolutos e, portanto, medidos**. (Destaquei).

Efetuadas as devidas distinções entre "serviço medido" e "serviço não medido", salta aos olhos o enquadramento da atividade de TV por assinatura nessa segunda espécie (serviço não medido). Sua contratação é feita considerando certos "pacotes de canais" (também denominados "grades de canais"), sendo que o usuário fica obrigado ao pagamento de mensalidade de antemão pactuada, independentemente de ele, em maneira efetiva, assistir ou não aos programas disponíveis.

9. BASE DE CÁLCULO DO ICMS-COMUNICAÇÃO

A construção da regra-matriz de incidência, assim como de qualquer norma jurídica, é obra do intérprete, a partir dos estímulos sensoriais do texto legislado. Sua hipótese prevê fato susceptível de avaliação pecuniária, enquanto o consequente estatui vínculo obrigacional entre o Estado, ou quem lhe faça as vezes, na condição de sujeito ativo, e uma pessoa física ou jurídica, particular ou pública, como sujeito passivo, de tal sorte que o primeiro ficará investido do direito subjetivo público de exigir, do segundo, o pagamento de determinada quantia em dinheiro. Em contrapartida, o sujeito passivo será cometido do dever jurídico de prestar aquele objeto.

Considerações dessa ordem revelam que, para a precisa identificação do fato sobre o qual incide o tributo, interessa não apenas o isolamento dos termos da hipótese tributária, mas também, e principalmente, os elementos do critério quantitativo. Isso porque, enquanto o primeiro contém o núcleo da hipótese de incidência, composto por verbo e complemento, descrevendo abstratamente atuação estatal ou fato do particular e suas condições espaço-temporais, o segundo, no âmbito da base de cálculo, mensura a intensidade daquela conduta praticada pela Administração ou pelo contribuinte, conforme o caso. Nesses critérios é que se encontra o feixe de preceitos demarcadores dos chamados "traços da enunciação", ou seja, o conjunto dos elementos que o editor da norma julgou relevantes para produzir o acontecimento tributado.

Percebe-se com evidência, pelo que foi exposto, a inaptidão da hipótese para, sozinha, dizer qualquer coisa definitiva sobre a estrutura intrínseca do evento a ser colhido pela incidência. Para identificarmos os verdadeiros contornos do fato tributável, necessário se faz consultar a base de cálculo. Essa é a grandeza instituída no consequente da regra-matriz de incidência tributária, e que se destina, primordialmente, a dimensionar a intensidade do comportamento inserto no núcleo do fato jurídico, mensurando-o para efeitos de tributação.

A tipologia tributária é obtida pela análise do binômio "hipótese de incidência e base de cálculo". Esse princípio de dualidade compositiva consta da Carta Magna, consistindo, pois, em diretriz constitucional, firmada no momento em que o legislador realizava o trabalho delicado de traçar a rígida discriminação de competências tributárias, preocupado em preservar os princípios da Federação e da autonomia dos Municípios. Preceituou o constituinte brasileiro, no art. 145, § 2º, que *"as taxas não poderão ter base de cálculo própria de impostos"*. E, mais adiante, no art. 154, inciso I, asseverou, como requisitos para a União instituir impostos não previstos em sua competência, que sejam esses criados mediante lei complementar, não apresentem caráter de cumulatividade e *"não tenham fato gerador ou base de cálculo próprios dos discriminados nesta Constituição"*. A mensagem constitucional mostra-se clara: é imprescindível analisar a hipótese de incidência e a base de cálculo para que se possa ingressar na intimidade estrutural da figura tributária.

Registre-se, porém, que caso não houvesse menção expressa acerca da relevância da base de cálculo, esta seria revelada pela própria análise normativa. Tanto que Alfredo Augusto Becker[71], sob a vigência da Constituição anterior, já entrevia nesse elemento o autêntico núcleo da hipótese de incidência dos tributos, asseverando que

> [...] o espectro atômico da hipótese de incidência da regra de tributação revela que em sua composição existe um núcleo e um, ou mais, elementos adjetivos. O núcleo é a base de cálculo e confere o gênero jurídico ao tributo.

71. *Teoria geral do direito tributário*, São Paulo: São Paulo: Noeses, 2010, p. 338.

Relativizando um pouco a posição do mencionado autor, mesmo porque entendo que a base de cálculo está no consequente da norma e não na hipótese, não há como ignorar a importância dessa grandeza que dimensiona o fato, mensurando-o para efeitos de tributação.

Induvidosa é a operatividade do citado elemento do critério quantitativo, merecendo atenção especial, pois oferece caminho seguro para reforçar aquilo que, intuitivamente, a doutrina e a jurisprudência já vêm afirmando de maneira reiterada: a base de cálculo deve, necessariamente, exteriorizar a grandeza do fato descrito no antecedente normativo, motivo pelo qual sempre que houver descompasso entre a hipótese de incidência firmada pelo legislador e a base de cálculo por ele escolhida, esta última há de prevalecer, orientando o intérprete no sentido de determinar a autêntica "natureza jurídica" do tributo. Por isso, sendo a medida do fato tributado, tem o condão de infirmar o critério material oferecido no texto, que será substituído por aquele outro que realmente foi mensurado.

Em conclusão, no direito brasileiro o tipo tributário encontra-se integrado pelo relacionamento lógico e harmônico da hipótese de incidência e da base de cálculo. O binômio, adequadamente reconhecido, revela a natureza do tributo submetido à investigação, permitindo a análise de sua compatibilidade relativamente ao sistema constitucional, sem interferência das imprecisões do legislador.

Partindo de tais premissas, concluo serem três as funções da base de cálculo: (a) função mensuradora, por competir-lhe medir as proporções reais do fato; (b) função objetiva, em virtude de compor a específica determinação do débito; e (c) função comparativa, por confirmar, infirmar ou afirmar o correto elemento material do antecedente normativo. Interessa-nos, nesta ocasião, a primeira delas, pois o detido exame da medida eleita como base de cálculo é um dos fatores que possibilitará concluir acerca dos montantes tributáveis pelo ICMS.

Ao conferir possibilidade legiferante às pessoas políticas, no campo tributário, o constituinte reporta-se a determinados eventos, atribuindo ao legislador ordinário o pormenorizado esboço estrutural da hipótese e consequência normativa. Delineados os contornos genéricos do acontecimento, incumbe ao ente político fixar a fórmula numérica de estipulação do conteúdo econômico do dever jurídico a ser cumprido pelo sujeito passivo, escolhendo, dentre os atributos valorativos que o fato exibe, aquele que servirá como suporte mensurador do êxito descrito e sobre o qual atuará outro fato, denominado alíquota, desde que, naturalmente, o predicado factual eleito seja idôneo para anunciar a grandeza efetiva do evento.

Quando se fala em anunciar a grandeza efetiva do acontecimento, significa a captação de aspectos inerentes à conduta ou objeto da conduta, devendo o legislador cingir-se às manifestações exteriores que sirvam de índice avaliativo da materialidade. No caso do ICMS, mais especificamente da regra-matriz examinada neste estudo, cujo critério material consiste em "prestar serviço de comunicação", a base de cálculo não pode ser outra que não "o valor desse serviço de comunicação", pois é esse elemento que exterioriza a grandeza do fato descrito no antecedente normativo. Dito de outro modo, a base de cálculo há de ser representada pela contraprestação do serviço comunicacional prestado.

10. TERRITORIALIDADE E LIMITES ESPACIAIS À COMPETÊNCIA TRIBUTÁRIA

As pessoas jurídicas de direito constitucional interno, assim como as suas normas, estendem-se pelo tempo e espaço e são por eles também delimitados. Isto é, uma ordem jurídica, enquanto fenômeno, existe em determinadas condições temporais e espaciais que a limitam, demarcando o domínio de vigência de suas regras e, assim, definindo onde e quando os comandos veiculados nos expedientes oficiais são, efetivamente, direito positivo. O estabelecimento desses limites e o respeito a eles são, por assim dizer, condições ínsitas ao próprio fenômeno jurídico.

Sendo o sistema jurídico formado apenas por normas, é possível dizer que cabe a elas, na implicitude ou explicitude do texto, a tarefa de demarcar o *"domínio espacial de vigência de uma ordem jurídica"*, como diria Kelsen[72]. *Território é norma.* Não é um acidente geográfico ou qualquer critério naturalista que dá contornos ao território de um ente político, como é o caso do Estado-membro da República Federativa do Brasil: são as normas postas que o constroem por meio de referências a espaços – contínuos ou não, naturais ou artificiais, aéreos, terrestres, marítimos ou subterrâneos – e, dessa forma, circunstanciam sua atuação e o alcance de seus comandos. E à necessidade de obediência aos limites espaciais que condicionam a produção normativa convencionou-se chamar "princípio da territorialidade".

Sem considerar, juridicamente, o *princípio da territorialidade das regras* de um sistema não haveria como se constituírem Municípios, nem Estados-membros, tampouco a Federação. É sobre o espaço juridicamente recortado que as pessoas de direito constitucional interno se organizam e, ao mesmo tempo, mantém-se a unidade do sistema por meio da ideia central de "território". Sem territorialidade, que permitisse a desconcentração das fontes produtoras de normas, evitando o conflito entre elas por meio da precisa demarcação dos domínios de suas vigências, não haveria autonomia municipal (art. 18 da Carta Magna); não haveria Federação (art. 1º do Texto Supremo); não restaria sequer a União para dar integridade à República Federativa do Brasil.

72. *Teoria Pura do Direito*, São Paulo: Martins Fontes, 2008, p. 319.

A relação juridicamente relevante que se estabelece entre um fato e o território de um Estado não deve ser colhida no mundo do "ser", nos limites físicos perceptíveis ao ser humano, mas sim no plano do "dever-ser", por meio dos recortes produzidos em conformidade com as regras próprias daquele domínio de linguagem, no caso, das regras de direito positivo. As situações da vida são regradas por um ordenamento jurídico não porque ocorrem sobre uma porção de espaço físico "A" ou "B", mas porque algum de seus elementos foi eleito, por meio de normas, para compor as prescrições daquele específico ordenamento.

Quero com isso afirmar que a ligação de uma conduta para com um território é, também, uma questão de direito: uma ocorrência pode ser juridicamente tratada por uma ordem Estatal apenas quando os critérios relevantes para esse sistema encontrem correspondência com o domínio de vigência espacial demarcado pelos diplomas constitutivos do ordenamento.

O princípio da territorialidade, sendo fundamental, está pressuposto, não se manifestando de maneira expressa, a não ser topicamente, na fraseologia constitucional brasileira. Constitui, porém, o perfil do Estado Federal, como decorrência imediata das diretrizes básicas conformadoras do sistema. *O poder vinculante de uma lei ensejará efeitos jurídicos dentro dos limites geográficos da pessoa que a editou.* A lei federal e a nacional, por todo o território brasileiro; as estaduais, internamente a suas fronteiras regionais; e as municipais, no interior dos limites de seus espaços geográficos; o mesmo acontecendo com o Distrito Federal.

Essas notas são de extrema importância para introduzir o debate sobre o critério espacial da regra-matriz de incidência aplicável à solução do problema objeto deste texto. Para que a resposta saia livre de preconceitos e apropriada ao bom funcionamento do sistema de prescrições jurídicas, evitando assim as distorções no processo comunicativo do direito, deve ter-se em mente que é resultado de interpretação normativa não apenas o conjunto de marcas espaciais formadoras do território, mas também o lugar atribuído a cada conduta para que a ela se possam imputar efeitos jurídicos.

11. CRITÉRIO ESPACIAL DO ICMS-COMUNICAÇÃO E SUA RELAÇÃO COM A BASE DE CÁLCULO DO TRIBUTO

Chamo critério espacial da regra-matriz de incidência tributária ao feixe de enunciados, implícitos ou explícitos, que permitam identificar os marcos a serem empregados pelos intérpretes na construção do fato jurídico tributário. Com o emprego do étimo "critério" quero salientar a natureza seletora de propriedades de que é dotado cada elemento da norma de incidência tributária: trata-se sempre de um recorte em que alguns dados da realidade social são selecionados e relatados na tessitura da realidade do direito. Todo o mais sobre o qual o texto prescritivo não tenha versado, é irrelevante para a atribuição de efeitos jurídicos.

O expediente presta-se à indispensável atividade redutora de complexidades que torna a ocorrência apreensível e, consequentemente, passível de ser registrada em um relato, como são os fatos jurídicos, e categorizada em meio às classes abertas pelas hipóteses normativas. É por meio da seleção das propriedades descritas no critério espacial de um tributo que poderá a autoridade competente, desprezando todos os indicativos que não aqueles prescritos na lei, suplantar a complexidade espacial de uma conduta para atribuir-lhe sentido e, assim, um lugar de ocorrência, o lugar *no* fato.

Esse dado é de suma importância, para a solução do caso alvo de minhas preocupações, pois o serviço de transmissão de sinal de televisão por meio de satélite é demasiadamente complexo quando considerado em seus aspectos espaciais, sendo possível divisar, do ponto de vista da realidade social: o lugar em que é emitido o sinal, aquele em que é recebido, o local da geração do programa de televisão, a sede de cada uma das companhias envolvidas etc.

Qual seria, então, o lugar do fato jurídico tributário? Considerando todas as premissas acima narradas, parece-me mais acertado dizer que, no direito, os fatos não *têm* lugar, mas sim que aos fatos *atribuem-se* lugares de acordo com a prescrição legalmente aplicável.

Desse modo, cabe investigar os dispositivos legais relativos ao caso eleito para fins do presente trabalho. A pesquisa revelará, no altiplano constitucional, para além dos dispositivos que atribuem a competência para instituir o ICMS e tratam do princípio da territorialidade, outros enunciados que atribuem à Lei Complementar o papel de veicular normas gerais de direito tributário e, no âmbito do ICMS, estabelecer ainda sobre o *local das operações relativas à circulação de mercadorias e das prestações de serviços* (art. 155, XII, "d"). Quando assim o fez, dispôs sobre *conflitos de competência*, cumprindo a determinação do art. 146, I do Texto Maior.

Como referi páginas atrás, na atual composição de nosso ordenamento, tal atribuição é desempenhada pela Lei Complementar n. 87/96, sendo possível encontrar, no art. 11, III, § 6º, enunciado aplicável ao caso concreto:

> Art. 11. O local da operação ou da prestação, para os efeitos da cobrança do imposto e definição do estabelecimento responsável, é:
>
> [...]
>
> III – tratando-se de prestação onerosa de serviço de comunicação:
>
> [...]
>
> c-1) o do estabelecimento ou domicílio do tomador do serviço, quando prestado por meio de satélite;

> [...]
>
> **§ 6º Na hipótese do inciso III do caput deste artigo, tratando-se de serviços não medidos, que envolvam localidades situadas em diferentes unidades da Federação e cujo preço seja cobrado por períodos definidos, o imposto devido será recolhido em partes iguais para as unidades da Federação onde estiverem localizados o prestador e o tomador.** (Destaquei).

Vale registrar que tanto a alínea "c-1" como o "§6º", que compõem a redação do citado art. 11, foram inseridos pela Lei Complementar 102/2000. Parece-me claro, consoante demonstrado em tópico anterior, que o serviço desempenhado por empresa de TV por assinatura é do tipo *não medido* e, assim, caberá sua tributação "*em partes iguais para as unidades da Federação onde estiverem localizados o prestador e o tomador*", como prescrito na Lei.

Ao transpor essa disposição para o esquema ordenador da regra-matriz de incidência tributária é possível apontar as seguintes considerações: (1) o enunciado trata do local da incidência e, logo, do critério espacial, apontando dois lugares distintos; (2) a cada lugar corresponderá uma incidência diferente, havendo, assim, duas normas jurídicas tributárias que não se deve confundir: (2.i) a do Estado em que se estabeleceu o prestador e (2.ii) a daquele em que está domiciliado o tomador; e (3) sobre o critério quantitativo, estará a base de cálculo de cada uma dessas normas limitada a 50% do valor cobrado pelo serviço, pois só desse modo haveria a tributação em partes iguais.

Interessante observar que, dispondo sobre o critério espacial, o legislador influencia a formação da base de cálculo, componente do critério quantitativo da norma tributária em sentido estrito, confirmando a ideia de que o critério quantitativo e a hipótese tributária (como um todo), têm íntima relação, e cujo fundamento remonta à Constituição.

Portanto, considerando o papel de ajuste das competências atribuído na Carta Magna à Lei Complementar n. 87/96, aparece com assomos de evidência a afirmativa de que a autorização concedida aos Estados e Distrito Federal para instituírem e arrecadarem o ICMS, no que diz respeito à sua incidência sobre os serviços de telecomunicação não medidos, está condicionada à obediência dos três critérios suso descritos.

Essas notas ressoam no restante do ordenamento, repetindo-se em outros documentos, como é o caso do Convênio 52/2005 que, ao dispor em sua cláusula primeira, parágrafo segundo, sobre os benefícios fiscais que podem ser concedidos na apuração do ICMS incidente sobre o serviço de TV por assinatura, confirma tudo o que foi dito até aqui:

> Cláusula primeira. **Na prestação de serviços não medidos de televisão por assinatura, via satélite, cujo preço do serviço seja cobrado por períodos definidos, efetuada a tomador localizado em unidade federada distinta daquela em que estiver localizado o prestador, a base de cálculo do ICMS devido a cada unidade federada corresponde a 50% (cinquenta por cento) do preço cobrado do assinante.**
>
> § 1º Serviço de televisão por assinatura via satélite é aquele em que os sinais televisivos são distribuídos ao assinante sem passarem por equipamento terrestre de recepção e distribuição.
>
> § 2º O disposto no *caput* não prejudica a outorga de benefício fiscal concedido para a prestação do serviço objeto deste convênio em substituição ao aproveitamento de quaisquer créditos. (Destaquei).

Nem poderia dispor de forma diversa, atribuindo percentual diferente de 50% a cada Unidade Federada. Se assim o fizesse, invadiria o domínio de competência reservado à Lei Complementar e, dessa forma, tratar-se-ia de iniciativa viciada pela inconstitucionalidade. A Cláusula Primeira do Convênio n. 52/2005, quando alude à separação das incidências, apenas dá forma à interpretação já construída por meio dos enunciados pré-existentes no sistema: nada inova.

Diante do disposto no art. 11, III, § 6º, da Lei Complementar n. 87/96, tratando-se de serviço de comunicação não medido, como é o caso do serviço de televisão por assinatura, o ICMS há de ser recolhido, necessariamente, em partes iguais (50%) para os entes da Federação onde estiverem localizados o prestador e o tomador.

O Convênio n. 52/2005, por isso mesmo, apenas reafirma o comando que já constava de Lei Complementar, obrigando a todos os Estados e ao Distrito Federal. Irrelevante, portanto, a circunstância de alguns entes não serem signatários do citado Convênio, já que tal pacto não cria qualquer vínculo obrigacional, mas, apenas, reproduz conteúdo prescritivo estabelecido em lei de caráter nacional. E tal finalidade é claramente evidenciada no introito às disposições do Convênio, que assim descreve o motivo de sua celebração:

> "[...] considerando a necessidade de adotar procedimentos para operacionalização do disposto n inciso III, alínea 'c-1', e § 6º, do art. 11 da Lei Complementar n. 87, de 13 de setembro de 1996, relativamente aos serviços não-medidos de televisão por assinatura, via satélite [...]".

Com efeito, na Cláusula Primeira do Convênio n. 52/2005 tem-se disposição que reafirma o comando previamente estipulado pela Lei Complementar n. 87/96, Diploma Normativo este que, como é sabido, aplica-se a todos os Estados e ao Distrito Federal.

A interpretação adotada por alguns entes federativos, como o Estado de Goiás, Mato Grosso e Mato Grosso do Sul, por exemplo, funda-se na aplicação da alínea "c-1" do art. 11 da Lei Complementar 87/96 sem, no entanto, levar em consideração a disposição do § 6º, do mesmo documento, que dispõe abertamente sobre o conflito de competências que poderia surgir entre o Estado no qual se encontra o tomador e aquele onde está estabelecido o prestador. Quando assim o faz, impõe limite à competência de cada Membro da Federação no desenho do critério espacial e quantitativo de suas normas de incidência tributária do ICMS: (a) podem exigir o tributo somente os Estados onde estejam estabelecidos o tomador e o prestador, sendo irrelevante toda e qualquer outra condição espacial que a realidade possa apresentar; (b) essa cobrança, devendo ocorrer em partes iguais e respeitando aos princípios constitucionais que regem a matéria tributária, não poderá exceder 50% do valor do serviço prestado.

12. SUJEITO ATIVO DO ICMS-COMUNICAÇÃO RELATIVO A SERVIÇOS NÃO MEDIDOS

É no critério pessoal do consequente da regra-matriz de incidência que vamos encontrar os dados indicativos para reconhecer os sujeitos ativo e passivo da relação jurídica do tributo. O sujeito ativo é o titular do direito subjetivo de exigir a prestação pecuniária. Em regra, coincide com as pessoas políticas de direito constitucional interno, dotadas de competência legislativa e habilitadas, por isso mesmo, a inovar a ordem jurídica editando normas gerais e abstratas. Nada impede, porém, que o ente tributante, ao exercer sua competência, eleja outra pessoa para figurar no polo positivo da relação, transferindo-lhe a capacidade ativa, com correspondente titularidade do direito subjetivo de receber a prestação fiscal.

Quanto ao sujeito passivo da obrigação tributária, é a pessoa física ou jurídica, privada ou pública, de quem se exige o cumprimento da prestação pecuniária. Na maioria das vezes, a Constituição não aponta exatamente quem deva ser o sujeito passivo das exações cuja competência legislativa faculta às pessoas políticas. O constituinte costuma aludir a um evento, deixando a cargo do legislador ordinário não só estabelecer o desenho estrutural da hipótese normativa, que deverá girar em torno daquela referência constitucional, mas, além disso, escolher o sujeito que arcará com o peso da incidência fiscal, fazendo as vezes de devedor da prestação tributária. A cada um dos eventos eleitos para compor a hipótese da regra-matriz de incidência, a autoridade legislativa apanha um sujeito, segundo o critério de sua participação direta e pessoal com a ocorrência objetiva, e passa a chamá-lo de contribuinte, fazendo-o constar da relação obrigacional, na qualidade de sujeito passivo. A obrigação tributária, entretanto, só se instaura com sujeito passivo que integre a ocorrência típica. A ênfase afirmativa está fundada num argumento singelo, mas poderoso: o legislador tributário não pode refugir dos limites constitucionais da sua competência, que é oferecida de maneira discreta, mediante a indicação de meros eventos. Aproveitando-se dessas referências, a autoridade legislativa exerce suas funções, autolimitando-se ao compor a descrição normativa. Feito isso, não pode transpor as fronteiras do fato que ele mesmo (legislador ordinário) demarcou, nos termos constitucionalmente permitidos. Em consequência, somente pode ocupar a posição de sujeito passivo tributário quem estiver em relação com o fato jurídico praticado.

Aplicando tais conceitos ao ICMS incidente sobre prestação de serviços de comunicação, identificamos como sujeito passivo aquele que praticou o fato descrito na hipótese tributária, realizando a conduta de "*prestar serviço de comunicação*".

No que diz respeito ao sujeito ativo, consideradas as diretrizes gerais do art. 155, II, da Carta Magna, verificamos ser o ICMS-comunicação de competência dos Estados e do Distrito Federal, os quais, salvo hipóteses de transferência da capacidade tributária ativa, figuram como titulares do direito subjetivo de perceber as prestações pecuniárias concernentes às prestações de serviços de comunicação que se realizem nos limites do seu território. Mas, como determinar o local da prestação do serviço de comunicação e, por conseguinte, o sujeito ativo do ICMS, nos casos em que a transmissão das mensagens seja feita via satélite? E nas hipóteses de serviços não medidos?

Procurando elucidar o assunto e evitar conflitos de competência, explicitou o legislador nacional que, tratando-se de prestação onerosa de serviço de comunicação feita por meio de satélite, considera-se como local da prestação o do estabelecimento ou domicílio do tomador (art. 11, III, c-1, da LC 87/96). No entanto, caso se esteja diante de serviço não medido, remunerado por preço fixado em função de período definido, envolvendo mais de uma Unidade Federativa, o ICMS será repartido, em partes iguais, entre o Estado em que localizar-se o prestador e aquele onde situar-se o tomador (art. 11, III, § 6º, da LC 87/96).

São duas regras – uma geral e outra específica –, cada qual tendo seu âmbito de aplicação: a primeira (art. 11, III, c-1, da LC 87/96) disciplina os serviços comunicacionais feitos por satélite; enquanto a segunda (art. 11, III, § 6º, da LC 87/96), considerando as especificidades das prestações de serviços de comunicação não medidos, confere-lhes tratamento diferençado.

Neste ponto, convém tecer alguns comentários sobre a dinâmica e consistência do sistema positivo brasileiro, no âmbito do qual encontramos aparentes conflitos entre algumas disposições normativas, bem como os critérios para solucioná-los.

O direito, como vimos, é fenômeno complexo. Uma forma, porém, de estudá-lo é isolar as manifestações normativas. Ali onde houver direito, haverá normas jurídicas. E onde houver normas jurídicas haverá, certamente, uma linguagem em que tais normas se manifestam. Não se trata, contudo, de algo estático, imutável. Ao contrário, o direito está em constante movimento, em que o legislador (em sentido lato), partindo de normas jurídicas de hierarquia superior, produz novas regras. Tudo nos moldes previstos pelo próprio sistema jurídico.

Ao regular sua própria criação, ele institui o modo pelo qual se opera a produção, modificação e extinção de suas normas, fazendo-o por meio das denominadas "regras de estrutura", as quais, recorrendo à analogia, representam, para o direito positivo, o mesmo papel que as regras da gramática cumprem num idioma historicamente dado. Prescrevem estas últimas a forma de combinação dos vocábulos e das expressões para produzirmos enunciados, isto é, fórmulas oracionais com sentido. À sua semelhança, as chamadas regras de estrutura determinam os órgãos do sistema e os expedientes formais necessários para que se editem normas jurídicas válidas no ordenamento, bem como o modo pelo qual são elas alteradas e desconstituídas.

Conquanto o sistema do direito positivo, sendo composto por linguagem prescritiva, admita a existência de contradições entre as unidades do conjunto, o próprio ordenamento costuma trazer estipulações que determinam qual das normas há de prevalecer. Vale lembrar a lição de Lourival Vilanova[73], no sentido de que:

> O só fato da contradição não anula ambas as normas. Nem a lei de não-contradição, que é lei lógica e não norma jurídica, indicará qual das duas normas contradizentes prevalece. É necessária a norma que indique como resolver antinomia: anulando ambas ou mantendo uma delas.

A solução das antinomias porventura existentes no sistema resolve-se pelos critérios estabelecidos no ordenamento e não por outros meios. Nesse sentido, a Teoria Geral do Direito construiu três regras de solução de conflitos de normas, as

---

73. *Causalidade e relação no direito*, 4. ed., São Paulo: Revista dos Tribunais, 2001, p. 212.

quais foram inseridas em nosso sistema jurídico pela Lei de Introdução às Normas do Direito Brasileiro[74], por seu art. 2º, nos seguintes termos:

> *"Art. 2º Não se destinando à vigência temporária, a lei terá vigor até que outra a modifique ou revogue.*
>
> § 1º A lei posterior revoga a anterior quando expressamente o declare, quando seja com ela incompatível ou quando regule inteiramente a matéria de que tratava a lei anterior.
>
> § 2º A lei nova, que estabeleça disposições gerais ou especiais a par das já existentes, não revoga nem modifica a lei anterior.
>
> § 3º Salvo disposição em contrário, a lei revogada não se restaura por ter a lei revogadora perdido a vigência".

O § 2º do dispositivo transcrito alude, indiretamente, ao método interpretativo aplicável aos aparentes conflitos entre normas gerais e especiais: uma não revoga a outra, significando que os enunciados aplicáveis a situações diferençadas (especiais) coexistem e convivem com as disposições atinentes aos casos gerais. Cada qual permanece válida e vigente, surtindo efeitos jurídicos para as hipóteses nelas disciplinadas.

Havendo regras distintas para disciplinar as hipóteses gerais e as específicas, tem-se contradição apenas aparente, sendo facilmente solucionada mediante o emprego de técnicas interpretativas. Carlos Maximiliano[75], ao discorrer sobre disposições contraditórias, relaciona uma série de preceitos diretores a serem observados pelo intérprete. Dentre eles, cabe destacar:

> (...) b) Verifique se os dois trechos se não referem a hipóteses diferentes, espécies diversas. Cessa, nesse caso, o con-

---

74. Antes denominada Lei de Introdução ao Código Civil.

75. *Hermenêutica e aplicação do direito*, Rio de Janeiro: Forense, p. 135.

> flito; porque tem cada um a sua esfera de ação especial, distinta, cujos limites o aplicador arguto fixará precisamente.
>
> c) Apure o intérprete se é possível considerar um texto como afirmador de *princípio*, *regra geral*; o outro, como dispositivo de *exceção*; o que estritamente não cabe neste, deixa-se para a esfera de domínio daquele.
>
> d) Procure-se encarar as duas expressões de Direito como partes de um só todo, destinadas a complementarem-se mutuamente; de sorte que a generalidade aparente de uma seja restringida e precisada pela outra. (...)

Partindo de tais ensinamentos, necessário se faz compreender o § 6º do art. 11 da Lei Complementar n. 87/96, considerando o contexto em que se insere. E, nesse ponto, evidencia-se que o citado dispositivo excepciona a classe geral formada pelo enunciado do art. 11, inciso III, alínea "c-1".

Assim sendo, diante de serviço não medido (objeto da cláusula excepcionadora), há de aplicar-se o regramento específico, nos termos do qual são sujeitos competentes para instituição e arrecadação do ICMS-Comunicação as Unidades Federativas em que se localize o prestador (centro de transmissão) e em que se situe o tomador (assinante do serviço), na proporção de 50% cada.

13. CONCLUSÕES

É chegada a hora de, como remate às ideias apresentadas neste texto, aplicar as categorias do pensamento jurídico às particularidades da situação analisada: o local da incidência das normas jurídicas de ICMS-Comunicação sobre os serviços de TV por Assinatura.

1. Qual o papel reservado à Lei Complementar 87/96 pela Constituição? A competência dada ao legislador complementar compreende a fixação de termos à instituição, pelos Estados, do critério espacial da regra-matriz de incidência tributária do ICMS? Qual o papel das disposições do §6º e da alínea "c-1", ambas inscritas no art. 11, da mencionada Lei?

Pois bem, as disposições da Lei Complementar n. 87/96, no papel de normas gerais de direito tributário, têm o propósito de disciplinar os conflitos de competência, atuando como filtro ao livre exercício dessa aptidão pelos Estados e Distrito Federal. Com tal desiderato, e considerando a prestação de serviços de comunicação via satélite do tipo *não medido*, determinou-se, com a redação do art. 11, § 6º, que sobre eles pode haver não apenas uma, mas duas incidências, que devem ser instituídas por meio da legislação dos Estados e Distrito Federal: (1) uma, pelo ente em que esteja situado o estabelecimento prestador; e (2) outra, pela unidade na qual tenha lugar o domicílio ou estabelecimento do beneficiário. Diversamente ocorreria se estivéssemos diante de serviço de comunicação via satélite *medido*, cuja frequência é relevante para determinar o *quantum* da contraprestação. Nessa segunda hipótese, o titular do tributo corresponderia apenas àquele onde está o estabelecimento ou domicílio do tomador, conforme prescrição do art. 11, "c-1", do mesmo Diploma.

2. Que se entende por serviços medidos ou não medidos? Que documento é habilitado pelo sistema de direito positivo brasileiro para realizar, em termos jurídicos, o discrímen? Tem ele relevância para a incidência do tributo?

Com efeito, compreender a forma prescrita pelo ordenamento para a tributação da atividade de TV por assinatura pressupõe tomada de posição sobre o tipo de serviço desempenhado: se se trata de "serviço medido" ou de "serviço não medido". A diferença, havendo de ter fundamento nos textos de direito positivo, é traçada pelos documentos da agência reguladora do setor de telecomunicações, a ANATEL, que, ao fazê-lo, definiu "serviços medidos" como aqueles em que a precificação depende da aferição da frequência com que o tomador faz uso do serviço. Assim delimitada a classe, dela não poderá fazer parte a atividade verificada no âmbito da TV por assinatura, porque a mensuração do uso do serviço é dado irrelevante na estipulação do preço pago pelo usuário. A espécie integra o gênero formado pela classe complementar, qual seja, a dos *"serviços não medidos"*.

3. De acordo com as prescrições que regulamentam o exercício da competência para legislar sobre o ICMS, qual será o sujeito ativo do ICMS-Comunicação nos casos em que se trate da incidência desse tributo em operações de televisão por assinatura nas quais prestador e tomador estejam em diferentes unidades da federação?

Firme nesses pressupostos, é de hialina clareza que a incidência do ICMS sobre tal atividade poderá ser realizada por meio da incidência de duas normas, cuja instituição caberá: (i) uma ao Estado no qual se situe o estabelecimento prestador e, (ii) outra, pelo Estado em que esteja o tomador do serviço. Porque dispôs a Lei Complementar que essas tributações devem ter igual medida, e considerando os princípios constitucionais envolvidos, a base de cálculo prevista em cada uma dessas leis não poderá exceder 50% (cinquenta por cento) do valor avençado pelos contratantes do serviço. Fizesse-o com parcela superior, invadiria um Ente a competência de outro, praticando expediente marcado pela inconstitucionalidade.

Tais considerações devem orientar não apenas o trabalho do legislador estadual, em seu ofício de produzir os diplomas legislativos necessários à instituição da norma geral e abstrata do tributo, mas, também, a atuação dos sujeitos encarregados de, ante a concretude da facticidade jurídica, produzir as normas individuais e concretas. Por isso mesmo, são indevidas as pretensões aduzidas por qualquer Unidade Federada, no que diz respeito à exigência de ICMS sobre a totalidade (100%) dos valores pagos pelos assinantes domiciliados ou residentes em seu território.

Tributos Municipais

TRIBUTOS MUNICIPAIS

TEMA XXI

TRIBUTAÇÃO SOBRE A PROPRIEDADE DE BEM IMÓVEL

Algumas considerações sobre as regras-matrizes do IPTU e do ITR

Sumário: 1. Introdução. 2. A regra-matriz de incidência tributária. 3. O modelo constitucional das regras-matrizes do IPTU e do ITR. 3.1. Âmbito competencial da União: regra-matriz do ITR. 3.2. Delimitação da competência tributária dos Municípios: a regra-matriz do IPTU. 3.3.Considerações adicionais sobre a distinção entre os campos de incidência do ITR e do IPTU. 4. Caracteres inerentes ao "imóvel rural" e ao "imóvel urbano". 5. Das respostas às indagações formuladas.

1. INTRODUÇÃO

É sabido que, no domínio do direito tributário, uma exigência se faz presente: na lei há que se conter todos os elementos necessários à denominada regra-matriz de incidência, isto é, aquele mínimo irredutível, aquela unidade monádica que caracteriza a percussão do gravame, vale dizer, a descrição de um evento de possível ocorrência, e a prescrição de uma relação jurídica que vai nascer quando se realizar o acontecimento. Também em benefício da legalidade, outro requisito que se impõe ao regime jurídico tributário é a necessidade da regulação de limitações constitucionais ao exercício do poder de tributar, disposição sobre conflitos de competência entre as pessoas políticas de direito constitucional interno e a disciplina de certas matérias que o constituinte entendeu merecedoras de cuidados especiais por lei complementar. Nestes casos, os preceitos deverão estar enunciados, necessariamente, por este específico veículo. Tudo visando à uniformidade, harmonia e funcionamento do direito positivo como um todo.

No estudo ora proposto, prestigiando os primados da Federação e da autonomia municipal, está na norma geral de direito tributário o ponto de partida para delimitar o âmbito de competência da tributação sobre a propriedade de bens imóveis. Foi formulando o modelo da regra-matriz do ITR da ordem dos tributos federais e mapeando a regra-matriz do IPTU do domínio da competência dos Municípios, que se pôde elucidar as expressões ser ou ter propriedade, domínio ou posse, buscando caracterizar, no sistema jurídico brasileiro atual, os elementos que a lei complementar impõe como inerentes para fins de determinação semântica dos termos "imóvel rural" e ao "imóvel urbano".

Estabelecendo, em linhas gerais, os pontos orientadores deste estudo é que firmei quatro indagações objetivas a serem tratadas e respondidas ao longo da análise que se segue. Ei-las:

1. Quais as regras-matrizes do IPTU e do ITR? Como podemos apresentá-las de forma esquemática?

2. Quais os pontos em comum e divergentes entre os critérios das regras-matrizes do IPTU e do ITR? O que as diferencia?

3. Qual a relevância do critério espacial para fins de determinação da incidência desses tributos? Que papel tem a legislação infraconstitucional nesta indagação? Em que função a lei complementar se apresenta ao disciplinar a matéria?

4. Em face das alterações no CTN e do entendimento da Corte Suprema, qual a legislação vigente para fins de determinação dos termos "imóvel urbano" e "imóvel rural"? Que critérios deverão ser considerados para fins de identificação da natureza – rural ou urbana – do imóvel? Quando em conflito, qual(is) desse(s) critério(s) deverá(ão) prevalecer?

2. A REGRA-MATRIZ DE INCIDÊNCIA TRIBUTÁRIA

Norma jurídica, em acepção estrita, é a expressão mínima e irredutível de manifestação do deôntico, com o sentido completo. Isso porque os comandos jurídicos, para serem compreendidos no contexto de uma comunicação bem-sucedida, devem revestir um *quantum* de estrutura formal. Certamente ninguém entenderia uma ordem, em todo seu alcance, apenas com a indicação, por exemplo, da conduta desejada: "pague a quantia de x reais". Adviriam, desde logo, algumas perguntas e, no segmento das respectivas respostas, chegaríamos à fórmula que tem o condão de oferecer o sentido completo da mensagem, isto é, a identificação da pessoa titular do direito, do sujeito obrigado e, ainda, como, quando, onde e por que deve fazê-lo. Somente então estaríamos diante daquela unidade de sentido que as prescrições jurídicas necessitam para serem adequadamente cumpridas. Em simbolismo lógico é representada pela fórmula D[F→(S'RS")], que interpreto: *deve ser que, dado o fato F, então se instale a relação jurídica R, entre os sujeitos S' e S"*.

Diante do princípio da homogeneidade sintática das regras do direito positivo, não pode ser outra a conclusão senão aquela segundo a qual as normas jurídicas tributárias ostentam a mesma estrutura formal de todas as entidades do conjunto, diferençando-se apenas nas instâncias semântica e pragmática.

Caracterizam-se por incidir em determinada região do social, marcada por acontecimentos economicamente apreciáveis que são atrelados a condutas obrigatórias por parte dos administrados, consistentes em prestações pecuniárias em favor do Estado-Administração. Todavia, se o esquema lógico ou sintático permanece estável em toda a extensão do sistema, outro tanto não ocorre no plano semântico.

Convém assinalar que, no domínio das chamadas "normas tributárias", nem todas as unidades dizem, propriamente, com o fenômeno da percussão impositiva. Várias estipulam diretrizes gerais ou fixam providências administrativas para imprimir operatividade a tal pretensão. São poucas, individualizadas e especialíssimas as definidoras da incidência tributária, conotando eventos de possível ocorrência e prescrevendo os elementos da obrigação de pagar. Para uma aproximação mais breve, como expediente didático, pode-se até afirmar que existe somente uma para cada figura tributária, acompanhada por numerosas regras de caráter funcional. É firmado nessa base empírica que passo a designar "norma tributária em sentido estrito" àquela que assinala o núcleo do impacto jurídico da exação. E esta, exatamente por instituir o âmbito de incidência do tributo, é também denominada "norma-padrão" ou "regra-matriz de incidência tributária".

3. O MODELO CONSTITUCIONAL DAS REGRAS-MATRIZES DO IPTU E DO ITR

Nos termos do art. 156, I, da Constituição da República, compete aos Municípios instituir imposto sobre *"propriedade predial e territorial urbana"*. De outro lado, prescreve o art. 153, VI, da Carta Magna que a União é competente para instituir imposto sobre *"propriedade territorial rural"*.

Ao preencher o arranjo sintático da regra-matriz de incidência tributária com a linguagem do direito positivo e saturando as variáveis lógicas com o conteúdo semântico constitucionalmente previsto, podemos compreender os limites da atuação de cada uma dessas pessoas políticas.

3.1. Âmbito competencial da União: regra-matriz do ITR

Não obstante a Constituição autorize a União a tributar a "propriedade territorial rural", o Código Tributário, no art. 29, e a Lei nº 9.393/96, em seu art. 1º, consideram o fato jurídico tributário desse imposto "a propriedade, o domínio útil ou a posse de imóvel por natureza, localizado fora da zona urbana do Município".

Salta aos olhos, de pronto, a dúvida que a leitura dos textos sugere: se a Constituição alude apenas à "propriedade" do imóvel rural, como pode a norma de inferior hierarquia (CTN), bem como a lei ordinária fazerem menção "à propriedade, ao domínio útil ou à posse"? Esses Diplomas não estariam extrapassando os limites instituídos constitucionalmente? Estou convicto de que não. O domínio útil e a posse são atributos intrínsecos a um direito maior, que é o direito de propriedade. Dessa maneira, as normas infraconstitucionais não estariam ampliando a previsão da Lei Fundamental, mas tão só desdobrando a relação jurídica "propriedade" em outras duas que, em princípio, nela estão integradas. Digamos que ambas contribuam para a formação da "situação jurídica" propriedade, entendendo aqui esse signo como o plexo de relações que têm, num único sujeito, pontos de referência.

Seria absurdo aludir-se ao impacto jurídico da norma sobre o imóvel rural, como bem corpóreo, na sua materialidade constitutiva. O direito não incide sobre coisas, sobre objetos, como não incide, também, sobre os seres humanos isoladamente considerados. A incidência dá-se, invariavelmente, na alteridade que lhe é própria, sobre relações entre sujeitos, levando em conta bens, móveis ou imóveis, corpóreos ou incorpóreos, fungíveis ou infungíveis etc.

Não significa reconhecer, entretanto, que o autor da regra deva preocupar-se mais com o sujeito do que com o objeto. Casos há, como o do ITR, em que o legislador se demora, com insistência, no bem "gravado", mesmo ao pressupor a relação do direito real de propriedade, que se estabelece entre o titular do domínio e todos os demais, isto é, a totalidade dos indivíduos da sociedade menos a pessoa do proprietário. A tendência a respeito de tributos que "oneram" bens, conhecida de longa data pelos estudiosos do fenômeno tributário, levou até juristas famosos a distinguirem os impostos em reais e pessoais, classificação sob alguns aspectos adequada para estabelecer diferenças entre situações em que o legislador valoriza os dados pessoais do sujeito-proprietário, daquel'outras nas quais o interesse converge para o objeto, foco da atenção dos sujeitos postos em relação.

Grande parte da elaboração legislativa do imposto de que tratamos se volta para especificações do bem imóvel em torno do qual se instala a relação jurídica, autorizando a ilação de que o legislador pouco se ateve ao titular do direito subjetivo, preferindo estabelecer gradações regulatórias em função do objeto.

Para a hipótese do ITR, como já foi salientado, encontraremos "ser proprietário", "ter o domínio útil" ou "ter a posse de bem imóvel", desde que situado fora da área urbana do Município. Na tradição do estilo legislativo brasileiro, quando regula impostos sobre o patrimônio imobiliário, o critério temporal é o primeiro dia do ano (1º de janeiro), conforme dispõe o art. 1º, da Lei n. 9.393/96.

Não deixemos de lado a circunstância de que o critério pessoal é sempre integrante da relação jurídica instituída no consequente da regra-matriz do tributo, se bem que em todos os casos, numa fase pré-legislativa, o editor da norma o extrai dos elementos colhidos na figura típica que escolhe como antecedente normativo. Para o ITR, será sujeito passivo a pessoa, física ou jurídica, que tenha praticado a ação prevista no critério material da hipótese: a relação de propriedade, de domínio ou de posse de imóvel rural.

O mesmo raciocínio é válido para o critério quantitativo: o valor do imposto a pagar será o resultado da conjunção de uma alíquota, definida em lei, com a base de cálculo, mensuradora necessária da conduta inserta no critério material da hipótese. Decorre dessa análise a inferência decisiva, mediante a qual tanto a escolha do sujeito passivo, quanto da base de cálculo, remetem-nos, novamente, a indagações sobre a materialidade do evento colhido no suposto da norma: o bem imóvel e as relações jurídicas legais, reais ou contratuais, de natureza patrimonial e possessória, estabelecidas sobre o objeto.

De forma sintética, podemos indicar os seguintes elementos da regra-matriz do ITR:

<u>Hipótese</u>:

- **critério material**: ser proprietário, ter o domínio útil ou ter a posse de bem imóvel;
- **critério espacial**: zona rural do território brasileiro;
- **critério temporal**: 1º de janeiro de cada ano.

<u>Consequência</u>:

- **critério pessoal**: *sujeito ativo:* União; *sujeito passivo*: quem for proprietário, tiver o domínio útil ou a posse do imóvel rural;
- **critério quantitativo**: *base de cálculo*: valor da terra nua tributável; *alíquota*: oscila de 0,03% a 20%, sendo determinada em função da produtividade do imóvel, medida pelo grau de utilização e sua área total.

3.2. Delimitação da competência tributária dos Municípios: a regra-matriz do IPTU

De modo semelhante ao anunciado no tópico anterior, há aparente conflito entre o Texto da Constituição e a legislação infraconstitucional que institui o IPTU.

Enquanto o primeiro confere aos Municípios competência para criar imposto sobre a "*propriedade predial e territorial urbana*", o Código Tributário Nacional, no art. 32, elege como "*fato gerador a propriedade, o domínio útil ou a posse de bem imóvel*". As considerações efetuadas em relação ao critério material do ITR são perfeitamente aplicáveis ao IPTU, devendo o domínio útil e a posse ser compreendidos como decorrências do exercício do direito de propriedade.

Tanto no IPTU como no ITR, o critério material da regra-matriz é representado pelos verbos "*ser*" e "*ter*", acompanhados dos complementos *propriedade, domínio útil ou posse de bem imóvel*. Todavia, para diferençá-los o legislador constitucional reduziu o campo significativo do vocábulo "*imóvel*", agregando-lhe o adjunto adnominal "*urbano*", no caso do IPTU, e "*rural*", na hipótese do ITR.

Em vista disso, serão contribuintes do imposto municipal apenas os sujeitos que sejam proprietários, tenham o domínio útil ou a posse de imóvel urbano, no exato instante indicado pela lei do Município. Verificado o perfeito quadramento em tal hipótese, surge o liame segundo o qual aquele sujeito deve recolher o tributo à municipalidade, calculado mediante aplicação de certa alíquota, indicada na respectiva lei, ao valor venal do imóvel.

Transportando essas considerações, com fins exemplificativos, à legislação do Município de Campinas (Lei n. 11.111/2001, com as alterações veiculadas pela Lei n. 12.445/2005), construímos a seguinte regra-matriz de incidência do IPTU:

Hipótese

- **critério material**: ser proprietário, ter o domínio útil ou ter a posse de bem imóvel;
- **critério espacial**: perímetro urbano do território municipal de Campinas;
- **critério temporal**: 1º de janeiro de cada ano.

Consequência

- **critério pessoal**: *sujeito ativo:* Município de Campinas; *sujeito passivo*: quem for proprietário, tiver o domínio útil ou a posse do imóvel urbano;
- **critério quantitativo**: *base de cálculo*: valor venal do imóvel; *alíquota*: oscila de 0,40% a 2,90%, sendo determinada em função do valor venal e do uso do imóvel.

Reitero a necessidade de que todos os critérios da regra-matriz sejam compreendidos de forma conjunta, permitindo compor a norma jurídica em sua integridade constitutiva. Todas as divisões e subdivisões que empreendemos para conhecê-la foram ditadas pelo imperativo metodológico de penetrar na sua intimidade e vasculhar, até onde foi possível, as articulações que seus elementos intrínsecos mantinham entre si. Para tanto, fizemos muitas abstrações, devassando e decompondo algo que sabíamos, de antemão, apresentar indiscutíveis assomos de unicidade. Depois de efetuado esse trabalho, é preciso reagrupar os critérios normativos nos tópicos correspondentes, exercendo cada qual o papel que lhe compete, para apreciarmos a unidade da regra que define a incidência fiscal, na harmonia do seu equilíbrio interno.

3.3. Considerações adicionais sobre a distinção entre os campos de incidência do ITR e do IPTU

As ponderações inscritas nos itens anteriores já anunciaram que o equacionamento de qualquer questão que envolva conflito de competência entre União (ITR) e Municípios (IPTU) supõe reflexão firme a propósito dos critérios material e espacial das regras-matrizes desses impostos. Eis o motivo pelo qual, por abstração lógica, separamos o "fato-conduta" eleito no antecedente da norma, sem o desvincular, porém, de suas coordenadas de espaço.

Tomamos três situações jurídicas distintas que poderiam ensejar a cobrança desses impostos: "ser proprietário", "ter o domínio útil" ou "ter a posse", todas elas insertas em relações que envolvem um objeto. Só é "proprietário", quem tem a propriedade de alguma coisa; só tem "domínio útil", quem o tiver relativamente a algum bem; só "possui" aquele que, de fato, possuir algo. O complemento do verbo indicará o bem imóvel, de feição jurídica urbana ou rural. É nesse contexto que se identifica o desenho típico da situação tributada, bem como a hipótese de incidência à qual referido fato se subsome: se do IPTU ou do ITR.

Como visto, é insuficiente apontar apenas para o critério material, dado o envolvimento dessas categorias num âmbito maior, qual seja o da própria composição normativa. O isolamento momentâneo das condições de espaço e tempo, deixando solta a conduta típica, não a libera da presença do critério pessoal – sujeito passivo –, que no seu campo foi escolhido. Recordemo-nos de que o consequente da norma é analisado separadamente, também por motivos de comodidade analítica. No fundo, aquilo que existe, como estrutura conceptual, como construção sintático-semântica de sentido, é a norma jurídica, unidade irredutível de significação deôntica.

4. CARACTERES INERENTES AO "IMÓVEL RURAL" E AO "IMÓVEL URBANO"

Considerando que o art. 153, VI, da Constituição prescreve competir à União instituir imposto sobre a *propriedade territorial rural*, e que o art. 156, I, desse Diploma autoriza os Municípios a criarem imposto sobre a *propriedade predial e territorial urbana*, fica evidente que a delimitação da competência a ser exercida por esses tais entes reside no caráter *rural* ou *urbano* do imóvel.

Necessário se faz, portanto, que a legislação infraconstitucional discipline os traços caracterizadores de *imóvel rural* e de *imóvel urbano*. Trata-se de conceitos excludentes entre si, de modo que, especificado um deles, o outro pode ser facilmente identificado: o que não for imóvel rural será imóvel urbano e vice-versa.

O Estatuto da Terra (Lei n. 4.504/64), ao regular os "direitos e obrigações concernentes aos bens imóveis rurais, para fins de execução da Reforma Agrária e promoção da Política Agrícola", traça, no art. 4º, I, a definição de "imóvel rural", como o "prédio rústico, de área contínua qualquer que seja a sua localização destinando-se à exploração extrativa agrícola, pecuária ou agroindustrial, quer por intermédio de planos públicos de valorização, quer através de iniciativa privada".

Essa Lei não foi revogada, permanecendo válida e vigente no sistema atual. Assim, considerando que a Constituição, ao delimitar as competências tributárias, utiliza-se de conceitos de direito público e privado, tais conceitos não podem ser alterados para fins de incidência tributária. O empenho do constituinte cairia em solo estéril se a lei infraconstitucional pudesse ampliar, modificar ou restringir os conceitos utilizados naqueles diplomas para desenhar as faixas de competências oferecidas às pessoas políticas. A inalterabilidade dos institutos jurídicos empregados na demarcação da competência tributária é imposição lógica da hierarquia de nosso sistema jurídico estando, inclusive, expressa no art. 110 do CTN. É imperativa, portanto, a observância à definição do conceito de "imóvel rural" empreendida pelo art. 4º, I, da Lei n. 4.504/64.

De outro lado, não podemos desprezar as prescrições veiculadas pelo Código Tributário Nacional (Lei n. 5.172/66) e pelo Decreto-lei n. 57/66. Esses Diplomas Legais, fazem parte daqueles que, em virtude do "princípio da recepção", foram incorporados à nova ordem jurídica estabelecida com a promulgação da Constituição da República de 1988.

A Lei n. 5.172/66 e o Decreto-lei n. 57/66, se analisados em face do que dispõe o art. 146, I, da Carta de 1988, trataram de matéria privativa de lei complementar quando definiram imóvel rural e imóvel urbano, para fins de exercício da competência tributária pela União e pelos Municípios. Considerando essa orientação semântica, tais preceptivos foram recepcionados pelo ordenamento jurídico vigente com a força vinculativa daquele estatuto, justamente em razão do assunto por eles regulado.

Existe, entretanto, aparente conflito entre seus comandos. É que a Lei n. 5.172, de 25 de outubro de 1966, em seu art. 32, § 1º, estabelece ser zona urbana aquela definida em lei municipal, observado o requisito mínimo da existência de pelo menos dois melhoramentos dentre aqueles que ela própria indica. Nesse sentido, elege os critérios de *localização* e *melhoramentos* como determinantes para a identificação de imóvel urbano. A despeito disso, no § 2º do art. 32, atribui relevância à *destinação* dada ao imóvel, sobrepondo-a aos demais critérios:

> § 2º. A lei municipal pode considerar urbanas as áreas urbanizáveis, ou de expansão urbana, constantes de loteamentos aprovados pelos órgãos competentes, destinados à habitação, à indústria ou ao comércio, mesmo que localizados fora das zonas definidas nos termos do parágrafo anterior. (Grifei).

Não bastasse isso, em 18 de novembro de 1966, antes mesmo de a Lei n. 5.172/66 entrar em vigor, foi editado o Decreto-lei

n. 57, inserindo exceção ao disposto no art. 32 do Código Tributário Nacional:

> Art 15. O disposto no art. 32 da Lei n. 5.172, de 25 de outubro de 1966, não abrange o imóvel de que, comprovadamente, seja utilizado em exploração extrativa vegetal, agrícola, pecuária ou agroindustrial, incidindo assim, sobre o mesmo, o ITR e demais tributos com o mesmo cobrados.

Convém anotar, ainda, que o art. 12 da Lei n. 5.868/72, ao pretender revogar o dispositivo acima, teve sua inconstitucionalidade declarada pelo Supremo Tribunal Federal. Essa Colenda Corte entendeu que, por tratar-se de lei ordinária, não poderia dispor sobre conflitos de competência, sendo essa matéria reservada, a partir da Constituição de 1967, à lei complementar.[76]

Em face do exposto, o critério distintivo entre "imóvel urbano" e "imóvel rural" continua sendo aquele constante do art. 32 do Código Tributário Nacional, com a alteração promovida pelo art. 15 do Decreto-lei n. 57/66, devendo ser considerado, também, o disposto no art. 4º, I, da Lei n. 4.504/64.

A identificação da natureza *rural* ou *urbana* de determinado imóvel, para fins de incidência do ITR ou do IPTU, depende, por conseguinte, da conjugação de três critérios: (i) geográfico, com base na localização; (ii) melhoramentos, sendo necessária a existência de benfeitorias urbanas para que se possa exigir o IPTU; e (iii) destinação dada ao imóvel. Nenhum desses critérios basta por si só, devendo ser tomados em conjunto e não isoladamente. A localização do imóvel, por exemplo, não é decisiva para fins de exigência de IPTU ou de ITR, sendo imprescindível considerar a utilização feita do bem. A localização é apenas um indicativo, prevalecendo na falta da comprovação

76. Nesse sentido, veja-se o RE 140.773-SP e a Resolução do Senado Federal n. 9, de 2005.

do destino dado ao imóvel. Se, porém, comprovar-se que a destinação é rural, pouco importa a localização, incidindo o imposto da União. Para sujeitar-se à tributação municipal é preciso que o imóvel esteja situado na zona urbana, apresente dois dos requisitos mencionados na Lei e, simultaneamente, não seja destinado à atividade rural.

Esse é o posicionamento adotado pelos Tribunais brasileiros, como se depreende da decisão proferida pela Primeira Turma do Superior Tribunal de Justiça:

> TRIBUTÁRIO. IPTU. ITR. FATO GERADOR. IMÓVEL SITUADO NA ZONA URBANA. LOCALIZAÇÃO. DESTINAÇÃO. CTN, ART. 32. DECRETO-LEI N. 57/66. VIGÊNCIA.
>
> 1. Ao ser promulgado, o Código Tributário Nacional valeu-se do critério topográfico para delimitar o fato gerador do Imposto sobre a Propriedade Predial e Territorial Urbana (IPTU) e o Imposto sobre a Propriedade Territorial Rural (ITR): se o imóvel estivesse situado na zona urbana, incidiria o IPTU; se na zona rural, incidiria o ITR.
>
> 2. Antes mesmo da entrada em vigor do CTN, o Decreto-lei n. 57/66 alterou esse critério, estabelecendo estarem sujeitos à incidência do ITR os imóveis situados na zona rural quando utilizados em exploração vegetal, agrícola, pecuária ou agro-industrial.
>
> 3. A jurisprudência reconheceu validade ao DL 57/66, o qual, assim como o CTN, passou a ter o status de lei complementar em face da superveniente Constituição de 1967. Assim, o critério topográfico previsto no art. 32 do CTN deve ser analisado em face do comando do art. 15 do DL 57/66, de modo que não incide o IPTU quando o imóvel situado na zona urbana receber quaisquer das destinações previstas nesse diploma legal.
>
> 4. Recurso especial provido. (RESP 492.869-PR, Rel. Min. Teori Albino Zavascki, j. 15/02/2005, DJ 07/03/2005).

No mesmo sentido é a manifestação da Segunda Turma do Superior Tribunal de Justiça, como se observa nos julgados abaixo:

TRIBUTÁRIO. IPTU. ITR. IMÓVEL. EXPLORAÇÃO EXTRATIVA VEGETAL. ART. 32 DO CTN, 15 DO DECRETO-LEI N. 57/66.

1. O artigo 15 do Decreto-lei n. 57/66 exclui da incidência do IPTU os imóveis cuja destinação seja, comprovadamente a de exploração agrícola, pecuária ou industrial, sobre os quais incide o Imposto Territorial Rural-ITR, de competência da União.

2. Tratando-se de imóvel cuja finalidade é a exploração extrativa vegetal, ilegítima é a cobrança, pelo Município, do IPTU, cujo fato gerador se dá em razão da localização do imóvel e não da destinação econômica. Precedente.

3. Recurso especial improvido. (RESP 738.628-SP, Rel. Min. Castro Meira, j. 12/05/2005, DJ 20/06/2005).

TRIBUTÁRIO. IPTU E ITR. INCIDÊNCIA. INSUFICIÊNCIA DO CRITÉRIO DA LOCALIZAÇÃO DO IMÓVEL. NECESSIDADE DE SE OBSERVAR, TAMBÉM, A DESTINAÇÃO DO IMÓVEL.

- O critério da localização do imóvel é insuficiente para que se decida sobre a incidência do IPTU ou ITR, sendo necessário observar-se o critério da destinação econômica, conforme já decidiu a Egrégia 2ª Turma, com base em posicionamento do STF sobre a vigência do DL n. 57/66.

- Agravo regimental improvido. (AGRG no AG 498.512-RS, 2ª T., Rel. Min. Francisco Peçanha Martins, j. 22/03/2005, DJ 16/05/2005).

TRIBUTÁRIO. IPTU E ITR. INCIDÊNCIA. IMÓVEL URBANO. IMÓVEL RURAL. CRITÉRIOS A SEREM OBSERVADOS. LOCALIZAÇÃO E DESTINAÇÃO. DECRETO-LEI N. 57/66. VIGÊNCIA.

1. Não se conhece do recurso especial quanto a questão federal não prequestionada no acórdão recorrido (Súmulas n. 282 e 356/STF).

2. Ao disciplinar o fato gerador do imposto sobre a propriedade imóvel e definir competências, optou o legislador federal, num primeiro momento, pelo estabelecimento de critério topográfico, de sorte que, localizado o imóvel na

> área urbana do município, incidiria o IPTU, imposto de competência municipal; estando fora dela, seria o caso do ITR, de competência da União.
>
> 3. O Decreto-lei n. 57/66, recebido pela Constituição de 1967 como lei complementar, por versar normas gerais de direito tributário, particularmente sobre ITR, abrandou o princípio da localização do imóvel, consolidando a prevalência do critério da destinação econômica. O referido diploma legal permanece em vigor, sobretudo porque, alçado à condição de lei complementar, não poderia ser atingido pela revogação prescrita na forma do art. 12 da Lei n. 5.868/72.
>
> 4. O ITR não incide somente sobre os imóveis localizados na zona rural do município, mas também sobre aqueles que, situados na área urbana, são comprovadamente utilizados em exploração extrativa vegetal, pecuária ou agroindustrial.
>
> 5. Recurso especial a que se nega provimento. (RESP 472.628-RS, 2ª T., Rel. Min. João Otávio de Noronha, j. 17/08/2004, DJ 27.09.2004).

Com isso, penso ter demonstrado a insuficiência dos critérios "localização" e "melhoramentos" para fins de determinar o caráter urbano ou rural dos imóveis e submetê-los à tributação pelo ITR ou ITPU. É imprescindível verificar a utilização que se faz do imóvel, nos termos prescritos pelo art. 4º, I, da Lei n. 4.504/64 e pelo art. 15 do Decreto-lei n. 57/66.

5. DAS RESPOSTAS ÀS INDAGAÇÕES FORMULADAS

Com base nas considerações até aqui aduzidas, passo a responder, em termos objetivos, às indagações formuladas na introdução deste estudo.

1. Quais as regras-matrizes do IPTU e do ITR? Como podemos apresentá-las de forma esquemática?

A regra-matriz do ITR, imposto de competência da União, sobre propriedades rurais, apresenta como hipótese:

- **critério material**: ser proprietário, ter o domínio útil ou ter a posse de bem imóvel;
- **critério espacial**: perímetro rural do território brasileiro;
- **critério temporal**: 1º de janeiro de cada ano.

Já o seu consequente, encontra-se da seguinte forma:

- **critério pessoal**: *sujeito ativo:* União; *sujeito passivo*: quem for proprietário, tiver o domínio útil ou a posse do imóvel rural;
- **critério quantitativo**: *base de cálculo*: valor da terra nua tributável; *alíquota*: varia de 0,03% a 20%, sendo determinada em função da produtividade do imóvel, medida pelo grau de utilização e sua área total.

O IPTU, por sua vez, tem por antecedente:

- **critério material**: ser proprietário, ter o domínio útil ou ter a posse de bem imóvel;
- **critério espacial**: perímetro urbano do território municipal de Campinas;
- **critério temporal**: 1º de janeiro de cada ano;

E por consequência:

- **critério pessoal**: *sujeito ativo:* Município X; *sujeito passivo*: quem for proprietário, tiver o domínio útil ou a posse do imóvel urbano;
- **critério quantitativo**: *base de cálculo*: valor venal do imóvel; *alíquota*: varia de 0,40% a 2,90%, sendo determinada em função do valor venal e do uso do imóvel.

Eis de forma sintética, um esboço das regras-matrizes do ITR e do IPTU.

2. Quais os pontos em comum e divergentes entre os critérios das regras-matrizes do IPTU e do ITR? Que as diferencia?

Tanto no IPTU como no ITR, o critério material da regra-matriz é representado pelos verbos *"ser"* e *"ter"*. Estão na hipótese do ITR e do IPTU as seguintes hipóteses: ser proprietário, ter o domínio útil ou ter a posse de bem imóvel. É, portanto, no adjunto adnominal *"urbano"*, no caso do IPTU, e *"rural"*, na hipótese do ITR, que está o critério diferencial dos limites das competências dos entes tributantes. A legislação infraconstitucional, neste ponto, é de extrema relevância para fins de determinação da amplitude semântica desses adjuntos adnominais.

3. Qual a relevância do critério espacial para fins de determinação da incidência desses tributos? Que papel tem a legislação infraconstitucional nesta indagação? Em que função a lei complementar se apresenta ao disciplinar a matéria?

O "fato-conduta", eleito como núcleo da hipótese de incidência de qualquer tributo, necessariamente está vinculado às suas coordenadas de espaço e tempo. Posto isto, o critério espacial é de extrema relevância para a construção do modelo da regra-matriz, elemento mesmo que delimita a própria competência legiferante entre o Município e a União em se tratando de IPTU e ITR. Ao trazer como critério "a zona urbana do território municipal X", para o IPTU, ou a "zona rural do território brasileiro", para o ITR, temos que estão nas palavras "urbana" e "rural" o foco irradiador de sentido para fins competenciais, fazendo-se necessário, portanto, que a legislação infraconstitucional entre em ação aí mesmo para fins de disciplinar os traços caracterizadores das expressões *imóvel rural* e *imóvel urbano*.

Foi o que fez a Lei n. 5.172, de 25 de outubro de 1966, em seu art. 32, § 1º, quando estabeleceu ser *zona urbana* aquela definida em lei municipal, observado o requisito mínimo da existência de pelo menos dois melhoramentos. Elegeu, portanto, os critérios de *localização* e *melhoramentos* como determinantes para a identificação de imóvel rural. Ao disciplinar a matéria, o CTN, recepcionado com status de norma geral de direito tributário, cumpriu seu papel de solucionar conflito de competência, indicando, ao estabelecer os critérios que identificam o que é urbano e rural, o domínio da competência tributante da União e dos Municípios. Eis no art. 32 um verdadeiro exemplo de norma geral de direito tributário.

4. Em face das alterações no CTN e do entendimento da Corte Suprema, qual a legislação vigente para fins de determinação dos termos "imóvel urbano" e "imóvel rural"? Que critérios deverão ser considerados para fins de identificação da natureza – rural ou urbana – do imóvel? Quando em conflito, qual(is) desse(s) critério(s) deverá(ão) prevalecer?

O critério distintivo entre "imóvel urbano" e "imóvel rural" é aquele constante do art. 32 do Código Tributário Nacional, com a alteração promovida pelo art. 15 do Decreto-lei n. 57/66, devendo ser considerado, também, o disposto no art. 4º, I, da Lei n. 4.504/64 (Estatuto da Terra).

Diante dos textos de lei acima referidos, é possível afirmar que a identificação da natureza *rural* ou *urbana* de determinado imóvel, para fins de incidência do ITR ou do IPTU, depende da conjugação de três critérios: (i) geográfico, com base na localização; (ii) melhoramentos, sendo necessária a existência de benfeitorias urbanas para que se possa exigir o IPTU; e (iii) destinação dada ao imóvel; lembrando que nenhum desses critérios basta por si só, devendo ser considerados em conjunto e não isoladamente.

A localização, nesta medida, não é o único critério para fins de identificação do tipo de imóvel tratado, mas prevalece na falta da comprovação do destino dado ao imóvel. Se, porém, comprovar-se que a destinação é rural, pouco importa a localização do imóvel, incidindo o imposto da União. Em estreita síntese, para se sujeitar à tributação municipal é preciso que o imóvel esteja situado na zona urbana, apresente dois dos requisitos mencionados na Lei e, simultaneamente, não seja destinado à atividade rural.

TEMA XXII

IMPOSTO SOBRE SERVIÇOS DE QUALQUER NATUREZA
Delimitação dos serviços tributáveis pelos municípios

1. INTRODUÇÃO

Caberia num livro denso e substancioso a trajetória semântica do signo "tributo", com todos os aspectos, valiosos e desvaliosos, que as sociedades foram depositando ao longo de seu caminho. Tema delicado e controvertido, em seu nome muitos excessos já foram praticados, mesmo porque se tem por assente a relação entre o bem-estar dos povos e o bom funcionamento dos correspondentes sistemas tributários. É certo que tudo se liga ao tipo e à evolução do Estado que estamos analisando, aquele *corpus* unificador da pluralidade de grupos, de raças, de crenças, o qual monta o substrato da nação como individualidade histórica, retrocedendo no passado, atuando no presente e projetando-se sobre o futuro, como agudamente o registra Lourival Vilanova. O asserto legitima a proposição segundo a qual os tributos de dado sistema guardam traços pragmáticos que lhe atribuem especificidade em relação a outros similares de ordenações diversas.

Um perigo sempre iminente está contido na dosagem da carga tributária, vale dizer, nas proporções da medida levada a termo para a implantação concreta do tributo. Daí o cuidado na escolha da base de cálculo e no plexo de normas que estabelecem técnicas para sua apuração nas ocorrências da vida real, sem falar, é claro, no abuso da estipulação de alíquotas, procedimento capaz de revelar os excessos do legislador, logo no exame do primeiro instante.

A destreza e agilidade dos órgãos legislativos, no território dos tributos, absorvendo informações das mais variadas origens, para selecioná-las, organizá-las de modo coerente e vertê-las na forma e no tom de juridicidade, é algo que promove o interesse e a admiração de quantos se preocupam com a dinâmica do tecido social, principalmente se levarmos em conta a estrutura rígida e severa dos princípios constitucionais tributários vigentes no Brasil.

E quando o tema é ISS, essa realidade se mantém. Com efeito, é numerosa e controversa a literatura nacional existente sobre a matéria tangente ao ISS e o produto legislado revela a insegurança das entidades tributantes ao empregar meios e critérios muitas vezes desconcertantes para atingir seus objetivos arrecadatórios. Na outra ponta, está o sujeito passivo, ávido para saber até onde irão suas responsabilidades, programando-se para atuar, ou continuar atuando, num campo tão rico de expectativas. Dentro da materialidade do mencionado imposto, conhecido por *Imposto sobre serviços de qualquer natureza* – ISS – inclui-se a expressão "prestação de serviço". É nessa parcela da competência impositiva do Município que focalizarei o pensamento no presente estudo tendo em vista demarcar o domínio de sua abrangência. Torna-se imperioso, para tanto, uma análise mais atilada do seu significado. Tudo como forma de investigar os contornos da exportação de serviços e se ela esta sujeita à incidência desse imposto municipal. E, em vista disso, convém enfrentar as subsequentes indagações para a análise do ISS:

1. Qual a regra-matriz do ISS? Qual a amplitude semântica do termo "prestação de serviços"?

2. Quais os critérios necessários para caracterizar a prestação de serviço? Qual o sentido do termo "serviços de qualquer natureza"?

3. Qual a relevância da lei complementar no trato da matéria do ISS? Na hipótese de ausência normativa complementar, o art. 156, III teria plena eficácia? A lista anexa à Lei Complementar n. 116/2003 é taxativa? Justificar.

4. Que significa "exportação de serviços"? Quais os requisitos necessários para conformar uma prestação de serviço como exportação? Que elemento identifica uma exportação de serviços? Quais as hipóteses de exportação de serviços?

5. A quem compete instituir isenção? Que significa isenção heterônoma? Qual o veículo introdutor apropriado para inserir uma isenção no sistema? A desoneração de tributos na exportação de serviços caracteriza-se como isenção?

2. ELEMENTOS CONSTITUCIONAIS PARA FUNDAMENTAR A REGRA-MATRIZ DO ISS

O Imposto Sobre Serviços de Qualquer Natureza (ISS-QN), de competência municipal, encontra o núcleo semântico de seu critério material previamente referido no Estatuto Maior. Em seu art. 156, III, dispõe competir aos Municípios instituir impostos sobre *"serviços de qualquer natureza, não compreendidos no art. 155, II, definidos em lei complementar"*.

Preenchendo o arranjo sintático da regra-matriz de incidência tributária com a linguagem do direito positivo, vale dizer, saturando as variáveis lógicas com o conteúdo de significação constitucionalmente previsto, podemos construir a seguinte norma-padrão do ISS:

Hipótese:

- **critério material**: prestar serviços de qualquer natureza, excetuando-se os serviços de transporte interestadual e intermunicipal e de comunicação;
- **critério espacial**: âmbito territorial do Município;
- **critério temporal**: momento da prestação do serviço.

Consequência:

- **critério pessoal**: *sujeito ativo*: Município[77]; sujeito *passivo*: prestador do serviço;
- **critério quantitativo**: *base de cálculo*: preço do serviço; *alíquota*: aquela prevista na legislação do imposto.

77. Impende consignar que o Distrito Federal também é competente para instituir os impostos municipais, conforme disposto nos arts. 32, § 1º, e 147 do Texto Constitucional.

2.1. Critério material da regra-matriz do ISS e o conceito constitucional de serviço tributável

O critério material do ISS é composto pelo verbo "prestar", acompanhado do complemento "serviços de qualquer natureza", excetuando-se os serviços de transporte interestadual e intermunicipal e de comunicação, consoante estabelece o art. 156, III, da CR/88, bem como por integrarem âmbito de competência dos Estados e Distrito Federal, nos termos do art. 155, II, desse mesmo Diploma.

Como já anotei, examinando o conteúdo significativo da expressão "serviços de qualquer natureza", empregada pelo constituinte para fins de incidência desse gravame, percebe-se, desde logo, que sua definição não coincide com o sentido comum, estando excluídos do conceito a) o serviço público; b) o trabalho realizado para si próprio; e c) o trabalho realizado com vínculo empregatício.

Conforme já manifestei noutras passagens deste livro, para que tenha configurada a prestação de serviços é necessário que aconteça o exercício, por parte de alguém (prestador), de atuação que tenha por objetivo produzir utilidade à outra pessoa (tomador), a qual remunere o prestador (preço do serviço). Prestar serviços é atividade irreflexiva, reivindicando, em sua composição, o caráter da bilateralidade. Em vista disso, torna-se invariavelmente necessária a existência de duas pessoas diversas, na condição de prestador e de tomador, não podendo cogitar-se de alguém que preste serviço a si mesmo. E mais, é imprescindível que o contrato bilateral tenha conteúdo econômico, fixando-se "preço" em contraprestação à utilidade imaterial fornecida pelo prestador.

A necessidade de que a prestação de serviço seja remunerada, apresentando, assim, conteúdo econômico, é decorrência direta do princípio da capacidade contributiva. Com efeito, a hipótese tributária de qualquer exação deve descrever fato realizado por pessoa que manifeste, objetivamente, riqueza. Ao recortar, no plano da realidade social, aqueles fatos que julga de porte adequado para fazerem nascer a obrigação tributária, o legislador deve sair à procura de acontecimentos passíveis de serem medidos segundo parâmetros econômicos, uma vez que o vínculo jurídico a eles atrelado deve ter como objeto uma prestação pecuniária. É evidente que de uma ocorrência insusceptível de avaliação patrimonial jamais se conseguirá cifras monetárias capazes de traduzir, de forma adequada, seu valor em dinheiro.

3. LISTA DE SERVIÇOS - DECRETO-LEI N. 406/68, LEI COMPLEMENTAR N. 56/87 E LEI COMPLEMENTAR N. 116/03

A Constituição de 1.967 (art. 25, II) estabeleceu que a lei complementar seria o instrumento para estabelecer quais os serviços susceptíveis de de tributação por meio de ISS, o que foi mantido pela Emenda Constitucional n.1, de 1.969 (art. 24, II), e pelo atual Texto Supremo. Note-se que a Lei Maior não esgotou a definição de competência tributária municipal, ficando a cargo da lei complementar estabelecer os serviços de qualquer natureza que podem, havendo lei ordinária municipal, ser submetidos ao ISS. A norma constitucional contida no artigo 156, inciso III, tem, pois, eficácia limitada, reduzida, isto é, produz efeitos desde a entrada em vigor da Constituição, porém, deixa a tarefa da normatividade específica ao legislador infraconstitucional, que será competente para integrá-la, dando-lhe plena eficácia.

Em decorrência do princípio da recepção das normas (art. 34, § 5º ADT – CR/88), a aplicação da legislação anterior estaria assegurada, quando não houvesse incompatibilidade com a nova ordem. Dessa forma, na medida em que a sistemática anterior, no que tange ao ISS, teria guardado plena compatibilidade com a atual Constituição da República, os preceitos respectivos seriam mantidos, bem como seus efeitos, tendo em vista o princípio da economia de meios e formas.

Seria um despropósito obrigar as entidades legislativas a reeditarem todas as normas produzidas anteriormente à Constituição. Isso porque causaria o surgimento de conflitos e pendências referentes à observância de princípios básicos, entre eles o da irretroatividade e da anterioridade tributária, além de acarretar transtornos a seus destinatários.

Vejamos, minuciosamente, o histórico da implementação da "lista de serviços". Com a edição do Decreto-lei n. 406/68, os serviços submetidos à tributação de ISS foram articulados em 29 itens. No final do ano de 1.969, promulgado o Decreto-lei n. 834, foi dada nova redação à lista de serviços baixada anteriormente (DL n. 406/68). Novos serviços passaram a ser tributados (como o fornecimento de mão de obra, a recauchutagem, taxidermia etc.), e outros foram suprimidos.

Sob os auspícios da Emenda Constitucional n. 1, de 1.969 foi editada a Lei n. 7.912/84, acrescentando à lista o item 67, abrangendo os serviços de "profissionais de relações públicas". Mais tarde, adveio a Lei Complementar n. 56/87, que alterou a lista de serviços tributáveis pelos Municípios, incluindo, por exemplo, os itens 5 e 6 relativos à "assistência médica e congêneres" e "planos de saúde", por sinal, em largo descompasso com a ordem Constitucional então vigente. Citemos, concisamente, dentre as principais razões desse descompasso o fato de não ter sido aprovada por maioria absoluta dos votos dos membros das duas Casas do Congresso Nacional.

Posteriormente, com fundamento na competência que lhe foi atribuída pelo art. 146 da atual Constituição da República, a União editou a Lei Complementar n. 116/2003, introduzindo novo rol de serviços sujeitos à incidência do ISS e estabelecendo outras normas gerais de direito tributário relativos a este imposto.

Assinalemos que a divisão constitucional é clara:

> Art. 156. Compete aos Municípios instituir imposto sobre:
>
> (...)
>
> III – serviços de qualquer natureza, não compreendidos no art. 155, II, definidos em lei complementar.

Ora, torna-se intuitivo perceber que antes de serem "definidos" em lei complementar, a Constituição determina a existência de "serviços de qualquer natureza", o que implica reconhecer, por óbvio, que não caberia qualquer margem de equiparação para o legislador complementar. A autorização da Lei Maior alude, única e exclusivamente, a "serviços", seja qual for sua natureza, mas sempre "serviços". E nesse âmbito competencial o órgão legislativo da União, por deliberação de suas duas Casas (Câmara e Senado), obedecendo a critério de votação mais qualificado (maioria absoluta de seus membros) expedirá o diploma que vai indicar, nominalmente, os serviços susceptíveis da incidência do ISS.

3.1. Relevância da lei complementar na delimitação do serviço tributável: critério material do ISS

Nosso direito positivo compreende quatro distintos plexos normativos: a ordem total, a das regras federais, a das regras estaduais e o feixe de preceitos jurídicos dos Municípios. As três primeiras são próprias do esquema federativo, enquanto a última revela peculiaridade do regime constitucional brasileiro. Tudo pode ser resumido na coalescência de quatro sistemas: (i) o sistema nacional; (ii) o sistema federal; (iii) os sistemas estaduais; e (iv) os sistemas municipais.

Se as diferenças entre a ordem federal, a estadual e a municipal são claramente perceptíveis, fato idêntico não sucede entre a organização do Estado federal (sistema nacional) e a da União (sistema federal). Para tanto, em trabalho insuperável, Oswaldo Aranha Bandeira de Mello[78] apresenta os sinais correspondentes aos dois arranjos, de forma precisa e juridicamente escorreita, dizendo tratar-se de ordens jurídicas especiais, visto que as respectivas competências se circunscrevem aos campos materiais indicados pela ordem jurídica total.

A Carta Magna, ao estruturar a República Brasileira como sistema federativo de governo, imprimindo autonomia às pessoas jurídicas de direito público interno, representadas pela União, Estados, Distrito Federal e Municípios, atribuiu função dúplice ao Presidente da República e ao Congresso Nacional: representar a União e, simultaneamente, a República Federativa do Brasil. Esse é o motivo pelo qual a distinção dos atos normativos federais e nacionais não se faz por meio do exame da autoridade que os expediu, mas pelo seu conteúdo: se de interesse da pessoa política de direito interno denominada União, trata-se de "norma federal"; se relevante para todo o País, está-se diante de "norma nacional". Quanto aos efeitos, diferençam-se pelo fato de a norma federal vincular apenas o aparelho administrativo da União, ao passo que a nacional, não obstante editada pela mesma autoridade representativa da União, atinge também os Estados, Distrito Federal e Municípios. Como salienta Geraldo Ataliba, *"são, com efeito, nitidamente distintas a lei nacional e a lei federal, estando seu único ponto de contato na origem comum: o legislador comum"*[79].

Exemplo corriqueiro de norma nacional é o daquela veiculada pela lei complementar prevista no art. 146 da Constituição. Por introduzir no ordenamento normas gerais de direito tributário, estende sua eficácia a todas as pessoas políticas.

---

78. *Natureza jurídica do Estado federal*, São Paulo: Revista dos Tribunais, 1937, p. 40-51.

79. Normas gerais de direito financeiro e tributário e autonomia dos Estados e Municípios, *Revista de Direito Público* n. 10, p. 49.

Além desse dispositivo, diversos outros dizem respeito a conteúdos de relevância para toda a nação brasileira, conferindo à lei complementar aquele papel de mecanismo de ajuste, calibrando a produção legislativa ordinária em sintonia com os mandamentos constitucionais. É o que se verifica, com nitidez, no comando veiculado pelo art. 156, III, do Texto Supremo, que exige lei complementar definidora dos serviços de qualquer natureza, susceptíveis de tributação pelos Municípios.

Compete à legislação de caráter nacional, portanto, auxiliar na delimitação do critério material do Imposto sobre Serviços, indicando quais atividades se inserem nos limites competenciais dessa pessoa política. Tudo isso, por certo, com observância à rígida demarcação constitucional das competências tributárias.

Considerações dessa natureza levaram o Superior Tribunal de Justiça a pacificar posicionamento acerca do caráter taxativo da lista de serviços introduzida por diploma normativo com força de lei complementar:

> PROCESSUAL CIVIL E TRIBUTÁRIO. AGRAVO REGIMENTAL EM AGRAVO DE INSTRUMENTO. ISS. SERVIÇOS BANCÁRIOS. LISTA DE SERVIÇOS. TAXATIVIDADE. INTERPRETAÇÃO AMPLA. POSSIBILIDADE. NULIDADE DA CDA. MATÉRIA DE PROVA. SÚMULA 7/STJ.
>
> 1. A jurisprudência do STJ reconhece que a Lista de Serviços anexa ao Decreto-Lei 406/1968, para efeito de incidência de ISS sobre serviços bancários, é taxativa, mas admite uma leitura extensiva de cada item, a fim de se enquadrarem serviços idênticos aos expressamente previstos. Precedentes.
>
> 2. É necessário o exame de matéria fática para aferir a presença dos requisitos essenciais à validade e à regularidade da CDA, o que encontra óbice no disposto na Súmula 7/STJ.
>
> 3. Agravo Regimental não provido. (AgRg no Ag 824609/PR, Rel. Min. Herman Benjamin, Segunda Turma, DJ 24/03/2009).

De ver está que se admitíssemos interpretação favorável à possibilidade equiparativa, por parte da lei complementar, estaríamos resvalando para o campo delicado e perigoso das invasões de competência, porquanto o legislador da União, produzindo normas de legislação complementar, ficaria investido do poder ilimitado de chamar para o domínio legislativo do ISS atividades submetidas a impostos de outras pessoas políticas de direito constitucional interno (União, Estados e Distrito Federal).

A lista de serviços veiculada por lei complementar (ou por diploma normativo com força equivalente) serve para especificar ou delimitar a extensão do significado da locução "serviços de qualquer natureza". Se bem que os principais vocábulos constantes da lista de serviços sejam substantivos, exercem eles função sintática adjetiva, qualificando as atividades que, estando abrangidas pelo conteúdo semântico de "serviços", são passíveis de tributação pelos Municípios.

Em síntese, para caracterizar "serviço de qualquer natureza", nos termos empregados pelo constituinte, a prestação deve atender, simultaneamente, a dois requisitos: (i) ser serviço; e (ii) estar indicado em lei complementar.

4. A DETERMINAÇÃO CONSTANTE DO ART. 110 DO CÓDIGO TRIBUTÁRIO NACIONAL

O ISS, como procurei pontuar, tem em sua hipótese de incidência a prestação de serviços definidos em lei complementar, excluídos os de transporte interestadual e intermunicipal e de comunicação. O legislador municipal está impedido, por isso mesmo, de instituir o referido imposto relativamente a algo que não esteja compreendido no conceito de "serviço", sob pena de afronta à supremacia constitucional.

O conceito de "serviço", por sua vez, é consagrado pelo Direito Civil e foi utilizado pelo constituinte para definir competência tributária, não podendo sofrer alterações pelo legislador infraconstitucional, quer complementar, quer ordinário. É o que prescreve o art. 110 do Código Tributário Nacional, *verbis*:

> Art. 110. A lei tributária não pode alterar a definição, o conteúdo e o alcance de institutos, conceitos e formas de direito privado, utilizados, expressa ou implicitamente, pela Constituição Federal, pelas Constituições dos Estados, ou pelas Leis Orgânicas do Distrito Federal ou dos Municípios, para definir ou limitar competências tributárias.

A formulação transcrita, a bem do rigor, nem precisaria existir. É claro que uma Constituição rígida não poderia ser alterada por lei, quanto mais no campo temático das definições dos termos relativos ao alcance dos institutos, conceitos e formas de direito privado, utilizados para a discriminação das competências tributárias. O empenho do constituinte cairia em solo estéril se a lei infraconstitucional pudesse ampliar, modificar ou restringir os conceitos utilizados naqueles diplomas para redesenhar as faixas de competências oferecidas às pessoas políticas.

A inalterabilidade dos institutos de direito privado empregados na demarcação da competência tributária é, pois, imposição lógica da hierarquia de nosso sistema jurídico. Mesmo assim, naquela dimensão que alguns chamam, impropriamente, de didática do Código Tributário Nacional, ficou esclarecida e reforçada a impossibilidade cabal de expedientes dessa natureza.

Em outra oportunidade discorri sobre o assunto[80], mencionando que seria até curioso imaginar lei ordinária estabelecendo: *"de agora em diante, as máquinas de escritório serão*

---

80. COFINS – a Lei n. 9.718/98 e a Emenda Constitucional n. 20/98, *Revista de Direito Tributário* n. 75, p. 178.

equiparadas a bens imóveis, para fins de IPTU". A incidência do imposto, que por determinação constitucional alcança apenas os bens imóveis, passaria a atingir também "máquinas de escritório", o que não se pode admitir.

Esse raciocínio é perfeitamente aplicável ao ISS, alterando-se apenas a circunstância de que, em vez da tributação pelo IPTU de "máquinas de escritório", analogamente, pretendesse o legislador infraconstitucional fazer incidir o ISS sobre, por exemplo, receitas decorrentes dos contratos de prestação de garantias, como é o caso da fiança e do aval, equiparando-as, descabidamente, à remuneração pela prestação de serviços. Com tal atitude, estaria o legislador complementar ultrapassando as barreiras postas pelo constituinte, conferindo aos Municípios atribuição para tributar fatos não relacionados no seu âmbito de competência traçado constitucionalmente, sendo manifesta a incompatibilidade desse preceito com os princípios maiores do sistema jurídico tributário brasileiro.

5. O SUBSISTEMA CONSTITUCIONAL TRIBUTÁRIO, OS PRINCÍPIOS DA ESTRITA LEGALIDADE, TIPICIDADE E DA VINCULABILIDADE DA TRIBUTAÇÃO

O conceito de sistema incide em todas as regiões ônticas: no mundo dos objetos naturais, ideais, metafísicos e culturais. Falamos em sistema nervoso, sistema solar, sistema social, sistema jurídico e outros mais. Aquele que particularmente nos interessa é o sistema jurídico, locução que se refere tanto ao direito positivo quanto à ciência que o descreve.

Da concepção global de sistema jurídico-positivo, tomada a expressão como conjunto de normas associadas segundo critérios de organização prescritiva, e todas elas voltadas para o campo material das condutas intersubjetivas, extraímos o subsistema das normas constitucionais e, dentro dele, ainda, outro subsistema, qual seja o subsistema constitucional tributário.

Pode-se dizer, mesmo que em traços largos e sobremodo abrangentes, que suas unidades integrantes são as normas constitucionais que versem, direta ou indiretamente, a matéria tributária.

O subsistema do qual tratamos é fortemente marcado por enunciados de cunho axiológico, revelando a orientação do legislador constituinte em impregnar as normas de inferior hierarquia com uma série de conteúdos de preferência por núcleos significativos.

O primeiro é o cânone da legalidade, projetando-se sobre todos os domínios do direito e inserido no art. 5º, II, do Texto Constitucional vigente: "ninguém será obrigado a fazer ou deixar de fazer alguma coisa senão em virtude de lei". No setor do direito tributário, porém, esse imperativo ganha feição de maior severidade, por força do que se conclui da leitura do art. 150, I, do mesmo Diploma: "sem prejuízo de outras garantias asseguradas ao contribuinte, é vedado à União, aos Estados, ao Distrito Federal e aos Municípios: I – exigir ou aumentar tributo sem lei que o estabeleça". Em outras palavras, qualquer das pessoas políticas de direito constitucional interno somente poderá instituir tributos, isto é, descrever a regra-matriz de incidência, ou aumentar os existentes, majorando a base de cálculo ou a alíquota, mediante expedição de lei. Quadra advertir que a mensagem não é dirigida somente ao legislador das normas gerais e abstratas, mas, igualmente, ao administrador público, ao juiz e a todos aqueles a quem incumba cumprir ou fazer cumprir a lei. No desempenho das respectivas funções, a todos se volta o mandamento constitucional, que há de ser cumprido. Qualquer tipo de imposição tributária que se pretenda instituir há de curvar-se aos ditames desse primado, conquista secular dos povos civilizados, que permanece como barreira intransponível para os apetites arrecadatórios do Estado-Administração.

Em linha de princípio, o veículo introdutor da regra-matriz de incidência tributária, no ordenamento, há de ser sempre a lei (sentido lato). O primado da estrita legalidade, todavia, vem acrescer os rigores procedimentais em matéria de tributo, dizendo mais: estabelece que a lei adventícia traga, no seu bojo, os elementos descritores do fato jurídico e os dados prescritores da relação obrigacional. Esse *plus* caracteriza a tipicidade tributária.

A tipicidade tributária significa a exata adequação do fato à norma, e, por isso mesmo, o surgimento da obrigação se condicionará ao evento da subsunção, que é a plena correspondência entre o fato jurídico tributário e a hipótese de incidência, fazendo surgir a obrigação correspondente, nos exatos termos previstos em lei.

Não se verificando o perfeito quadramento do fato à norma, inexistirá obrigação tributária. Nesse percurso, *ou ocorre* a subsunção do fato à regra-matriz de incidência, *ou não ocorre*, afastando-se terceira possibilidade. Perfaz-se, aqui, a eficácia da lei lógica do terceiro excluído: a proposição "p" é verdadeira ou falsa, inadmitindo-se situação intermediária. Por outro lado, ocorrido o fato, a relação obrigacional que nasce há de ser exatamente aquela estipulada no consequente normativo.

Em síntese: sem lei anterior que descreva o fato imponível, obrigação tributária não nasce (princípio da legalidade); sem subsunção do evento à hipótese normativa, também não (princípio da tipicidade); havendo previsão legal e a correspondente subsunção do fato à norma, os elementos do liame jurídico irradiado devem equivaler àqueles prescritos na lei (princípio da tipicidade). São condições necessárias para o estabelecimento de vínculo tributário válido. O desrespeito a esses cânones fulminará, decisivamente, qualquer pretensão de cunho tributário.

A aplicação desses princípios exige que os agentes da Administração, no exercício de suas funções de gestão tributária, indiquem, pormenorizadamente, todos os elementos do tipo normativo existentes na concreção do fato que se pretende tributar. De outra parte, o princípio da vinculabilidade da tributação, recortado do Texto Supremo e inserido no art. 142 do Código Tributário Nacional, traduz uma conquista no campo da segurança dos administrados, em face dos poderes do Estado moderno, de tal forma que o exercício da administração tributária encontra-se tolhido, em qualquer de seus movimentos, pela necessidade de aderência total aos termos inequívocos da lei, não podendo abrigar qualquer tipo de subjetividade própria aos atos de competência discricionária.

5.1. A excepcional possibilidade de lei complementar disciplinar a isenção de imposto municipal

O mecanismo das isenções é um forte instrumento de extrafiscalidade. Dosando equilibradamente a carga tributária, a autoridade legislativa enfrenta as situações mais agudas, onde vicissitudes da natureza ou problemas econômicos e sociais fazem quase que desaparecer a capacidade contributiva de certo segmento social. A par disso, fomenta as grandes iniciativas de interesse público e incrementa a produção, o comércio e o consumo, manejando de modo adequado o recurso jurídico das isenções. São problemas alheios à especulação jurídica, é verdade, mas formam um substrato axiológico que, por tão próximo, não se pode ignorar. A contingência de não levá-los em linha de conta, para a montagem do raciocínio jurídico, não deve conduzir-nos ao absurdo de negá-los, mesmo porque penetram a disciplina normativa e ficam depositados nos textos do direito posto. O intérprete do produto legislado, ao arrostar as tormentosas questões semânticas que o conhecimento da lei propicia, fatalmente irá deparar-se com resquícios dessa intencionalidade que presidiu a elaboração legal.

A isenção tem de ser veiculada por lei. Nem poderíamos imaginá-la, no contexto de sua fenomenologia, se assim não fosse. Sua dinâmica pressupõe um encontro normativo, em que ela, regra de isenção, opera como expediente redutor do campo de abrangência de um dos critérios da hipótese ou da consequência da regra-matriz do tributo, impedindo que ocorra a incidência em relação às situações especificadas.

Na maioria das vezes, as isenções tributárias são concedidas por meio de lei ordinária, expedida pela pessoa política competente. O art. 151, III, da Carta Maior veda expressamente que a União institua isenções de tributos de competência dos Estados, do Distrito Federal ou dos Municípios, proibindo, assim, a chamada *isenção heterônoma*. Em princípio, portanto, apenas o ente com competência para criar o tributo pode mutilar parcialmente um dos critérios da regra-matriz tributária, introduzindo isenção no ordenamento.

A própria Constituição da República, porém, excepciona essa regra em determinados casos, admitindo que a União, mediante lei complementar, conceda isenções. O constituinte elegeu esse diploma como o veículo adequado para tratar, de forma cuidadosa, as várias outorgas de competência atribuídas às pessoas políticas, compatibilizando interesses locais, regionais e federais, debaixo de disciplina unitária de âmbito nacional, sempre que os elevados valores do Texto Supremo estiverem em jogo.

Algumas matérias, dada sua relevância para a Nação, merecem cuidados especiais, exigindo disciplinas uniformes. Assim acontece na hipótese prescrita pelo art. 156, § 3º, II, do Texto Magno. A sistemática da Carta revela a pretensão do constituinte em preservar o princípio da não-oneração das exportações com tributos que possam afetar a inserção comercial brasileira no mercado internacional. Em vista disso, e para evitar situações conflituosas entre os Municípios, autorizou-se à União, por meio de lei de caráter nacional, excluir da incidência do Imposto sobre Serviços de Qualquer Natureza as exportações de serviços para o exterior.

É o que exponho com mais vagar nos itens seguintes.

6. A ISENÇÃO INSTITUÍDA PELA LEI COMPLEMENTAR N. 116/2003

Com fundamento no permissivo veiculado pelo art. 156, § 3º, II, da Constituição da República, a União, ao editar a Lei Complementar n. 116/2003, inseriu dispositivo que disciplina a tributação, pelo ISS, das exportações de serviços, fazendo-o nos seguintes termos:

> Art. 2º. O imposto não incide sobre:
>
> I – as exportações de serviços para o exterior do País;
>
> (...)
>
> Parágrafo único. Não se enquadram no disposto no inciso I os serviços desenvolvidos no Brasil, cujo resultado aqui se verifique, ainda que o pagamento seja feito por residente no exterior. (Destaquei).

Em observância à disciplina do Imposto Sobre Serviços de Qualquer Natureza, os Municípios deverão editar lei para dispor sobre a não-incidência do imposto sobre as exportações de serviços, fazendo-o nos exatos termos prescritos pela Lei Complementar n. 116/2003.

Os dispositivos que regulam o assunto, assim como a quase totalidade dos textos do direito positivo, têm gerado discussões sobre o que seja "exportação de serviços" e quais os requisitos para que esta se configure. Nos subitens a seguir, procurarei enfrentar o assunto, com o objetivo de delimitar o exato campo de abrangência da norma isentiva.

7. EXPORTAÇÃO DE SERVIÇOS

Já mencionei que a prestação de serviços tributáveis pelo ISS consiste no exercício, por parte de alguém (prestador), de atuação que tenha por objetivo produzir uma utilidade relativamente a outra pessoa (tomador), que, por sua vez, remunera o prestador (preço do serviço). Por isso, não obstante o sujeito passivo, destinatário constitucional da exigência, seja representado por quem realiza a atividade e aufere a correspondente contraprestação monetária, é preciso dizer que não se perde de vista o tomador do serviço. Ainda que não seja compelido ao pagamento do tributo e, na maioria das vezes, nenhum dever instrumental lhe seja imposto, quem recebe a utilidade produzida figura como importante fonte de referência para o esclarecimento de aspectos concernentes ao vínculo obrigacional. O tomador do serviço integra a relação jurídica privada que desencadeia o liame obrigacional, não podendo ser desprezado na determinação da incidência, especialmente quando se trata de pessoa localizada no exterior do País.

Em face do que estipula o art. 2º, I e parágrafo único, da Lei Complementar n. 116/2003, aquele que usufrui o serviço prestado tem relevância na determinação da exigência tributária. Ora, que é exportação de serviço senão a fruição, por pessoa localizada fora dos limites territoriais da Nação, do resultado da utilidade produzida? O serviço, considerado em sua acepção estrita, esgota-se no momento de sua execução. Trata-se de "obrigação de fazer" e, como tal, não se prolonga além do instante de sua realização. Depois disso, o que permanece é seu resultado, quer dizer, o efeito decorrente da prestação do serviço.

É preciso diferençar, portanto, (i) o desenvolvimento do serviço (ii) do seu resultado. Tal distinção é confirmada pelo parágrafo único do art. 2º da Lei Complementar n. 116/2003. Referido dispositivo legal, após isentar as exportações de serviços, estabelece não se enquadrar em tal hipótese o serviço que tenha sido empreendido no País, e, cumulativamente, aqui se tenha operado o correspondente resultado. Não se trata de exceção à regra isentiva, mas de ato delimitador do que é "exportação de serviços".

Diante dessas duas variáveis, identifico quatro combinações logicamente possíveis:

caso	local em que o serviço é desenvolvido	local em que se verifica o resultado do serviço	figura jurídica
1	território nacional	território nacional	prestação interna de serviços
2	território nacional	exterior	exportação de serviços
3	exterior	território nacional	importação de serviços
4	exterior	exterior	exportação de serviços

1º caso: quando o serviço é prestado em território nacional e aqui se verifica seu resultado, estamos diante da prestação interna de serviços, tributável nos termos da legislação municipal.

2º caso: sendo o serviço prestado em território nacional, mas desencadeando seus efeitos no exterior, tem-se configurada hipótese de exportação de serviços.

3º caso: ocorrendo a prestação do serviço no exterior, com fruição da utilidade correspondente por pessoa situada no território brasileiro, configurada está a hipótese de importação de serviços, referida pelo art. 1º, § 1º, da Lei Complementar n. 116/2003[81].

4º caso: operando-se no exterior tanto a prestação do serviço como seu resultado, tem-se caracterizada a exportação de serviços.

Duas, portanto, são as possibilidades de exportação de serviço: (i) quando a atividade é desenvolvida no exterior e lá

81. Em face dos objetivos propostos neste trabalho, deixarei de tratar questões que envolvam a constitucionalidade da tributação, pelo ISS, da importação de serviços.

tem seu resultado verificado –4º caso – e (ii) quando a execução se realiza em território nacional, mas os respectivos efeitos são desencadeados no exterior – caso 2.

Neste contexto fica evidente a substancial importância da delimitação semântica do vocábulo "resultado", nos termos enunciados pela Lei Complementar n. 116/2003. O emprego, pelo legislador, da expressão "cujo resultado aqui se verifique" demonstra que o fato de o resultado do serviço não ocorrer no Brasil é determinante para caracterizar exportação de serviço, para fins de incidência do ISSQN.

7.1. Serviço tributável e resultado do serviço: a dicotomia "processo – produto"

A interpretação é inesgotável, o que importa reconhecer que os processos de geração de sentido continuam, incessantemente, acompanhando a obra ao longo de sua existência. Os fatores pragmáticos que interferem na sequência discursiva, todavia, estarão sempre reclamando alterações do texto, de tal sorte que convém ao autor, de tempos em tempos, rever os conteúdos de seu pensamento, objetivados em linguagem, para atualizar o trabalho.

Foi nessa incessante busca epistemológica de lapidação dos conceitos que percebi ficar mais nítida a compreensão dos institutos jurídicos quando refletimos sobre a convergência das palavras "norma", "procedimento" e "ato", tomadas como aspectos semânticos do mesmo objeto. Nesse sentido é a lição de Gregório Robles[82], segundo a qual as ações juridicamente reguladas podem ser objeto de análise sob a perspectiva de norma, de procedimento ou de ato, conforme o interesse do agente do conhecimento. Dito de outro modo, se nos detivermos

82. *Teoria del derecho (fundamentos de teoria comuicacional del derecho)*, vol. I, p. 233.

na concepção de que o ato é, sempre, o resultado de um procedimento e que tanto ato quanto procedimento hão de estar, invariavelmente, previstos em normas do direito posto, tornar-se-á intuitivo concluir que norma, procedimento e ato são momentos significativos de uma e somente uma realidade.

Em qualquer situação jurídica, tem-se a norma geral e abstrata, fixando um conjunto de providências (procedimento) que há de ser percorrido para que, encerrado o processo, apareça, como resultado, o produto final (ato). É o que se verifica com os termos "contrato", "lançamento", "decadência", "consulta fiscal", dentre tantos outros inerentes ao domínio do direito. Daí falarmos na inafastabilidade da dicotomia "processo – produto".

Se transpusermos o raciocínio para a região das entidades jurídicas, direcionando-o ao campo que nos interessa, podemos aludir ao "serviço", concebido como norma, como procedimento ou como ato: (i) norma como previsão abstrata disciplinadora de sua regular consecução; (ii) procedimento como a sucessão de atos para a produção da utilidade imaterial; e (iii) ato como o resultado da atividade desenvolvida.

São semanticamente válidos os três ângulos de análise. E o legislador nacional, ao editar a Lei Complementar n. 116/03, valeu-se dessa multiplicidade significativa para delimitar os efeitos tributários da importação de serviços. Ao edificar o fato jurídico da "importação de serviços", tomou como critérios (i) o local em que o serviço é desenvolvido e (ii) o lugar do seu resultado. Por outros torneios, considerou relevantes os limites territoriais em que se opera o processo e aqueles onde se concretiza o produto.

No sentido comumente empregado, resultado significa *seguimento, consequência, derivação*. Assim, para que haja efetiva exportação do serviço desenvolvido no Brasil, os efeitos ou consequências da atividade realizada devem ser desencadeados fora do território nacional.

Apresentando-se a prestação de serviços sob a forma de obrigação de fazer, entende-se por resultado o benefício decorrente da utilidade material ou imaterial desenvolvida. Ao executar o serviço, o prestador o faz para alguém, que dele se beneficia de algum modo. O resultado se verifica, portanto, nos limites territoriais em que se situa o tomador do serviço, isto é, aquele que usufrui o serviço prestado.

Diante de tal afirmação, poder-se-ia indagar: isso não viola os termos do parágrafo único do art. 2º da Lei Complementar n. 116/2003, segundo o qual é irrelevante que o pagamento seja feito por residente no exterior? A resposta é negativa. Tem-se exportação de serviços *sempre que seu resultado seja verificado no exterior*, ainda que a atividade se desenvolva em território nacional. O requisito caracterizador da exportação de serviços é o desencadeamento de efeitos para fora do território nacional, não importando quem se responsabilize pela remuneração. Daí a necessária distinção entre o tomador do serviço, entendido como aquele beneficiado pela utilidade dele decorrente, e a pessoa encarregada do pagamento. Para configurar exportação de serviços não basta a contraprestação ser paga por não-residente; é necessário que seja *prestado para não-residente*.

O mencionado preceito tem por finalidade evitar o desvirtuamento do incentivo fiscal, verificado nas hipóteses em que o serviço é prestado a pessoa domiciliada no País, sendo apenas seu pagamento oriundo de empresa estrangeira. Nesse sentido, a legislação em vigor leva-nos a concluir que a exportação de serviços qualifica-se pela prestação de serviço a não-residente, sendo este o beneficiário final e real das atividades desenvolvidas. O efetivo tomador do serviço, aquele que irá usufruir os resultados da execução, é que deve ser levado em conta para identificar a exportação do serviço.

8. PROPOSIÇÕES FINAIS

Fundado nesses pressupostos, volto às indagações propostas no introito para enfrentá-las, uma a uma.

1. Qual a regra-matriz do ISS? Qual a amplitude semântica do termo "prestação de serviços"?

Seguindo a linha reducionista do esquema da regra-matriz de incidência tributária, é possível recortar o Imposto Sobre Serviços de Qualquer Natureza da seguinte maneira:

<u>Hipótese</u>:

- **critério material**: prestar serviços de qualquer natureza, excetuando-se os serviços de transporte interestadual e intermunicipal e de comunicação;
- **critério espacial**: âmbito territorial do Município;
- **critério temporal**: momento da prestação do serviço.

<u>Consequência</u>:

- **critério pessoal**: *sujeito ativo*: Município e Distrito Federal; sujeito *passivo*: prestador do serviço;
- **critério quantitativo**: *base de cálculo*: preço do serviço; *alíquota*: aquela prevista na legislação do imposto.

Quero anotar, também, que o conceito de "prestação de serviço", nos moldes da previsão constitucional, não coincide com o sentido que lhe é comumente atribuído no domínio da linguagem ordinária. Na dimensão de significado dessa frase não se incluem: a) o serviço público, tendo em vista ser ele abrangido pela imunidade (art. 150, IV, a, da Constituição da República); b) o trabalho realizado para si próprio, despido que é de conteúdo econômico; e c) o trabalho efetuado em relação de subordinação, abrangido pelo vínculo empregatício.

2. Quais os critérios necessários para caracterizar a prestação de serviço? Qual o sentido do termo "serviços de qualquer natureza"?

Para ficar caracterizada a prestação de serviços sujeita à incidência do ISS é necessário que alguém, atuando como prestador, tenha por objetivo produzir uma utilidade relativamente a outra pessoa (tomador), a qual remunera o prestador (preço do serviço). Sendo assim, é possível enumerar os seguintes elementos que compõem a definição do termo *prestação de serviço*:

1) *Relação contratual:* negócio jurídico mediante o qual uma das partes se obrigue a praticar certa atividade.

2) *Bilateralidade*: isto é, que não seja atividade irreflexiva, e sim, objeto de um contrato bilateral, que pressupõe duas diferentes pessoas pactuantes;

3) *Conteúdo econômico*: fixando-se um "preço" em contraprestação à utilidade imaterial fornecida pelo prestador.

4) *Obrigação de fazer*: dever de prestar alguma atividade, de natureza física ou intelectual, a outrem.

5) Fazer algo *até então inexistente*: não sendo exigível, portanto, quando se tratar de obrigação que imponha a mera entrega, permanente ou temporária, de alguma utilidade que já existe.

Logo, a prestação de serviço, susceptível de percussão pelo ISS, verifica-se quando uma pessoa executar obrigação de fazer em benefício de uma segunda pessoa, mediante remuneração por parte desta.

Demais, nos termos do art. 156, III, da Constituição da República é necessário que o serviço esteja previsto em lei complementar.

Em síntese, para caracterizar "serviço de qualquer natureza", nos termos empregados pelo constituinte, a prestação deve atender, simultaneamente, a dois requisitos: (i) ser serviço; e (ii) estar indicado em lei complementar.

3. Qual a relevância da lei complementar no trato da matéria do ISS? Na hipótese de ausência normativa complementar, o art. 156, III teria plena eficácia? A lista anexa à Lei Complementar n. 116/2003 é taxativa? Justificar.

Toda lei complementar, quando aplicadora de uma das regras constantes do art. 146 da CR/88, ingressa no sistema com intuito uniformizador, objetivando homogeneizar o entendimento de matérias que podem provocar conflitos de competência. Nesta medida, a lei complementar atua como meio apto para reforçar a demarcação competencial dos entes tributantes, delineando, nas zonas de penumbra, os limites da competência tributária da União, dos Estados, do Distrito Federal e dos Municípios. E assim também o faz a Lei Complementar n. 116/2003 no trato da matéria do ISS. Foi por meio do referido Diploma que se tornou possível traçar os verdadeiros limites da competência dos Municípios, dentro daquela materialidade – "prestação de serviços" –deferida constitucionalmente pelo artigo 156, inciso III.

Vale observar que a aludida norma constitucional tem, pois, eficácia limitada, reduzida, isto é, produz efeitos desde a entrada em vigor da Constituição, porém, deixa a tarefa da normatividade específica ao legislador infraconstitucional, que será competente para integrá-la, dando-lhe plena eficácia.

Sem sombra de dúvidas é de afirmar-se o caráter taxativo da lista de serviços introduzida pela lista anexa à Lei Complementar n. 116/2003. De ver está que se assim não a entendêssemos estaríamos resvalando para o campo delicado e perigoso das invasões de competência, porquanto o legislador da União, produzindo normas de legislação complementar, ficaria investido do poder ilimitado de chamar para o domínio legislativo do ISS atividades submetidas a impostos de outras pessoas políticas de direito constitucional interno (União, Estados e Distrito Federal).

A lista de serviços veiculada por lei complementar (ou por diploma normativo com força equivalente) serve para especificar ou delimitar a extensão do significado da locução "serviços de qualquer natureza". Não obstante os principais vocábulos constantes da lista de serviços sejam substantivos, estes exercem função sintática adjetiva, qualificando as atividades que, estando abrangidas pelo conteúdo semântico de "serviços", são susceptíveis de tributação pelos Municípios.

4. Que significa "exportação de serviços"? Quais os requisitos necessários para conformar uma prestação de serviço como exportação? Que elemento identifica uma exportação de serviços? Quais as hipóteses de exportação de serviços?

A exportação de serviços qualifica-se pela prestação de serviço a não-residente, sendo este o beneficiário final e real das atividades desenvolvidas. Em outras palavras, é a fruição, por pessoa localizada fora dos limites territoriais da Nação, do resultado da utilidade produzida. Tem-se como constitutivo do conceito, portanto, sempre a exigência de que seu resultado seja verificado no exterior, ainda que a atividade se desenvolva em território nacional, fazendo-se a ressalva de que o serviço, considerado em sua acepção estrita, esgota-se no momento da execução. É preciso diferençar, portanto, (i) o desenvolvimento do serviço e (ii) seu resultado: entende-se por resultado o benefício decorrente da utilidade material ou imaterial desenvolvida. O resultado nas hipóteses de *exportação de serviços* se verifica, portanto, nos limites territoriais em que se situa o tomador do serviço, isto é, aquele que usufrui o serviço prestado.

O requisito caracterizador da exportação de serviços é, justamente, o desencadeamento de efeitos para fora do território nacional, não importando quem se responsabilize pela remuneração. Daí a necessária distinção entre o tomador do serviço, entendido como aquele que se beneficia da utilidade dele decorrente, e a pessoa que efetua o pagamento. Para configurar exportação de serviços não basta que a contraprestação seja paga por não-residente; é necessário que seja *prestado para não-residente.*

A Lei Complementar n. 116/2003, após isentar as exportações de serviços, determina não se enquadrar em tal hipótese o serviço que tenha sido desenvolvido no País, e, cumulativamente, aqui se tenha operado seu resultado. Não se trata de exceção à regra isentiva, mas de verdadeira delimitação acerca do que seja “exportação de serviços”. Logo, cravada a premissa dos conceitos referidos no Diploma mencionado, creio que haveria somente duas hipóteses de exportação de serviços: (i) serviço prestado em território nacional, mas desencadeando efeitos no exterior do País; e, (ii) serviço em que, operados no exterior tanto a prestação como seu resultado, caracteriza a exportação.

5. A quem compete instituir isenção? O que significa isenção heterônoma? Qual o veículo introdutor apropriado para inserir uma isenção no sistema? A desoneração de tributos na exportação de serviços caracteriza-se como isenção?

Em princípio, apenas o ente com competência para criar o tributo pode mutilar parcialmente um dos critérios da regra-matriz tributária, introduzindo isenção no ordenamento. De forma excepcional, somente nos casos previstos pelo art. 146 da CR/88 é que se torna possível a União, no papel de legislador nacional (e não da federação), instituir isenções de tributos por meio de lei complementar.

Isenção heterônoma é a hipótese de que trata o art. 151 da Carta Magna em que se veda à União instituir isenções de tributos de competência dos Estados, do Distrito Federal ou dos Municípios.

A desoneração de tributos na exportação de serviços caracteriza-se como isenção. De ver está que a sistemática constitucional revela que o legislador constituinte pretendeu preservar o princípio da não-oneração das exportações com tributos que possam afetar a inserção comercial brasileira no mercado externo. Em vista disso, e para evitar situações conflituosas entre os Municípios, é que se autorizou à União, por meio de lei de caráter nacional, excluir da incidência do Imposto sobre Serviços de Qualquer Natureza as exportações de serviços para o exterior.

TEMA XXIII

IMPOSTO DE TRANSMISSÃO DE BENS IMÓVEIS: Nos casos de cisão e venda de ações

Sumário: 1. Introdução. 2. Noção de imunidade tributária. 3. Imunidades tributárias relativas ao ITBI. 4. Da regra-matriz de incidência tributária do ITBI. 5. Exemplo prático: a disciplina jurídica dos Municípios de Cachoeira Dourada, Estado de Goiás, e Cachoeira Dourada, Estado de Minas Gerais, relativamente ao fato jurídico tributário do ITBI. 6. A classificação das ações como bens móveis. 7. Não-incidência do ITBI sobre a venda de ações. 8. A fenomenologia da incidência jurídico-tributária e a inocorrência do fato imponível do ITBI. 9. Considerações finais.

1. INTRODUÇÃO

A todo o momento, instado pelas dificuldades da interpretação, envolvido com toda a sorte de peculiaridades desse ente cultural que é o direito, o exegeta vê-se na contingência de lançar um olhar retrospectivo, recuperando o espaço das noções fundamentais, ali onde estão depositados os conceitos básicos de sua Ciência. Ei-lo de volta à Teoria Geral do Direito; ei-lo refletindo sobre o conhecimento jurídico, numa posição de filósofo do seu saber, para regressar com toda a força, dando sustentação a suas teses no domínio das dogmáticas. E nesta tarefa cognoscitiva, fará os cortes metodológicos que a matéria exige.

Já fiz observar que, dentre os muitos traços que lhe são peculiares, o direito oferece o dado da linguagem como seu integrante constitutivo. A linguagem não só fala do objeto (Ciência do Direito), como participa de sua constituição (direito positivo). Se é verdade que não há fenômeno jurídico sem prescrições escritas ou não escritas; também é certo que não podemos cogitar de manifestação do direito sem uma linguagem, idiomática ou não, que lhe sirva de veículo de expressão. Mantenho presente a concepção pela qual interpretar é atribuir valores aos símbolos, isto é, adjudicar-lhes significações e, por meio dessas, referências a objetos.

Venho assinalando, também, que a linguagem, típica realização do espírito humano, é sempre um objeto da cultura e, como tal, carrega consigo valores. Como decorrência imediata, o direito positivo se apresenta aos nossos olhos como objeto cultural por excelência, plasmado numa linguagem que porta, necessariamente, conteúdos axiológicos. Agora, esse oferecer-se em linguagem significa dizer que aparece na amplitude de um texto, fincado este num determinado corpus que nos permite construir o discurso, utilizada aqui a palavra na acepção de plano de conteúdo, a ser percorrido no processo gerativo de sentido. Surgirá o texto quando promovermos a união do plano de conteúdo ao plano de expressão, vale dizer, quando se manifestar um empírico objetivado, que é o plano expressional.

Tendo firmes essas premissas, trato da incidência do imposto de transmissão de bens imóveis, procurando responder aos quesitos propostos:

1. É lícita a exigência de ITBI nos casos em que a transferência da propriedade imobiliária decorra de cisão societária?

2. Qual a natureza jurídica das ações de sociedades anônimas? Seriam elas bens imóveis?

3. É possível a incidência do ITBI em virtude da realização de negócios jurídicos cujo objeto seja a alienação de ações?

2. NOÇÃO DE IMUNIDADE TRIBUTÁRIA

O sistema jurídico positivo é formado, consoante já vimos, de regras de conduta e de regras de estrutura. As últimas, também denominadas normas de produção, de formação ou de transformação de outras normas, assumem extraordinária importância para a configuração do direito posto, e entre elas é que vamos encontrar os preceitos de imunidade.

Firmemo-nos, então, no campo eletivo das normas que estabelecem de que modo criar novas regras jurídicas válidas no sistema, para examinarmos as prescrições de imunidade tributária.

Delimitando a abrangência das competências tributárias dos entes tributantes, as imunidades aparecem como estruturas normativas de sobrenível, segundo as quais instituem os limites materiais e formais da atividade legiferante tributária. Nesta medida, trata-se de regra constitucional, pois enunciada no Texto Maior, que dispõe acerca da construção de outras regras, quais sejam, as regras de competência legislativa em matéria de direito tributário. Só mediante tais reflexões introdutórias poderemos definir *imunidades* como a classe finita e imediatamente determinável de normas jurídicas, contidas no texto da Constituição Federal, e que estabelecem, de modo expresso, a incompetência das pessoas políticas de direito constitucional interno para expedir regras instituidoras de tributos que alcancem situações específicas e suficientemente caracterizadas.

3. IMUNIDADES TRIBUTÁRIAS RELATIVAS AO ITBI

Ao tocarmos no tema das imunidades tributárias de imediato vem à mente o enunciado do art. 150, VI, do Texto Maior vedando à União, aos Estados, ao Distrito Federal e aos Municípios, instituir impostos sobre os fatos ali relacionados. São algumas das hipóteses de imunidade: (i) recíproca; (ii) dos templos de qualquer culto; (iii) dos partidos políticos e das instituições educacionais ou assistenciais; e (iv) do livro, dos periódicos e do papel destinado à sua impressão. Não sobeja repisar que, além do texto do inciso VI do art. 150, acima referido, outras hipóteses de imunidade encontram-se espalhadas no plano constitucional. É o que se verifica, por exemplo, no art. 5º, XXXIV; art. 153, §3º, III; art. 153, §4º; art. 155, §2º, X, "a", "b" e "c"; art. 155, §3º; art. 156, II; art. 156, §2º, I; art. 184, §5º; art. 195, §7º, etc., em que a tributação de determinados acontecimentos da vida social é terminantemente proibida.

Para além do rigor, vale mencionar que o constituinte, referindo-se às imunidades tributárias, deixou de se ater a uma fórmula expressional exclusiva para fins de demarcar, de maneira negativa, o âmbito das competências constitucionais tributárias. Desta maneira, podemos afirmar não existir uniformidade na forma enunciativa das regras imunizantes do Texto Constitucional. Vide exemplos dos arts. 184, § 5º e 195, III, § 7º. Conquanto o legislador da CR/88 mencione a palavra "isentas" nos referidos enunciados, dão-se por firmadas verdadeiras regras imunizantes, determinando situações não passíveis de tributação. Em outras oportunidades, a expressão "não incide" ou "não incidirá" é que foi utilizada para impedir a tributação. Independentemente, portanto, da terminologia constante da Carta Magna, tratando-se de norma que torne inviável a imposição tributária, estará configurada a imunidade.

No que diz respeito ao ITBI, a Constituição indicou, no art. 156, inciso II, a materialidade de certos fatos sobre os quais os Municípios podem legislar, instituindo tributo:

> Art. 156. Compete aos Municípios instituir imposto sobre:
>
> (...)
>
> II – transmissão inter vivos, a qualquer título, por ato oneroso, de bens imóveis, por natureza ou acessão física, e de direitos reais sobre imóveis, exceto os de garantia[83], bem como cessão de direitos a sua aquisição;

Ao mesmo tempo, apontou situações não passíveis de tributação por esses entes, alcançadas pela imunidade tributária. É o que prescrevem o art. 156, § 2º, I e o art. 184, § 5º, *in verbis*:

> Art. 156.
>
> (...)
>
> § 2º. O imposto previsto no inciso II:
>
> I – não incide sobre a transmissão de bens ou direitos incorporados ao patrimônio de pessoa jurídica em realização de capital, nem sobre a transmissão de bens ou direitos decorrente de fusão, incorporação, cisão ou extinção de pessoa jurídica, salvo se, nesses casos, a atividade preponderante do adquirente for a compra e venda desses bens ou direitos, locação, de bens imóveis ou arrendamento mercantil;
>
> Art. 184.
>
> (...)
>
> § 5º. São isentas de impostos federais, estaduais e municipais as operações de transferência de imóveis desapropriados para fins de reforma agrária.[84]

---

83. A exceção referida no dispositivo transcrito representa uma proibição ao legislador ordinário, que não pode tributar a transferência de direitos reais de garantia sobre bens imóveis. Logo, estamos diante de uma imunidade tributária relativa ao ITBI.

84. Saliente-se que no dispositivo transcrito o legislador empregou, equivocadamente, o termo "são isentas" em vez de "são imunes". É pacífico, entretanto, o entendimento de que a imunidade é regra constitucional, ao passo que a isenção se dá no plano da legislação infraconstitucional, motivo,

A imunidade prescrita no art. 184, § 5º, do Texto Maior, tem por objetivo dar maior presteza à transferência dos imóveis desapropriados para fins de reforma agrária, tendo em vista que a propriedade atenda à sua função social, nos termos do art. 5º, XXIII e XXIV, da Carta Magna. Já o escopo do preceito imunizante constante do art. 156, § 2º, I, do Diploma Maior é, segundo Sacha Calmon Navarro Coêlho[85], o de

> [...] facilitar a 'mobilização' dos bens de raiz e a sua posterior 'desmobilização', de modo a facilitar a formação, a transformação, a fusão, a cisão e a extinção de sociedades civis e comerciais, não embaraçando com o ITBI a movimentação dos imóveis, quando comprometidos com tais situações.

Com efeito, verificamos que o constituinte traçou, de forma pormenorizada, os contornos da materialidade do ITBI. Sistematizando o tema, podemos relacionar as hipóteses em que o referido imposto tem sua incidência constitucionalmente vedada: (i) transmissão dos direitos reais de garantia sobre bens imóveis (art. 156, II); (ii) transferência de imóveis desapropriados para fins de reforma agrária (art. 184, § 5º); e (iii) transmissões de bens imóveis ou direitos incorporados ao patrimônio de pessoa jurídica em realização de capital, decorrentes de fusão, incorporação, cisão ou extinção de pessoa jurídica (art. 156, § 2º, I).

Houve por bem o constituinte afastar a possibilidade da instituição do ITBI sempre que o objeto da transmissão imobiliária tiver como destino a composição do capital de pessoa jurídica ou sua fusão, incorporação, cisão ou extinção. Logo, não restam dúvidas: o enunciado prescritivo constante do art. 156, §2º, I, do Texto Maior, impede a tributação, pelo imposto sobre

---

segundo o qual deve-se concluir que o art. 184, §5º da Lei Maior institui verdadeira imunidade e não isenção.

85. *Comentários à Constituição de 1988*: Sistema Tributário, 2ª ed., Rio de Janeiro: Forense, 1990, p.408.

transmissão *inter vivos*, da transmissão de bens ou direitos decorrentes de cisão, excetuando-se apenas a hipótese da atividade preponderante do adquirente ser a compra e venda desses bens ou direitos, locação de imóveis ou arrendamento mercantil.

4. DA REGRA-MATRIZ DE INCIDÊNCIA TRIBUTÁRIA DO ITBI

Tenho como assente que a "regra-matriz de incidência tributária" é composta minimamente, de cinco critérios, sendo três na hipótese e dois no consequente. Aqueles observados no antecedente normativo descrevem o fato (critérios material, espacial e temporal) em decorrência do que se origina a obrigação de recolher o gravame. Nesta medida, ocorrida a subsunção do fato à norma, dá-se o vínculo relacional, constante do consequente da regra de incidência tributária (critérios pessoal e quantitativo).

Ingressemos, de pronto, no esquema lógico do critério material da hipótese tributária, procurando, dentro desse aspecto, seus elementos fundamentais, representados por um verbo e seu complemento. Não obstante o constituinte tenha deixado de consignar expressamente o verbo que integra o critério material do imposto sobre a transmissão de bens imóveis *inter vivos*, a interpretação sistemática nos leva a concluir pela adequação do termo "realizar" ou seus sinônimos, como "praticar", "efetuar", "executar", "efetivar", "fazer", pois a significação construída a partir de tais vocábulos está apta a expressar o fato típico escolhido para dar nascimento ao referido imposto.

Verificado o verbo, passemos ao seu complemento. Este, segundo o comando constitucional, está representado pela expressão "transmissão *inter vivos*, a qualquer título, por ato oneroso, de bens imóveis, por natureza ou acessão física, e de direitos reais sobre imóveis, exceto os de garantia, bem como cessão de direitos a sua aquisição". A locução deve ser analisada em sua totalidade, pondo em evidência os fatos sobre as quais o constituinte fez recair a tributação, bem como aqueles que deixou fora do âmbito de incidência tributária.

Mais do que isso. O texto constitucional deve ser examinado em sua integridade, propiciando a interpretação sistemática efetuada com base numa visão larga e abrangente do direito, para tanto compreendendo o texto legislado como algo impregnado de toda a pujança que a ordem jurídica ostenta. Imprescindível, dessa maneira, para delimitar o aspecto material do imposto sobre transmissão de bens imóveis *inter vivos*, o recurso não só às normas de competência positiva, mas também às de incompetência, ou seja, àquelas que impedem a instituição de tributos sobre determinados fatos. Enquadra-se nesse plano de indagação o disposto no inciso I, do § 2º, do art. 156, bem como o preceituado no § 5º, do art. 184, ambos do Texto Supremo.

Da conjugação desses preceitos temos o critério material do imposto sobre a transmissão de bens imóveis *inter vivos*, qual seja: transmissão, a qualquer título, por ato oneroso, de bens imóveis, por natureza ou acessão física, e de direitos reais sobre imóveis, bem como cessão de direitos a sua aquisição, não se incluindo a transmissão de direitos reais de garantia, nem a transmissão de bens ou direitos incorporados ao patrimônio de pessoa jurídica em realização de capital, ou a transmissão de bens ou direitos decorrente de fusão, incorporação, cisão ou extinção de pessoa jurídica, quando a atividade preponderante do adquirente não for a compra e venda desses bens ou direitos, locação de bens imóveis ou arrendamento mercantil, nem a transferência de imóveis desapropriados para fins de reforma agrária.

Quanto ao critério espacial, o constituinte demarcou-o, fazendo corresponder ao âmbito territorial do Município em que se localizam os bens imóveis transmitidos (art. 156, § 2º, II, da CR/88), atribuindo a essa pessoa jurídica de direito público interno a competência para instituir e exigir o tributo, figurando no polo ativo da relação jurídica tributária (critério pessoal – sujeito ativo).

No que diz respeito aos critérios temporal, pessoal (sujeito passivo) e quantitativo, o constituinte deixou sua escolha ao legislador ordinário, desde que, evidentemente, este não o faça com violação a qualquer dos preceitos constitucionais: o instante em que se considera ocorrido o fato jurídico tributário não pode ser anterior ao evento, devendo corresponder ao momento em que se efetiva a transmissão imobiliária; o sujeito passivo precisa estar intimamente relacionado à prática do fato jurídico, não cabendo ser pessoa diversa do transmitente ou adquirente; a base de cálculo há de medir o fato típico, ou seja, a transmissão do bem imóvel; e a alíquota não pode ser excessiva, de modo que ofenda a capacidade contributiva, o que viria a caracterizar confisco, proibido pelo comando do art. 150, IV, do Texto Maior.

Preenchendo o arranjo sintático da regra-matriz de incidência tributária com a linguagem do direito positivo, tomando, para esse fim, o modelo constitucionalmente traçado, teremos:

- <u>Hipótese</u>:

(a) **critério material**: transmissão, a qualquer título, por ato oneroso, de bens imóveis, por natureza ou acessão física, e de direitos reais sobre imóveis, bem como cessão de direitos a sua aquisição, **não se incluindo** a transmissão de direitos reais de garantia, nem a transmissão de bens ou direitos incorporados ao patrimônio de pessoa jurídica em realização de capital, ou a transmissão de bens ou direitos decorrente de fusão, incorporação, cisão ou extinção de pessoa jurídica, quando a atividade preponderante do adquirente não for a compra e venda desses bens ou direitos, locação de bens imóveis ou arrendamento mercantil, nem a transferência de imóveis desapropriados para fins de reforma agrária;

(b) **critério espacial**: território do Município;

(c) **critério temporal**: instante em que se dá a transmissão imobiliária;

Consequente:

(d) **critério pessoal**: (d.1) *sujeito ativo*: Município em que estiver situado o imóvel; (d.2) *sujeito passivo*: transmitente ou adquirente, conforme determinação legal;

(e) **critério quantitativo**: (e.1) *base de cálculo*: valor venal do imóvel transmitido; (e.2) *alíquota*: percentual fixado em lei.

Prestados tais esclarecimentos, e tendo em vista demonstrar a aplicação prática do plano teórico às estruturas fácticas das experiências sociais é que tomo exemplo da apuração do ITBI pelos Municípios de Cachoeira Dourada – Estado de Goiás, e Cachoeira Dourada – Estado de Minas Gerais, para, ao final, demonstrar a aplicabilidade das diferentes formas de verificação e análise da compatibilidade ou não das legislações municipais com o modelo constitucional desenhado pela CR/88 para o referido tributo, objetivando com isso proporcionar instrumental teórico suficiente para averiguar a constitucionalidade das citadas exigências tributárias.

5. EXEMPLO PRÁTICO: A DISCIPLINA JURÍDICA DOS MUNICÍPIOS DE CACHOEIRA DOURADA, ESTADO DE GOIÁS, E CACHOEIRA DOURADA, ESTADO DE MINAS GERAIS, RELATIVAMENTE AO FATO JURÍDICO TRIBUTÁRIO DO ITBI

A legislação tributária do ITBI em Cachoeira Dourada, Estado de Goiás, está prescrita na Lei Complementar n. 001/97 (Código Tributário Municipal) e na Lei n. 01/89.

No que diz respeito à norma geral e abstrata da referida exação, prescrevem os citados textos legais:

> Lei Complementar n. 001/97
>
> Art. 95. Imposto sobre a Transmissão de Bens Imóveis incide sobre a transmissão de bens imóveis, mediante ato oneroso, inter vivos, e tem como fato gerador:
>
> I – A transmissão da propriedade ou do domínio útil de bens imóveis, por natureza ou acessão física, conforme definidos no Código Civil;
>
> II – A transmissão de direitos reais sobre imóveis, exceto os direitos reais de garantia;
>
> III – A cessão de direitos relativos às transmissões referidas nos incisos anteriores.
>
> Art. 98. O imposto não incide:
>
> (...)
>
> III – Sobre as transmissões de bens ou direitos incorporados ao patrimônio de pessoa jurídica em realização de capital, nem sobre a transmissão de bens ou direitos decorrentes de fusão, incorporação, cisão ou extinção de pessoa jurídica, salvo se nesses casos, a atividade preponderante do adquirente for a compra e venda desses bens ou direitos, locação de imóveis ou arrendamento mercantil;
>
> Lei n. 01/89:
>
> Art. 2º. O imposto de transmissão de bens imóveis 'inter vivos' tem como fato gerador a transmissão, a qualquer título, por ato oneroso, de bens imóveis, por natureza ou acessão física e de direitos reais sobre imóveis, exceto os de garantia, bem como a cessão de direitos e a sua aquisição. (...)
>
> Art. 3º. O imposto previsto no artigo anterior não incide sobre a transmissão de bens ou direitos incorporados ao patrimônio da pessoa jurídica em realização de capital, nem sobre a transmissão de bens ou direitos decorrentes de fusão, incorporação, cisão ou extinção de pessoa jurídica,

> salvo se, nesses casos, a atividade preponderante do adquirente for a compra e venda desses bens ou direitos, locação de bens imóveis ou arrendamento mercantil.

O Município de Cachoeira Dourada, Estado de Minas Gerais, por sua vez, ao disciplinar o imposto sobre a transmissão de bens imóveis *inter vivos* por ato oneroso, editou a Lei n. 567/91, relacionando, no art. 50 combinado com o art. 54, o fato jurídico que enseja a respectiva obrigação tributária:

> Art. 50. O Imposto sobre a Transmissão Inter Vivos de Bens Imóveis e de Direitos Reais sobre Imóveis – ITBI – tem como fato gerador:
>
> I – a transmissão onerosa a qualquer título, da propriedade ou do domínio útil do bem imóvel por natureza ou por acessão física, como definido na lei civil, localizado no território do Município;
>
> II – a transmissão onerosa a qualquer título, de direitos reais, com exceção dos de garantia, sobre imóveis situados no território do Município;
>
> III – a cessão onerosa de direitos relativos a bens imóveis nas situações referidas nos incisos anteriores;
>
> IV – as tornas e/ou reposições.
>
> Art. 54 – O Imposto sobre a Transmissão Inter Vivos de Bens Imóveis e de Direitos Reais sobre Imóveis – ITBI – não incide sobre a transmissão de bens imóveis e de direitos a ele relativos quando:
>
> I – a sentença em ação de usucapião for prolatada em favor do usucapiente, excetuada a hipótese da alínea 'b' do inciso XIII do art. 50;
>
> II – o adquirente for:
>
> a) partido político; a União; o Estado; qualquer Município e suas respectivas autarquias e fundações; instituição religiosa e a aquisição de terreno e/ou prédio se destinar a templo de qualquer culto;

> b) instituição de educação e de assistência social, desde que o bem imóvel ou direito sejam efetivamente utilizados no atendimento de suas atividades essenciais;
>
> III – a incorporação ao patrimônio de pessoa jurídica for efetivada para realização da cota parte de capital;
>
> IV – decorrer da fusão, da incorporação ou da extinção de pessoa jurídica;
>
> V – da partilha igualitária nas dissoluções da sociedade conjugal.

Diante dos enunciados prescritivos acima transcritos, observa-se que tanto o Município de Cachoeira Dourada do Estado de Goiás como o do Estado de Minas Gerais, reproduziram o texto constitucional, excluindo da tributação as transmissões de bens imóveis decorrentes de alterações societárias. E, não obstante um desses entes políticos (Município de Cachoeira Dourada, Estado de Minas Gerais) tenha deixado de referir-se expressamente à não-incidência do ITBI na hipótese de cisão de pessoa jurídica, tal lacuna não implica sujeição àquele imposto.

Fique consignado que a legislação municipal sequer precisava dispor sobre a "não incidência" nas hipóteses de transmissão de bens ou direitos decorrentes de fusão, incorporação, cisão ou extinção de pessoa jurídica ou mesmo nas hipóteses de transmissão de direitos reais de garantia ou de bens ou direitos incorporados no patrimônio da pessoa jurídica em realização de capital. Como já mencionei, esse assunto é disciplinado no altiplano constitucional, configurando imunidade tributária. Assim, sendo o Município incompetente para criar o ITBI sobre tais fatos, desnecessária a existência de lei municipal determinando, de forma expressa, a impossibilidade de incidência tributária relativamente a tais acontecimentos.

Dito de outra maneira, em virtude de incompetência jurídica para cuidar do tema sob análise, não cabe ao Município instituir a não-incidência quanto a situações que já são, por determinação constitucional, imunes. Por decorrência, na hipótese da lei municipal insistir na reprodução do comando imunizante contido na Carta Magna, inadmissível admitir que, com fundamento na precária redação empreendida pelo legislador do Município, fique violado o Texto Maior, mediante exigência tributária de fatos que, não obstante sejam imunes, deixaram de ser referidos na legislação ordinária.

6. A CLASSIFICAÇÃO DAS AÇÕES COMO BENS MÓVEIS

"Classificar" é distribuir em classes; é dividir os termos segundo a ordem ou extensão ou, para dizer de modo mais preciso, é separar os objetos em grupamentos de acordo com as semelhanças que entre eles existam, mantendo-os em posições fixas e exatamente determinadas com relação às demais classes. Os diversos grupos de uma classificação recebem o nome de "espécies" e "gêneros", sendo que as primeiras (espécies) designam grupos contidos em uma classe mais extensa, enquanto os segundos (gêneros) são os grupamentos mais amplos que contêm as espécies. Estas diferençam-se umas das outras em virtude de caracteres que se verificam em apenas uma delas, estando ausente nas demais. Esse elemento de discrímen entre as espécies de um determinado gênero denomina-se "diferença específica" ou "diferença", simplesmente, consistindo no conjunto das qualidades que se acrescentam ao gênero para a determinação da espécie.

Diante da infinitude de critérios definidores que podem ser colhidos pelo ser humano, ao elaborar classificações, o número de classes possíveis é infinito. E, considerando que as classificações, desde que feitas de acordo com as regras da lógica das classes, não são certas ou erradas, mas poderão ser úteis ou inúteis, devemos ater-nos àquela que se mostra relevante ao estudo aqui realizado, qual seja, a divisão dos bens em móveis e imóveis, cuja importância é revelada na distinção da sua disciplina jurídica, em especial no que diz respeito ao regramento da aquisição e transferência desses bens e dos respectivos direitos.

De forma sucinta, podemos definir os bens imóveis como aqueles que não podem ser transportados de um lugar para outro sem sua destruição ou alteração substancial, ao passo que os bens móveis são os que podem ser transportados de um local para outro, por força própria ou alheia, sem que isso implique destruição ou modificação de sua substância. Tal como determina o Código Civil nos artigos 79 a 84.

A classificação dos bens em imóveis e móveis, acima explanada, estende-se aos direitos imobiliários ou mobiliários. Os direitos reais de servidão, uso, habitação e enfiteuse, por exemplo, são direitos imobiliários, pois somente podem recair sobre imóveis, ao passo que o usufruto será mobiliário ou imobiliário conforme a natureza dos bens gravados.

Deixando de lado o exemplo que já se explica por si só, passo a verificar a situação das ações societárias. Fábio Ulhoa Coelho define as ações de companhias abertas como "*o valor mobiliário representativo de uma parcela do capital social da sociedade anônima emissora que atribui a seu titular a condição de sócio desta*"[86]. Sua natureza, portanto, é de bem móvel, semelhantemente ao que ocorre com as moedas e títulos da dívida pública, haja vista serem perfeitamente susceptíveis de remoção. É a orientação de Caio Mário da Silva Pereira:

> Estão, ainda, na classe dos móveis incorpóreos, as quotas de capital ou ações que tenha o indivíduo em uma sociedade mercantil, seja esta de que natureza for (em nome coletivo ou por quotas de responsabilidade limitada, de capital e indústria, em comandita ou anônima). O interesse, a quota-parte no capital, a ação da sociedade anônima, representam para o tomador um valor mobiliário e incorpóreo,

86. *Curso de direito comercial*, 2ª ed., São Paulo: Saraiva, 2000, vol. II, p. 82.

> que se traduz na faculdade de participar das deliberações ou de influir na constituição dos órgãos de direção, bem como perceber, enquanto durar a sociedade, as vantagens que esta persegue, e a embolsar, quando de sua liquidação, uma parte proporcional no seu ativo líquido. Qualquer que seja o acervo do ente coletivo, a parte no capital, representada por uma quota ou uma ação, é um efeito móvel, e, como tal, deve ser tratada.[87]

De fato, as ações nada mais são do que títulos de natureza móvel, inconfundíveis com o acervo patrimonial da sociedade.

7. NÃO-INCIDÊNCIA DO ITBI SOBRE A VENDA DE AÇÕES

O ITBI tem em sua hipótese de incidência a transmissão de propriedade imobiliária *inter vivos* por ato oneroso, ou seja, recai somente sobre a transferência de bem imóvel. O legislador municipal está impedido, por isso mesmo, de instituir o referido imposto relativamente a algo que não esteja compreendido no conceito de "bem imóvel", sob pena de afronta à supremacia constitucional.

Os conceitos de bens imóveis por natureza e por acessão física, de sua parte, são consagrados pelo Direito Civil e foram utilizados pela Constituição da República para definir competências tributárias, não podendo, em consequência, sofrer alterações pelo legislador ordinário, tal como prescreve o art. 110 do Código Tributário Nacional[88]. Portanto, não é possível que Município de Cachoeira Dourada, Estado de Goiás, faça incidir

87. *Instituições de direito civil*, 19ª ed., Rio de Janeiro: Forense, 2001, vol. I, p. 268.

88. Sobre referido artigo, ver item 4. A determinação constante do art. 110 do Código Tributário Nacional relativo ao tema *Impostos sobre Serviços de Qualquer Natureza*.

o ITBI, como pretende, sobre a "venda de ações", equiparando-as, descabidamente, a bens imóveis.

As ações, quero reafirmar, são títulos de natureza móvel. E tal característica remanesce ainda que a sociedade seja proprietária de imóveis, pois o patrimônio da pessoa jurídica não se transfere com a simples venda de suas ações. Consoante se manifestou o Supremo Tribunal Federal,

> as ações da sociedade não representam fração do domínio dos bens imóveis que integram o acervo social. Assim, como o título de natureza móvel, na sua transferência de um sócio para outro, não se opera substituição alguma do sujeito ou titular da propriedade, de cujo direito não se despoja a sociedade[89].

Não sendo as ações bens imóveis, incabível a tributação, pelo ITBI, dos negócios jurídicos em que estas figuram como objeto de compra e venda. Pacífico, nesse sentido, o posicionamento da Suprema Corte, conforme se observa da súmula e ementas abaixo transcritas:

> Súmula n. 329: O imposto de transmissão *inter vivos* não incide sobre a transferência de ações de sociedade imobiliária.
>
> É indevido o Imposto de Transmissão, em virtude da compra de ações, de acordo com a Súmula 329. (Embargos no RE 23794, Tribunal Pleno, Rel. Min. Hahnemann Guimarães, DJ 17.09.64).
>
> Ações de sociedades anônimas ainda quando estas cuidam de compras e vendas de imóveis, representam direitos pessoais, e não tais, escapando, assim, a sua transferência ao imposto do art. 19, III, da Constituição Federal. (STF – Primeira Turma, AI 23736, Rel. Nelson Hungria, DJ 24.07.61).

89. Trecho do voto do Min. Ribeiro da Costa, no julgamento do RE 22.935-SP, de 17/09/53.

> Imposto de transmissão inter-vivos; não pode ser cobrado pelas transferências de ações de sociedades que tenham por objeto a exploração dos bens imóveis. A legislação fiscal estadual não pode alterar o conceito da propriedade imóvel adotado pelo direito federal. (STF, 1ª Turma – RE 23393 – Rel. Min. Nélson Hungria, DJ de 03.06.54).

Por todo o exposto, não cabe qualquer exigência do pagamento de ITBI nas hipóteses em que se verificou a venda de ações, tendo em vista que estas são bens móveis, não sujeitos à imposição municipal.

8. A FENOMENOLOGIA DA INCIDÊNCIA JURÍDICO-TRIBUTÁRIA E A INOCORRÊNCIA DO FATO IMPONÍVEL DO ITBI

Diante do exposto, e tendo em vista as considerações feitas sobre a fenomenologia da incidência tributária no decorrer deste livro, percebe-se que, no caso assinalado no presente estudo, inocorreu o fato jurídico tributário do ITBI. Para que este se verifique, necessária a ocorrência de evento que se encaixe na hipótese de incidência, com o respectivo relato em linguagem competente, o que não aconteceu na situação mencionada.

É bom lembrar que o critério material desse imposto consiste na transmissão, a qualquer título, por ato oneroso, de bens imóveis, por natureza ou acessão física, e de direitos reais sobre imóveis, bem como cessão de direitos à sua aquisição, não se incluindo a transmissão de direitos reais de garantia, nem a transmissão de bens ou direitos incorporados ao patrimônio de pessoa jurídica em realização de capital, ou a transmissão de bens ou direitos decorrente de fusão, incorporação, cisão ou extinção de pessoa jurídica, quando a atividade preponderante do adquirente não for a compra e venda desses bens ou direitos, locação de bens imóveis ou arrendamento mercantil, nem a transferência de imóveis desapropriados para fins de reforma agrária. Logo, a transmissão de ações societárias, em quaisquer hipóteses, não preenche o núcleo da hipótese de incidência do ITBI, sendo imprópria a exigência do imposto, como inadvertidamente pretenderam fazer os Municípios de Cachoeira Dourada, Estado de Goiás, e de Cachoeira Dourada, Estado de Minas Gerais, trazidos a título exemplificativo.

9. CONSIDERAÇÕES FINAIS

Após reflexão sobre a fenomenologia ocorrida na incidência do ITBI e os conceitos jurídicos envolvidos nas operações que formam o objeto do presente estudo, volto aos quesitos formulados no início para, um a um, enfrentá-los sucintamente.

1. É lícita a exigência de ITBI nos casos em que a transferência da propriedade imobiliária decorra de cisão societária?

Há disposição expressa no texto Constitucional, em seu art. 156, § 2º, I prescrevendo que o ITBI:

> I – não incide sobre a transmissão de bens ou direitos incorporados ao patrimônio de pessoa jurídica em realização de capital, nem sobre a transmissão de bens ou direitos decorrente de fusão, incorporação, **cisão** ou extinção de pessoa jurídica, salvo se, nesses casos, a atividade preponderante do adquirente for a compra e venda desses bens ou direitos, locação, de bens imóveis ou arrendamento mercantil; (destaquei).

Muito embora a redação possa sugerir regra de não-incidência, trata-se de limite posto à competência dos municípios, ou seja, imunidade, pela qual ficam os municípios impossibilitados de instituir o tributo referido sobre as operações decorrentes de cisão ou extinção de pessoa jurídica.

2. Qual a natureza jurídica das ações de sociedades anônimas? Seriam elas bens imóveis?

Os negócios jurídicos realizados com ações não alteram a propriedade do patrimônio constituído pela sociedade anônima, justamente porque, sendo pessoa jurídica autônoma a seus sócios, é ela mesma a proprietária. A circunstância de ser titular da ação um ou outro sujeito em nada altera a afirmação.

As ações, sendo títulos que atribuem a condição de sócio a uma pessoa, são bens móveis, tal como ocorre com as moedas e títulos da dívida pública, que são, segundo o critério dado pelo Código Civil, susceptíveis de remoção.

3. É possível a incidência do ITBI em virtude da realização de negócios jurídicos cujo objeto seja a alienação de ações?

Tendo em vista que as ações de uma sociedade são bens de natureza móvel, a transferência de sua titularidade não está sujeita à tributação pelo ITBI pois, para que o fato jurídico tributário correspondente a esse imposto ocorra, necessário se faz a transmissão de bens imóveis ou direitos reais sobre imóveis, o que, é bom repetir, não se verifica no presente caso.

TEMA XXIV

SERVIÇOS NOTARIAIS E DE REGISTROS PÚBLICOS

A questão jurídico-tributária concernente à cobrança do Imposto sobre Serviços de Qualquer Natureza (ISS) dos prestadores de serviços notariais e de registros públicos

Sumário: 1. Palavras introdutórias. 2. A faixa de incidência do ISS, segundo a previsão constitucional. 3. O Decreto-lei n. 406/68 e a Lei Complementar n. 116/03. 4. A necessária incompatibilidade entre normas para caracterizar a "revogação tácita". 5. Os serviços notariais e de registros públicos, em termos de evolução legislativa. 6. Inocorrência de revogação do art. 9º, § 1º, do Decreto-lei n. 406/68. 7. A finalidade do tratamento diferençado conferido aos serviços prestados na forma de trabalho pessoal do contribuinte. 8. O caráter pessoal dos serviços prestados pelos notários e oficiais de registro público. 9. A base de cálculo na tributação dos serviços prestados pelos notários e oficiais de registro público. 10. Das respostas aos itens levantados.

1. PALAVRAS INTRODUTÓRIAS

Trata-se de interessante discussão aquela que diz respeito

ao tributo sobre Serviços de Qualquer Natureza, e que adquire racionalidade científica com a regra-matriz de incidência: é o problema jurídico-tributário concernente à sua cobrança dos prestadores de serviços notariais e de registros públicos. Em vista disso proponho algumas questões para orientar o raciocínio. Ei-las:

1. Há incompatibilidade entre o § 1º do art. 9º do Decreto-lei n. 406/68, que disciplina a tributação do serviço prestado em caráter pessoal, e a Lei Complementar n. 116/03? O mencionado § 1º do art. 9º continua em vigor?

2. Tendo em vista a pessoalidade com que o Poder Público outorga a delegação para o exercício das funções de notário e oficial registrador, é correto afirmar que prestam eles serviços em caráter pessoal?

3. É pessoal a responsabilidade dos notários e registradores pelos atos praticados nas serventias das quais são titulares?

4. Qual o tratamento jurídico conferido aos notários e oficiais registradores pela legislação do Imposto sobre a Renda? E pela legislação previdenciária?

5. Em termos de tributação do ISS, os Municípios devem dispensar aos notários e oficiais registradores o mesmo tratamento dispensado aos demais prestadores de serviço em caráter pessoal, como é o caso dos advogados e médicos? A exigência do imposto municipal com base no valor bruto dos emolumentos percebidos representa violação ao princípio constitucional da isonomia?

6. Considerando que o valor líquido apurado em livro caixa pelos notários e oficiais registradores constitui a base de cálculo do Imposto sobre a Renda, é autorizado aos Municípios tomarem esses mesmos valores para fins de exigência do ISS?

2. A FAIXA DE INCIDÊNCIA DO ISS, SEGUNDO A PREVISÃO CONSTITUCIONAL

O Imposto sobre Serviços de Qualquer Natureza (ISS), de competência municipal, encontra sua materialidade previamente referida no Estatuto Maior. É o que se depreende da leitura do art. 156, III, o qual dispõe competir aos Municípios instituir impostos sobre *"serviços de qualquer natureza, não compreendidos no art. 155, II, definidos em lei complementar"*.

Analisando a locução "serviços de qualquer natureza", de acordo com a previsão constitucional, percebe-se que o termo "prestação de serviço" não coincide com a significação que a linguagem comum lhe atribui. Por exemplo, dela não fazem parte: (i) o serviço público, tendo em vista ser ele abrangido pela imunidade (art. 150, IV, *a*, da Carta Fundamental); (ii) o trabalho realizado para si próprio, por ser despido de conteúdo econômico; e (iii) o trabalho efetuado em relação de subordinação, abrangido pelo vínculo empregatício.

A prestação de serviços, para que fique caracterizada, exige o exercício, por parte de alguém (prestador), de atuação que tenha por objetivo produzir uma utilidade relativamente a outra pessoa (tomador), a qual remunera o prestador (preço do serviço). Prestar serviços é atividade irreflexiva, reivindicando, em sua composição, o caráter da bilateralidade. Em vista disso, torna-se invariavelmente necessária a existência de duas pessoas diversas, na condição de prestador e de tomador, não podendo cogitar-se de alguém que preste serviço a si mesmo.

A mais desse fator, é forçoso que a atividade realizada pelo prestador apresente-se sob a forma de uma *obrigação de fazer*. Eis aí outro elemento característico da prestação de serviços: o ISS só incidirá tratando-se de conduta tipificada como obrigação de fazer. Por outro ângulo, a incidência desse imposto pressupõe atuação decorrente do dever de fazer algo até então inexistente, sendo inexigível quando se tratar de obrigação que imponha ao devedor a entrega de alguma coisa que já existe. Logo, a prestação de serviço, passível de percussão pelo ISS, verifica-se quando uma pessoa executar obrigação de fazer em benefício de outra pessoa, mediante remuneração por parte desta.

3. O DECRETO-LEI N. 406/68 E A LEI COMPLEMENTAR N. 116/03

Como já assinalei em outras passagens deste livro, para fins de cobrança de ISS, o constituinte conferiu à lei complementar a específica atribuição de delimitar os serviços tributáveis, nos seguintes termos:

Diante da complexidade da matéria e visando a evitar eventuais conflitos de competência, o constituinte houve por bem eleger a lei complementar como veículo introdutor de normas jurídicas tributárias definidoras de quais sejam os *serviços de qualquer natureza*, susceptíveis de tributação pelos Municípios. Essa é uma das matérias que o constituinte considerou especial e merecedora de maior vigilância, demandando disciplina cuidadosa, a ser introduzida no ordenamento mediante veículo normativo de posição intercalar, em decorrência de seu procedimento legislativo mais complexo.

Além disso, no art. 146, III, *a*, o constituinte prescreveu a possibilidade de a lei complementar estabelecer normas gerais em matéria de legislação tributária, dentre elas, sobre a base de cálculo dos impostos discriminados na Constituição. E a finalidade de tal preceito é, exatamente, conferir à lei complementar típico papel de ajuste, garantindo a harmonia que o sistema requer, mediante a uniformização do tratamento dispensado aos contribuintes pelos diversos entes tributantes.

Consignados tais esclarecimentos e considerando que o Decreto-lei n. 406/68 disciplina o regime jurídico do Imposto sobre Serviços de Qualquer Natureza, objeto da análise que ora se faz, é o caso de lembrar que referido Diploma Legal, assim como nosso Código Tributário, foi recepcionado pela ordem jurídica instaurada com a Constituição de 1988, em função do que dispõe o § 5º, do art. 34, do Ato das Disposições Constitucionais Transitórias.

Pretendendo introduzir alterações na ordem jurídico-tributária, foi editada, em 31 de julho de 2003, a Lei Complementar n. 116. Esse Diploma, além de introduzir nova lista de serviços, traçou regras diferençadas a respeito do local em que se considera prestado o serviço e devido o imposto, estabeleceu isenções, delimitou o fato jurídico susceptível de tributação pelo tributo municipal, dentre outras disposições. E, apesar de relacionar algumas exceções, não alterou a base de cálculo do ISS, mantendo a regra geral de incidência sobre o preço do serviço e as exceções já existentes quando da sua edição, como é o caso da cobrança de tributo sobre serviços prestados na forma de trabalho pessoal do próprio contribuinte.

4. A NECESSÁRIA INCOMPATIBILIDADE ENTRE NORMAS PARA CARACTERIZAR A "REVOGAÇÃO TÁCITA"

Convém anotar que "revogação" é termo genérico que indica a cessação da produção de efeitos pela norma jurídica. Com a regra revocatória, corta-se a vigência da norma por ela alcançada, de tal arte que não terá mais força para juridicizar os fatos que vierem a ocorrer depois da revogação.

Examinado o modo pelo qual se opera a retirada da vigência normativa, verificamos que a revogação pode atingir o veículo introdutor, mediante disposições do tipo: "fica revogada a lei X". É a chamada ab-rogação. Outras vezes, dirige-se a enunciados normativos específicos, determinando que "fica revogado o artigo Y da lei X", deixando intactos os demais dispositivos constantes do documento legal. É, por isso, considerada uma revogação parcial, também denominada derrogação.

É possível, ainda, revogação mediante disposições derrogatórias genéricas, não citados os enunciados que pretendem derrogar. Essas cláusulas podem adotar formulações do tipo "ficam revogadas todas as disposições que se oponham ao disposto na presente lei", ou, mais comumente, "revogam-se as disposições em contrário".

Também se recorre ao vocábulo "revogação" quando, em fase de interpretação e aplicação do direito positivo, determinam-se as relações de preferência entre normas jurídicas incompatíveis. É a chamada "revogação por incompatibilidade". Por isso, havendo a substituição de textos normativos, estar-se-á diante de preceito revogatório, pois o novo comando introduzido impede a continuidade em aplicar a prescrição substituída.

Ao disciplinar a dinâmica normativa, o direito positivo brasileiro prescreve a necessidade de "revogação expressa", indicando, exatamente, o dispositivo ou o diploma legal que se pretende retirar do sistema jurídico. É o que prescreve o art. 9º da Lei Complementar n. 95/98, com a redação dada pela Lei Complementar n. 107/01 que, com fundamento no art. 59, parágrafo único, da Constituição da República, dispõe sobre a elaboração, redação, alteração e consolidação das leis:

> Art. 9º A cláusula de revogação deverá enumerar, expressamente, as leis ou as disposições legais revogadas.

Em vista desse preceito legal, a revogação há de ser sempre expressa.

A "revogação tácita" nada mais é que uma antinomia, em que a norma introduzida mostra-se incompatível com preceito já existente. Nesse caso, não se verifica, em rigor, o fenômeno da revogação. O que se tem é um conflito de normas, com dois preceitos diversos pretendendo disciplinar o mesmo fato jurídico.

Esse é um ponto que deve ficar bem claro: só há contradição entre normas, acarretando a chamada "revogação tácita", quando se estabelecer relação formal antagônica entre enunciados da mesma valência. Assim, para que pudéssemos falar em revogação tácita, precisaríamos, por exemplo, de (i) um enunciado que permitisse a prática de certo ato e (ii) outro que proibisse essa mesma prática.

Firmados esses esclarecimentos, conclui-se inexistir contradição entre o § 1º do art. 9º, do Decreto-lei n. 406/68 e o art. 7º, da Lei Complementar n. 116/03: o primeiro determina a tributação diferenciada dos serviços prestados sob a forma de trabalho pessoal do próprio contribuinte; o segundo nada prescreve a respeito do assunto, não se verificando a proibição de tal prática. Logo, não há como falar-se em revogação do primeiro preceito pelo Diploma legal superveniente.

5. OS SERVIÇOS NOTARIAIS E DE REGISTROS PÚBLICOS, EM TERMOS DE EVOLUÇÃO LEGISLATIVA

A competência para instituição do Imposto Sobre Serviços de Qualquer Natureza, que substituiu o antigo Imposto de Indústria e Profissões, foi criada em 1965, com a Emenda Constitucional n. 18. Uma vez previsto em âmbito constitucional, o ISS foi regulamentado pelos arts. 8º a 12 do Decreto-lei n. 406, de 31/12/1968.

No que diz respeito à base de cálculo, o Decreto-lei n. 406/68 previu duas formas de tributação: (i) uma geral, tendo por suporte o preço do serviço; e (ii) outra específica, aplicável aos serviços prestados sob a forma de trabalho pessoal do próprio contribuinte, tanto individualmente, como por meio de sociedade. Dispôs em seu art. 9º:

> Art. 9º. A base de cálculo do imposto é o preço do serviço.
>
> § 1º Quando se tratar de prestação de serviços sob a forma de trabalho pessoal do próprio contribuinte, o imposto será calculado, por meio de alíquotas fixas ou variáveis, em função da natureza do serviço ou de outros fatores pertinentes, nestes não compreendida a importância paga a título de remuneração do próprio trabalho.
>
> (...)
>
> § 3º. Quando os serviços a que se referem os itens I, III, IV e V (sic) (apenas os agentes da propriedade industrial) V e VII da lista anexa, forem prestados por sociedades, estas ficarão sujeitas ao imposto na forma do § 1º, calculado em relação a cada profissional habilitado, sócio, empregado ou não, que preste serviços em nome da sociedade, embora assumindo responsabilidade pessoal, nos termos da lei aplicável.

Os parágrafos 1º e 3º do artigo 9º criaram uma sistemática diferenciada de cálculo do ISS para os prestadores de serviço em caráter pessoal e para as sociedades profissionais. Em relação às sociedades profissionais, essa disciplina peculiar restringia-se a alguns setores, indicados na lista de serviços anexa. Mas, no que diz respeito aos profissionais autônomos, o Decreto-lei n. 406/68 não excepcionou qualquer atividade, aplicando-se a tributação diferenciada a todo e qualquer prestador de serviço que o faça na forma de trabalho pessoal.

É certo que a lista de serviços tributáveis foi alterada, por diversas vezes, ao longo dos anos. Assim o fizeram o Decreto-lei n. 834/69, a Lei Complementar n. 56/87 e a Lei Complementar n. 100/99. Esses Diplomas, por modificarem a lista de serviços anexa, acabaram implicando nova redação do § 3º do art. 9º do Decreto-lei n. 406/68. Nenhuma dessas modificações, entretanto, acarretaram na revogação do parágrafo 1º do artigo 9º desse Estatuto Normativo.

Acerca do assunto, o Decreto-lei n. 834/69, sem mudar a essência da sistemática de tributação das sociedades profissionais, conferiu-lhes outra formulação textual para adaptá-las à nova lista de serviços, nos seguintes termos:

> Art. 3º. O Decreto-lei n. 406, de 31 de dezembro de 1968, passa a vigorar com as seguintes alterações:
>
> (...)
>
> V – o artigo 9º, § 3º passa a vigorar com a seguinte redação:
>
> § 3º. Quando os serviços a que se referem os itens 1, 2, 3, 5, 6, 11, 12 e 17 da lista anexa forem prestados por sociedades, estas ficarão sujeitas ao imposto na forma do § 1º, calculado em relação a cada profissional habilitado, sócio, empregado ou não, que preste serviço em nome da sociedade, embora assumindo responsabilidade pessoal nos termos da lei aplicável.

O mesmo fez a Lei Complementar n. 56/87:

> Art. 2º. O § 3º do art. 9º do Decreto-lei n. 406, de 31 de dezembro de 1968, alterado pelo Decreto-lei n. 834, de 8 de setembro de 1969, passa a ter a seguinte redação:
>
> § 3º. Quando os serviços a que se referem os itens 1, 4, 8, 25, 52, 88, 89, 90, 91 e 92 da lista anexa forem prestados por sociedades, estas ficarão sujeitas ao imposto na forma do § 1º, calculado em relação a cada profissional habilitado, sócio, empregado ou não, que preste serviços em nome da sociedade, embora assumindo responsabilidade pessoal, nos termos da lei aplicável.

Esses veículos normativos não promoveram modificação alguma no § 1º do art. 9º do Decreto-lei n. 406/68, de forma que a tributação dos profissionais prestadores de serviços em caráter pessoal foi mantida intacta, isto é, em sua redação original.

Posteriormente, com fundamento na competência que lhe foi atribuída pelo art. 146 da Constituição da República, a

União editou a Lei Complementar n. 116/03, introduzindo outras normas gerais de direito tributário relativas ao ISS. Em seu art. 7º, manteve a regra geral de que a base de cálculo do imposto é o preço do serviço, indicando, nos parágrafos, algumas regras especiais relativas à quantificação do tributo, aplicáveis à locação, sublocação, arrendamento, direito de passagem ou permissão de uso, compartilhado ou não, de ferrovia, rodovia, postes, cabos, dutos e condutos de qualquer natureza (item 3.04) e aos serviços de construção civil relacionados nos itens 7.02 e 7.05 da lista de serviços anexa. Não fez qualquer referência, porém, às regras especiais já existentes, constantes dos parágrafos 1º e 3º do Decreto-lei n. 406/68. Vejamos o teor do mencionado dispositivo:

> Art. 7º. A base de cálculo do imposto é o preço do serviço.
>
> § 1º. Quando os serviços descritos pelo subitem 3.04 da lista anexa forem prestados no território de mais de um Município, a base de cálculo será proporcional, conforme o caso, à extensão da ferrovia, rodovia, dutos e condutos de qualquer natureza, cabos de qualquer natureza, ou ao número de postes, existentes em cada Município.
>
> § 2º. Não se incluem na base de cálculo do Imposto sobre Serviços de Qualquer Natureza:
>
> I – o valor dos materiais fornecidos pelo prestador dos serviços previstos nos itens 7.02 e 7.05 da lista de serviços anexa a esta Lei Complementar;

A simples leitura desse artigo permite concluir que não há incompatibilidade entre o art. 7º da Lei Complementar n. 116/03 e o § 1º do art. 9º do Decreto-lei n. 406/68. O *caput* do art. 7º acima transcrito reproduz, exatamente, a prescrição veiculada pelo *caput* do art. 9º do Decreto-lei n. 406/68, sem nenhuma alteração ou contradição. Acrescenta apenas, em seus parágrafos 1º e 2º, novas exceções, além daquelas já veiculadas no Decreto-lei n. 406/68, e que não foram objeto de modificação ou supressão.

Ao final, a Lei Complementar n. 116/03 veicula normas de revisão sistêmica, revogando uma série de preceitos legais:

> Art. 10. Ficam revogados os arts. 8º, 10, 11 e 12 do Decreto-lei n. 406, de 31 de dezembro de 1968; os incisos III, IV, V e VII do art. 3º do Decreto-lei n. 834, de 8 de setembro de 1969; a Lei Complementar n. 22, de 9 de dezembro de 1974; a Lei n. 7.192, de 5 de junho de 1984; a Lei Complementar n. 56, de 15 de dezembro de 1987; e a Lei Complementar n. 100, de 22 de dezembro de 1999.

Nota-se, à evidência, que a Lei Complementar n. 116 não revogou expressamente o artigo 9º do Decreto-lei n. 406/68.

No tocante ao § 3º do art. 9º, este não foi indicado de forma expressa pelo legislador complementar, tendo havido revogação apenas do Decreto-lei n. 834/69 e da Lei Complementar n. 56/87, que haviam alterado a redação original daquele dispositivo. Por não ser objeto do presente estudo, deixarei de tecer comentários acerca das divergências relativas à revogação ou não de tal preceito.

O que interessa, para o deslinde do referido problema, é a apreciação do disposto no § 1º do art. 9º, o qual, como mencionei, não foi revogado, já que não houve inserção de norma com ele incompatível, inexistindo, também, revogação expressa de qualquer dispositivo legal ou texto de lei que a ele se refira.

6. INOCORRÊNCIA DE REVOGAÇÃO DO ART. 9º, § 1º, DO DECRETO-LEI N. 406/68

Tendo em vista que não houve revogação expressa do art. 9º do Decreto-lei n. 406/68 pela Lei Complementar n. 116/03, é necessário verificar se há incompatibilidade entre esses Diplomas, no que diz respeito à tributação dos serviços prestados na forma de trabalho pessoal.

Cabe registrar, desde logo, que o fato de a Lei Complementar n. 116/03 dispor sobre o ISS de modo geral não significa que as disposições especiais contidas no art. 9º do Decreto-lei n. 406/68 tenham sido necessariamente revogadas.

Nem se alegue que a lei posterior teria revogado inteiramente a matéria de que tratava a lei anterior, ou seja, a disciplina do ISS. Notadamente, não o fez. Tanto que, ao indicar os dispositivos revogados, limitou-se a alguns artigos e diplomas legais sem, em momento algum, aludir ao art. 9º ou a seu parágrafo primeiro.

Cumpre esclarecer que a inexistência de revogação expressa do art. 9º do Decreto-lei n. 406/68 não decorreu de mero "esquecimento" ou atecnia do legislador. Pelo contrário: a manutenção da vigência desse dispositivo foi intencional. É o que se depreende da análise do processo legislativo que culminou na Lei Complementar n. 116/03, pois embora na redação original do respectivo projeto de lei houvesse referência ao art. 9º do Decreto-lei n. 406/68, esse artigo foi excluído da redação do art. 10, o que demonstra a firme intenção do legislador de manter a sistemática diferençada de tributação dos prestadores de serviço em caráter pessoal.

Não tendo havido revogação expressa, é preciso averiguar, como dissemos, se existe conflito de normas inerentes ao tema. A resposta é negativa. Tal conclusão decorre do preceito veiculado no art. 2º, § 2º, da Lei de Introdução ao Código Civil, segundo o qual a lei nova pode tratar do assunto regulado por lei anterior sem, no entanto, abranger alguns dos aspectos referidos pela lei antiga em relação ao mesmo assunto. A matéria regulada pode ser a mesma, mas a extensão das normas jurídicas aplicáveis, bem como os respectivos efeitos, podem diferir substancialmente. Nesse caso, ambas as disciplinas jurídicas coexistirão, conforme explica Maria Helena Diniz:

> A mera justaposição de disposições legais, gerais ou especiais, a normas existentes não terá o condão de afetá-las.

> Assim sendo, lei nova que vier a contemplar disposição geral ou especial, a par das já existentes, não revogará, nem alterará a lei anterior. Se a nova lei apenas estabelecer disposições especiais ou gerais, sem conflitar com a antiga, não a revogará. A disposição especial não revoga a geral, nem a geral revoga a especial, senão quando a ela se referir alterando-a explícita ou implicitamente. Para que haja revogação será preciso que a disposição nova, geral ou especial, modifique expressa ou insitamente a antiga, dispondo sobre a mesma matéria diversamente. Logo, lei nova geral revoga a geral anterior, se com ela conflitar. A norma geral não revoga a especial, nem a nova especial revoga a geral, podendo com ela coexistir (...).[90]

Disposição especial é aquela que veicula regra específica, singular, ou mesmo excepcional em relação à disciplina comum e de caráter geral. Uma regra apresenta o atributo da especialidade em relação a outra quando a excepcionar para adaptá-la a circunstâncias particulares. Por isso, não há que falar sobre conflito entre norma geral e especial, inocorrendo, por conseguinte, revogação de qualquer delas. A disciplina geral não toma em conta as particularidades que justificaram o tratamento diferençado e especial de certo fato ou sujeito. Diante disso, não há como pretender suprimir regime de tributação especial em virtude de ter havido posterior modificação do regime geral.

Observa-se que o *caput* do art. 7º da Lei Complementar n. 116/03 veicula norma jurídica igual àquela contida no *caput* do art. 9º do Decreto-lei n. 406/68. No entanto, nenhuma referência faz ao § 1º do art. 9º, nem confere nova disciplina aos serviços prestados em caráter pessoal. Dito de outro modo, a Lei Complementar n. 116/03 repete a disciplina geral já veiculada pelo Decreto-lei n. 406/48, acrescentando-lhe algumas exceções, mas não suprime as situações especiais

90. *Lei de Introdução ao Código Civil Brasileiro Interpretada*, 9ª ed., São Paulo: Saraiva, 2002, p. 75-76.

antes previstas. Inconcebível, portanto, concluir pela revogação dos preceitos especiais, como bem esclarece Vicente Ráo:

> De todos os preceitos expostos, resulta que se uma lei nova reproduz a norma geral constante da lei anterior, sem se referir às exceções por esta consagradas, não se poderá sustentar, em caso de dúvida, que a confirmação da velha rega contenha a abolição das velhas exceções. E o princípio segundo o qual a revogação de uma lei não importa, só por si, a revogação de todas as exceções que, em relação à mesma, haviam sido estabelecidas, desdobra-se, segundo Unger, nas consequências seguintes, inclusive a acima mencionada: (...) d) se a lei não se declarar absoluta, deve-se inferir que o legislador pretendeu abolir, tão somente, aquilo que, até então, vigorava como regra e, em consequência, com esta desaparecerão os seus corolários. Mas continuarão a subsistir as exceções. (destaquei)[91].

Configurando disposição jurídica de caráter excepcional, o § 1º do art. 9º do Decreto-lei n. 406/68 subsiste após a edição da Lei Complementar n. 116/03, não sendo com ela incompatível. Tem-se (i) uma *regra geral* constante do *caput* do art. 7º da Lei Complementar n. 116/03, aplicável a todos os contribuintes que não apresentam particularidades consideradas relevantes, em que se toma como base de cálculo do ISS o preço do serviço; e (ii) uma *regra especial*, relativa aos contribuintes que prestem serviços sob a forma de trabalho pessoal, caso em que o imposto será calculado nos termos do § 1º do art. 9º do Decreto-lei n. 406/68.

Não houve revogação global, pois a Lei Complementar n. 116/03 indica expressamente os dispositivos revogados, sem fazer referência ao art. 9º do Decreto-lei n. 406/68. Além disso, a Lei Complementar n. 116/03 regulou substancialmente o ISS, mas, em relação à base de cálculo, limitou-se a reproduzir o disposto no *caput* do art. 9º do Decreto-lei n. 406/68 e a

91. *O direito e a vida dos direitos*, 4ª ed., São Paulo: Revista dos Tribunais, 1997, v. 1, p. 339.

regulamentar os serviços dos itens 3.04, 7.02 e 7.05. Inexiste, por conseguinte, contradição que permita concluir pela revogação do disposto no § 1º do art. 9º, o qual confere tratamento diferençado à prestação de serviço sob a forma de trabalho pessoal do próprio contribuinte. E, como pontifica Carlos Maximiliano, "*contradições absolutas não se presumem*".[92]

Por todo o exposto, permanece em vigor o § 1º do art. 9º do Decreto-lei n. 406/68. E, tendo em vista que esse preceito exerce função de norma geral de direito tributário, com fundamento no art. 146 da Constituição da República, é imperativa sua observância pela legislação municipal que institua o Imposto sobre Serviços de Qualquer Natureza.

7. A FINALIDADE DO TRATAMENTO DIFERENÇADO CONFERIDO AOS SERVIÇOS PRESTADOS NA FORMA DE TRABALHO PESSOAL DO CONTRIBUINTE

Podemos dividir em dois grandes grupos os tipos de serviços sujeitos à tributação pelo ISS: (i) os que dependem da atuação de um profissional habilitado para desempenhar uma atividade qualificada; e (ii) os que não exigem o requisito da "pessoalidade" para sua prestação, podendo ser efetivados em caráter empresarial.

O tratamento tributário distintivo tem por fundamento, exatamente, o traço da pessoalidade na prestação do serviço. Se o serviço é prestado em caráter individual e personalíssimo, justifica-se o *discrímen* entre este e aqueles em que inexiste individualidade e responsabilidade pessoal do prestador. O fato de um serviço não exigir, necessariamente, um profissional tecnicamente habilitado, que confira caráter pessoal à ativida-

92. *Hermenêutica e aplicação do direito*, 19ª ed., Rio de Janeiro: Forense, 2001, p. 291.

de, é suficiente para atribuir-lhe disciplina diferençada em relação aos prestadores de serviço na forma de trabalho pessoal: (i) no primeiro caso, a prestação do serviço pode ser feita de modo impessoal, sem a exigência de profissionais com formação técnica específica para desempenhá-los, tal prestação pode ser feita por sociedades de capital, em que se tem por características a impessoalidade e a ausência de responsabilidade pelo exercício da atividade; (ii) na segunda hipótese, porém, a prestação do serviço é marcada pela intelectualidade e pela responsabilidade pessoal de quem o exerce.

As particularidades que revestem os serviços prestados sob a forma de trabalho pessoal implicam a necessidade de, em respeito aos princípios da isonomia e da capacidade contributiva, tratá-los de modo diferençado. O modelo de tributação prescrito pelo art. 9º, § 1º, do Decreto-lei n. 406/68 não configura privilégio algum, mas verdadeira adequação da base de cálculo às peculiaridades dos serviços prestados pessoalmente.

Esse é, também, o entendimento do Egrégio Supremo Tribunal Federal, que já se manifestou no sentido de ser essa forma de cálculo do ISS compatível com a Constituição de 1988, tendo sido por ela recepcionado e não existindo qualquer ofensa aos arts. 150, II e 145, § 1º do Texto Magno:

> CONSTITUCIONAL. TRIBUTÁRIO. ISS. SOCIEDADES PRESTADORAS DE SERVIÇOS PROFISSIONAIS. ADVOCACIA. D.L. 406/68, ART. 9º, §§ 1º E 3º. C.F., ART. 151, III, ART. 150, II, ART. 145, § 1º.
>
> I. O art. 9º, §§ 1º e 3º, do DL. 406/68, que cuidam da base de cálculo do ISS, foram recebidos pela CR/88: CR/88, art. 146, III, a. Inocorrência de ofensa ao art. 151, III, art. 34, ADCT/88, art. 150, II e 145, § 1º, CR/88.
>
> II. R.E. não conhecido.[93]

93. RE n. 236.604-7/PR, Tribunal Pleno, Rel. Min. Carlos Velloso, julgado em 26/05/99, DJ de 06.08.99.

E ainda:

> CONSTITUCIONAL. TRIBUTÁRIO. ISS. SOCIEDADE PRESTADORA DE SERVIÇOS PROFISSIONAIS: BASE DE CÁLCULO. D.L. 406, DE 1968, ART. 9º, §§ 1º E 3º. C.F., ART. 150, § 6º, REDAÇÃO DA EC N. 3, DE 1993.
>
> I. As normas inscritas nos §§ 1º e 3º, do art. 9º, do DL 406, de 1968, não implicam redução da base de cálculo do ISS. Elas simplesmente disciplinam base de cálculo de serviços distintos, no rumo estabelecido no caput do art. 9º. Inocorrência de revogação pelo art. 150, § 6º, da C.F., com a redação da EC n. 3, de 1993.
>
> II. Recepção, pela CR/88, sem alteração pela EC n. 3, de 1993 (CR, art. 150, § 6º), do art. 9º, §§ 1º e 3º, do DL 406/68.
>
> III – R.E. não conhecido. (destaquei).[94]

Conforme decidiu a Corte Máxima, a forma de tributação veiculada pelo art. 9º, § 1º, do Decreto-lei n. 406/68 objetiva concretizar os princípios da isonomia e da capacidade contributiva, mediante disciplina jurídico-tributária que considere os aspectos distintivos da prestação de serviço marcada pela pessoalidade.

8. O CARÁTER PESSOAL DOS SERVIÇOS PRESTADOS PELOS NOTÁRIOS E OFICIAIS DE REGISTRO PÚBLICO

A atividade exercida pelos notários e oficiais de registro público encontra fundamento de validade no art. 236 da Constituição da República, que prescreve:

> Art. 236. Os serviços notariais e de registro são exercidos em caráter privado, por delegação do Poder Público.

94. RE n. 220.323-3/MG, Tribunal Pleno, Rel. Min. Carlos Velloso, julgado em 26/05/99, DJ de 18/05/2001.

> § 1º. Lei regulará as atividades, disciplinará a responsabilidade civil e criminal dos notários, dos oficiais de registro e de seus prepostos, e definirá a fiscalização de seus atos pelo Poder Judiciário.
>
> § 2º. Lei federal estabelecerá normas gerais para fixação de emolumentos relativos aos atos praticados pelos serviços notariais e de registro.
>
> § 3º. O ingresso na atividade notarial e de registro depende de concurso público de provas e títulos, não se permitindo que qualquer serventia fique vaga, sem abertura de concurso de provimento ou de remoção, por mais de seis meses.

O dispositivo da Carta Magna permite entrever, por si só, o caráter pessoal da atividade desempenhada na consecução dos serviços notariais e de registro, visto que alude à sua *responsabilidade civil e criminal*, bem como à necessidade de que o prestador do serviço preencha, pessoalmente, certos requisitos técnicos, verificados mediante *concurso público de provas e títulos*.

Conforme determinado pelo referido dispositivo constitucional, a atividade notarial e de registro foi disciplinada pela Lei n. 8.935/94, a qual, em diversas oportunidades, reitera o caráter personalíssimo da prestação desse serviço. Prescreve, em seu art. 3º:

> Art. 3º. Notário, ou tabelião, e oficial de registro, ou registrador, são profissionais do direito, dotados de fé pública, a quem é delegado o exercício da atividade notarial e de registro.

Inicialmente, convém registrar a menção que esse dispositivo faz ao vocábulo "profissional", indicando que a atividade há de ser exercida, necessariamente, por pessoa física.

Além disso, há a exigência de que se trate de *profissional do direito*. Abrange, portanto, categoria em que se incluem os advogados, juízes, promotores, delegados e demais profissionais da área jurídica, os quais necessitam ser graduados em Direito por instituição de ensino superior reconhecida pelo Ministério da Educação e Cultura. Trata-se, sem dúvida, de atividade cujo desempenho demanda formação intelectual específica, o que, como anotamos no tópico anterior, consiste em uma das características do trabalho pessoal.

Vale consignar, ainda, que os atos dos notários e oficiais de registro são dotados de fé pública, evidenciando, com maior nitidez, a natureza pessoal dos serviços prestados. É exatamente em virtude de seu caráter personalíssimo que o art. 14 da Lei n. 8.935/94 relaciona uma série de requisitos pessoais necessários para o exercício dessa atividade profissional:

> Art. 14. A delegação para o exercício da atividade notarial e de registro depende dos seguintes requisitos:
>
> I – habilitação em concurso público de provas e títulos;
>
> II – nacionalidade brasileira;
>
> III – capacidade civil;
>
> IV – quitação com as obrigações eleitorais e militares;
>
> V – diploma de bacharel em direito;
>
> VI – verificação de conduta condigna para o exercício da profissão.

Observa-se ser imprescindível, dentre outros caracteres pessoais, conhecimento intelectual específico, devidamente comprovado mediante concurso público de provas e títulos e diploma de bacharel em direito.

O aspecto personalíssimo com que os serviços de notas e de registro são prestados decorre, ainda, da forma pela qual se opera a delegação de tais atividades: a delegação é outorgada pelo Poder Público em caráter pessoal, de modo que apenas os respectivos titulares possuem habilitação para praticar tais atos, dotados de fé pública.

Não bastassem esses fatores, a responsabilidade dos notários e oficiais de registro também é pessoal. Estes respondem pelos atos praticados na serventia da qual são titulares, responsabilizando-se objetivamente por qualquer prejuízo decorrente de seus atos ou de seus prepostos.

O fato de existirem escreventes e auxiliares como empregados, conforme facultado pelo art. 20 da Lei n. 8.935/94, não descaracteriza a prestação do serviço sob a forma de trabalho pessoal do próprio contribuinte. Isso porque, conforme prescreve o art. 21 desse Documento Normativo, a responsabilidade dos notários e registradores é sempre pessoal e exclusiva:

> Art. 21. O gerenciamento administrativo e financeiro dos serviços notariais e de registro é da <u>responsabilidade exclusiva do respectivo titular</u>, inclusive no que diz respeito às despesas de custeio, investimento e pessoal, cabendo-lhe estabelecer normas, condições e obrigações relativas à atribuição de funções e de remuneração de seus prepostos de modo a obter a melhor qualidade na prestação dos serviços. (Destaquei).

Ainda, nos termos do art. 22 desta Lei, os notários e registradores respondem pessoalmente pelos danos que eles e seus prepostos causarem a terceiros, na prática dos atos próprios da serventia, reiterando, com isso, sua responsabilidade objetiva.

Sobre o assunto, já decidiu o Superior Tribunal de Justiça que, a despeito de os notários e oficiais de registro poderem contratar empregados, isso não exclui sua responsabilidade, nem confere personalidade jurídica ao cartório:

> PROCESSO CIVIL. CARTÓRIO DE NOTAS. PESSOA FORMAL. AÇÃO INDENIZATÓRIA. RECONHECIMENTO DE FIRMA FALSIFICADA. ILEGITIMIDADE PASSIVA.
>
> O tabelionato não detém personalidade jurídica ou judiciária, sendo a responsabilidade pessoal do titular da serventia.

> No caso de dano decorrente de má prestação de serviços notariais, somente o tabelião à época dos fatos e o Estado possuem legitimidade passiva.(Destaquei)[95].

Na esfera tributária, também respondem pessoalmente por seus atos, conforme prescreve o art. 134, VI, do Código Tributário Nacional:

> Art. 134. Nos casos de impossibilidade de exigência do cumprimento da obrigação principal pelo contribuinte, respondem solidariamente com este nos atos em que intervierem ou pelas omissões de que forem responsáveis:
>
> (...)
>
> VI – os tabeliães, escrivães e demais serventuários de ofício, pelos tributos devidos sobre os atos praticados por eles, ou perante eles, em razão do seu ofício;

Esses dispositivos legais não deixam dúvidas quanto ao caráter pessoal do serviço prestado pelos notários e oficiais de registro. E tal pessoalidade é confirmada, ainda, pelas demais legislações tributárias, que conferem a esses sujeitos o mesmo tratamento dispensado aos profissionais liberais que exercem trabalho não-assalariado, como é o caso dos médicos e advogados. Eis o que prescreve, por exemplo, o art. 45 do Decreto n. 3.000/99 (Regulamento do Imposto sobre a Renda):

> Art. 45. São tributáveis os rendimentos do trabalho não-assalariado, tais como:
>
> I – honorários do livre exercício das profissões de médico, engenheiro, advogado, dentista, veterinário, professor, economista, contador, jornalista, pintor, escritor, escultor e de outras que lhes possam ser assemelhadas;
>
> (...)

95. REsp. 545.613-MG, 4ª T., Rel. Min. César Asfor, DJ 29/06/07.

> IV – emolumentos e custas dos serventuários da Justiça, como tabeliães, notários, oficiais públicos e outros, quando não forem remunerados exclusivamente pelos cofres públicos; (...)

Ademais, para não restar dúvida quanto ao caráter pessoal dos serviços prestados pelos notários e registradores, cabe assinalar que a legislação do Imposto sobre a Renda (Decreto n. 3.000/99), em seu art. 106, ocupou-se da tributação dos emolumentos e custas dos serventuários da Justiça, como os notários e os oficiais de registro público, tributando-os como profissionais autônomos:

> Art. 106. Está sujeita ao pagamento mensal do imposto a pessoa física que receber de outra pessoa física, ou de fontes situadas no exterior, rendimentos que não tenham sido tributados na fonte, no País, tais como (Lei n. 7.713, de 1988, art. 8º, e Lei n. 9.430, de 1996, art. 24, § 2º, inciso IV):
>
> I – os emolumentos e custas dos serventuários da Justiça, como tabeliães, notários, oficiais públicos e outros, quando não forem remunerados exclusivamente pelos cofres públicos;
>
> II – os rendimentos recebidos em dinheiro, a título de alimentos ou pensões, em cumprimento de decisão judicial, ou acordo homologado judicialmente, inclusive alimentos provisionais;
>
> III – os rendimentos recebidos por residentes ou domiciliados no Brasil que prestem serviços a embaixadas, repartições consulares, missões diplomáticas ou técnicas ou a organismos internacionais de que o Brasil faça parte;
>
> IV – os rendimentos de aluguéis recebidos de pessoas físicas.

Como se vê, os notários e registradores recebem tratamento de *pessoa física* para fins de exigência do Imposto sobre a Renda, sendo tributados como *profissionais autônomos*, sujeitos ao recolhimento mensal obrigatório (o chamado "carnê-leão") e à escrituração de livro-caixa, do mesmo modo que ocorre com o médicos, advogados e outros profissionais liberais tributados na forma de trabalho pessoal. A respeito do tema, confira o posicionamento dos órgãos julgadores administrativos:

> TABELIONATO DE NOTAS E PROTESTOS – OMISSÃO DE RENDIMENTOS RECEBIDOS DE PESSOAS FÍSICAS E JURÍDICAS – Está sujeita ao pagamento mensal do imposto a pessoa física que receber emolumentos e custas dos serventuários da Justiça, como tabeliães, notários e oficiais públicos, independentemente de a fonte pagadora ser pessoa física ou jurídica, exceto quando remunerados exclusivamente pelos cofres públicos. (...).[96]

> NOTÁRIOS. TABELIÃES. OFICIAIS PÚBLICOS. TRIBUTAÇÃO DOS RENDIMENTOS. Os emolumentos e custas dos serventuários da Justiça, como tabeliães, notários e oficiais públicos, independentemente de a fonte pagadora ser pessoa física ou jurídica, exceto quando remunerados exclusivamente pelos cofres públicos, estão submetidos ao carnê-leão. Fundamentação legal: IN SRF n. 15/01.[97]

Semelhante é a disciplina conferida pela legislação previdenciária. Esta determina que o notário e o oficial de registros sejam inscritos na qualidade de contribuintes individuais. Veja-se o disposto no art. 9º do Decreto n. 3.048/99:

> § 15. Enquadram-se nas situações previstas nas alíneas "j"[98] e "l"[99] do inciso V do caput, entre outros:
>
> (...)

---

96. Primeiro Conselho de Contribuintes do Ministério da Fazenda, 4ª Câm., Ac. n. 104-22813, Rel. Cons. Paulo Eduardo da Luz, Sessão de 07/11/2007.

97. SRRF/7ª RF, Decisão n. 136, de 2001.

98. j) quem presta serviço de natureza urbana ou rural, em caráter eventual, a uma ou mais empresas, sem relação de emprego.

99. l) a pessoa física que exerce, por conta própria, atividade econômica de natureza urbana, com fins lucrativos ou não.

> VII – o notário ou tabelião e o oficial de registros ou registrador, titular de cartório, que detêm a delegação do exercício da atividade notarial e de registro, não remunerados pelos cofres públicos, admitidos a partir de 21 de novembro de 1994; (...)
>
> IX – a pessoa física que edifica obra de construção civil;
>
> X – o médico residente de que trata a Lei n. 6.932, de 7 de julho de 1981.

No mesmo sentido, dispõe a Portaria MPAS n. 2.701/95:

> Art. 1º O notário ou tabelião, oficial de registro ou registrador que são os titulares de serviços notariais e de registro, conforme disposto no art. 5º da Lei n. 8.935, de 18 de novembro de 1994, têm a seguinte vinculação previdenciária:
>
> a) aqueles que foram admitidos até 20 de novembro de 1994, véspera da publicação da Lei n. 8.935./94, continuarão vinculados à legislação previdenciária que anteriormente os regia;
>
> b) aqueles que foram admitidos a partir de 21 de novembro de 1994, são segurados obrigatórios do Regime Geral de Previdência Social, como pessoa física, na qualidade de trabalhador autônomo, nos termos do inciso IV do art. 12 da Lei n. 8.212/91.
>
> Art. 3º Os titulares de serviços notariais e de registro são considerados empresa em relação a segurado que lhe preste serviço na condição de empregado, nos termos do art. 15 da Lei n. 8.212/91, sendo devidas as contribuições para a seguridade de que trata a referida Lei.
>
> Parágrafo único. Os titulares de serviços notariais e de registro, embora pessoas físicas, que em virtude de suas atribuições estão obrigados ao registro no Cadastro Geral de Contribuintes do Ministério da Fazenda-CGC, identificar-se-ão junto ao Instituto Nacional do Seguro Social-INSS pela aposição do número do CGC nas guias de recolhimento, e os demais, dispensados deste, farão a sua identificação pelo número que será fornecido pelo INSS por ocasião da matrícula do contribuinte, naquela Autarquia.

A Orientação Normativa MPAS/SPS n. 8/97 segue a mesma linha de raciocínio:

> 5. São segurados obrigatórios da previdência social as seguintes pessoas físicas:
>
> a) o empregado;
>
> b) o empregado doméstico;
>
> c) o empresário;
>
> d) o trabalhador autônomo;
>
> e) o equiparado a trabalhador autônomo;
>
> f) o trabalhador avulso;
>
> g) o segurado especial.
>
> (...)
>
> 5.4. É considerado trabalhador autônomo:
>
> a) aquele que presta serviço de natureza urbana ou rural em caráter eventual a uma ou mais empresas, sem relação de emprego;
>
> b) aquele que exerce, por conta própria, atividade econômica de natureza urbana, com fins lucrativos ou não.
>
> 5.4.1. São trabalhadores autônomos, dentre outros:
>
> (...)
>
> h) o notário ou tabelião e o oficial de registros ou registrador, titular de cartório, que detêm a delegação do exercício da atividade notarial e de registro, não remunerados pelos cofres públicos, admitidos a partir de 21 de novembro de 1994; (destaquei).

Evidencia-se, com isso, que o sistema do direito positivo confere aos notários e registradores o *status* de prestador de serviço autônomo, cuja atividade é regulamentada por lei. Trata-se, portanto, de profissional liberal, necessitando de um diploma de bacharel em direito que o habilite para o exercício de suas atividades, bem como respondendo de forma pessoal pelos danos que eventualmente venha a causar.

9. A BASE DE CÁLCULO NA TRIBUTAÇÃO DOS SERVIÇOS PRESTADOS PELOS NOTÁRIOS E OFICIAIS DE REGISTRO PÚBLICO

Como demonstrado, os notários e oficiais de registro público prestam serviços na forma de trabalho pessoal. Tanto é assim que a legislação do Imposto sobre a Renda equipara os emolumentos à remuneração da pessoa física, possuindo a mesma natureza jurídica, por exemplo, dos honorários dos advogados e médicos, os quais são tributados na forma de trabalho pessoal. Semelhante é o tratamento conferido pela legislação previdenciária. E os Diplomas Normativos que regulamentam essa atividade também não deixam margem a dúvidas quanto ao caráter pessoal do serviço executado por tais sujeitos.

Diante de tais fatores, é inconcebível pretender tributar os notários e oficiais de registro de forma distinta dos demais contribuintes de profissão legalmente regulamentada, que prestam serviços personalíssimos. Esse é um imperativo decorrente do princípio da isonomia tributária.

O princípio da isonomia está contido na formulação expressa dos artigos 5º, caput[100], e 150, II[101], da Constituição da República e reflete uma tendência axiológica de extraordinária importância. Tal princípio é dirigido precipuamente ao próprio legislador (aqui compreendido na proporção semântica mais abrangente possível, isto é, os órgãos da atividade legislativa e todos aqueles que expedirem normas dotadas de juridicidade),

100. Art. 5º. Todos são iguais perante a lei, sem distinção de qualquer natureza, garantindo-se aos brasileiros e aos estrangeiros residentes no País a inviolabilidade do direito à vida, à liberdade, à igualdade, à segurança, e à propriedade, (...) .

101. Art. 150. Sem prejuízo de outras garantias asseguradas ao contribuinte, é vedado à União, aos Estados, ao Distrito Federal e aos Municípios: (...) II.- instituir tratamento desigual entre contribuintes que se encontrem em situação equivalente (...).

que, desempenhando suas funções, devem implementar a isonomia constitucionalmente prevista.

No tocante ao direito tributário, o princípio da igualdade tem por fim a garantia de uma tributação justa. Evidente que isso não significa que as leis tributárias devam lidar com todas as pessoas do mesmo modo, mas, sim, elas devem dar tratamento idêntico aos sujeitos que se encontrem em situações que se possa tomar por iguais. Logo, é conferido à lei tributária desigualar situações, atendendo às peculiaridades de categorias de contribuintes, mas somente quando houver uma relação imanente entre o elemento distintivo e o regime conferido aos que estão incluídos na classe diferençada.

Sobre o tema, Celso Antônio Bandeira de Mello se manifesta:

> há ofensa ao preceito constitucional da isonomia quando (...) a norma atribui tratamentos jurídicos diferentes em atenção a fator de discrímen adotado que, entretanto, não guarda relação de pertinência lógica com a disparidade de regimes outorgados (...) a norma supõe relação de pertinência lógica existente em abstrato, mas o discrímen estabelecido conduz a efeitos contrapostos ou de qualquer modo dissonantes dos interesses prestigiados constitucionalmente.[102]

Enfim, na seara tributária, o princípio da isonomia é ferido quando o tratamento diverso, dispensado pelo legislador a várias pessoas, não encontra um motivo razoável. É imperativo, portanto, que aos notários e registradores seja conferida disciplina tributária semelhante à dos demais prestadores de serviço em caráter pessoal. Aliás, os notários e registradores são profissionais do direito, motivo pelo qual hão de ser tributados de forma semelhante àqueles outros integrantes dessa categoria, como é o caso dos advogados.

---

102. *Conteúdo Jurídico do Princípio da Igualdade,* 3ª ed. São Paulo: Malheiros, 1993, p. 47.

Da leitura do §1º do art. 9º do Decreto-lei 406/68 conclui-se que toda e qualquer prestação de serviços sob a forma de trabalho pessoal, tal como ocorre com os notários e registradores, estão sujeitos ao regime diferençado de tributação do ISS, mediante o qual se aplica a alíquota de 5% sobre uma base de cálculo fixa e estabelecida em função da natureza do serviço.

Ora, é claro que, em assim não se entendendo, ofender-se-ia a um dos pilares do nosso ordenamento, qual seja, o princípio da isonomia, uma vez que não é justificada a diferenciação, para efeitos fiscais, de serviços de mesma natureza, utilizando-se como critério de *discrímen* a ocupação profissional ou função exercida, ou mesmo a denominação jurídica dos rendimentos, de direitos recebidos a título de remuneração pelos serviços notariais ou de registro, critérios estes que são vedados expressamente pela legislação vigente para estabelecimento de tratamento diferençado entre os contribuintes da exação. Em síntese, tributar o notário ou oficial registrador diferentemente dos contadores, médicos e advogados seria ferir o princípio constitucional da isonomia.

Em razão disso, a base de cálculo do imposto municipal não pode, no caso dos notários e registradores, consistir no valor recebido pela prestação de serviços. O §1 º do art. 9º do Decreto-lei n. 406/68 impõe que o cálculo desse tributo seja feito mediante a aplicação da alíquota sobre valores fixos, estabelecidos em função da natureza do serviço ou de outros fatores pertinentes.

Vale anotar que o art. 9º, § 1º, do Decreto-lei n. 406/68, ao prescrever tributação diferenciada para os prestadores de serviço na forma de trabalho pessoal, tem por objetivo impedir a duplicidade de incidência tributária sobre os mesmos valores, evitando, com isso, a sobrecarga tributária dessa categoria profissional.

Percebendo o perigo da superposição de incidências, o legislador nacional houve por bem estabelecer, no § 1º do art. 9º do Decreto-lei 406/68, que para determinar a base de cálculo do imposto municipal considerar-se-ia a natureza do serviço e outros fatores pertinentes, neste não compreendida a importância paga a título de remuneração do próprio trabalho, ou seja, o preço do serviço. Tal se dá em virtude de essa remuneração do trabalho pessoal já ser tributada pelo Imposto sobre a Renda, de competência da União. Assim determinando, o legislador nacional evitou a dupla tributação sobre um mesmo rendimento, delimitando a competência de dois entes tributantes: o Município e a União. É o que esclarece Bernardo Ribeiro de Moraes, em texto publicado à época da edição do Decreto-lei n. 406/68:

> A preocupação da douta comissão especial de reforma tributária era a de que a base imponível do ISS não fosse 'a receita bruta real ou presumida' do contribuinte. Isto para evitar uma superposição de impostos (ISS e IR) sobre a receita bruta das entidades prestadoras de serviços.[103]

Esse também é o entendimento da Primeira Turma do Egrégio Supremo Tribunal Federal, como se depreende do voto do Relator, Excelentíssimo Ministro Xavier de Albuquerque, no julgamento do Recurso Extraordinário n. 88.210/RS:

> Ora, se o serviço de contador, ainda mesmo quando prestado por sociedade de profissionais – pessoa jurídica já se vê, ou entidade empresarial -, pode sofrer a incidência do ISS pela modalidade favorecida, e não com base na receita bruta, não vejo razão para que também não a mereça o mesmo serviço, quando prestado por contabilista que mantenha escritório unipessoal, embora utilizando o concurso de auxiliares assalariados. O mais que pode ocorrer, se o contabilista assalariar outro ou outros profissionais da mesma categoria, é a multiplicação da incidência tributária, sempre na referida modalidade privilegiada, pelo número

103. Bernardo Ribeiro de Moraes, Imposto de Renda e de Serviços e Representação Comercial Autônoma. *Revista de Direito Público 14:397*, 1970, p. 538.

> de profissionais prestadores do serviço. É precisamente o que acontece com as sociedades que utilizam profissionais estranhos ao seu quadro social, quer sejam seus empregados, quer não o sejam.

Caso não houvesse essa tributação diferenciada, conforme prescrito pelo art. 9º, § 1º, do Decreto-lei n. 406/68, ter-se-ia indevida "multiplicação de incidências tributárias" sobre uma mesma base econômica, visto que os notários e registradores estão obrigados a recolher o Imposto sobre a Renda com base nos valores recebidos a título de remuneração do trabalho (emolumentos):

> TITULARES DE CARTÓRIOS. TRITUTAÇÃO. As importâncias relativas a emolumentos e custas dos serventuários da justiça, como tabeliães e notários, ainda que divergentes de tabela de preços aprovada pelo Tribunal de Justiça, serão tributadas pelos valores percebidos, escriturados em livro-caixa e comprovados mediante documentação idônea. Fundamentação legal: arts. 38 e 47 do RIR/94; Lei n. 8.134/90, art. 6º, § 2º. (SRRF/3ª RF, Decisão n. 1, de 1999).

Por mais essas razões, quando ocorrer a prestação de serviços na forma de trabalho pessoal do contribuinte, a base de cálculo do ISS não pode consistir ou ter por fator de fixação os valores dos emolumentos percebidos.

10. DAS RESPOSTAS AOS ITENS LEVANTADOS

Regresso aos quesitos propostos no início deste trabalho para, fundado nas considerações até aqui desenvolvidas, enfrentá-los clara e objetivamente.

1. Há incompatibilidade entre o § 1º do art. 9º do Decreto-lei n. 406/68, que disciplina a tributação do serviço prestado em caráter pessoal, e a Lei Complementar n. 116/03? O mencionado § 1º do art. 9º continua em vigor?

Não há incompatibilidade alguma entre o § 1º do art. 9º do Decreto-lei n. 406/68 e a Lei Complementar n. 116/03. A contradição entre normas, acarretando a chamada "revogação tácita", é verificada apenas quando se estabelecer relação formal antagônica entre enunciados da mesma valência. Assim, para que pudéssemos falar em revogação tácita, precisaríamos, por exemplo, de (i) um enunciado que permitisse a prática de certo ato e de (ii) outro que proibisse essa mesma prática.

Feitos esses esclarecimentos, é evidente a inexistência de contradição entre o § 1º do art. 9º do Decreto-lei n. 406/68 e qualquer dos dispositivos veiculados pela Lei Complementar n. 116/03. A legislação superveniente nada prescreve a respeito da forma de tributação dos serviços prestados sob a forma de trabalho pessoal do próprio contribuinte. A Lei Complementar, em seu art. 7º, manteve a regra geral, no sentido de que a base de cálculo do imposto é o preço do serviço, e indicou, nos parágrafos 1º e 2º, algumas regras especiais relativas à quantificação do tributo, aplicáveis à locação, sublocação, arrendamento, direito de passagem ou permissão de uso, compartilhado ou não, de ferrovia, rodovia, postes, cabos, dutos e condutos de qualquer natureza (item 3.04) e aos serviços de construção civil relacionados nos itens 7.02 e 7.05 da lista de serviços anexa. Não fez qualquer referência, porém, às regras especiais já existentes, constantes dos parágrafos 1º e 3º do Decreto-lei n. 406/68.

A simples leitura desse artigo permite concluir que não há incompatibilidade entre o art. 7º da Lei Complementar n. 116/03 e o § 1º do art. 9º do Decreto-lei n. 406/68. O *caput* do art. 7º reproduz, exatamente, a prescrição veiculada pelo *caput* do art. 9º do Decreto-lei n. 406/68, sem nenhuma alteração ou contradição. Acrescenta apenas, em seus parágrafos 1º e 2º, novas exceções, além daquelas já veiculadas no Decreto-lei n. 406/68 e que não foram objeto de modificação ou supressão.

Convém registrar, ainda, que o fato de a Lei Complementar n. 116/03 dispor sobre o ISS de modo geral não significa que as disposições especiais contidas no art. 9º do Decreto-lei n. 406/68 tenham sido revogadas. Nem se alegue que a nova lei teria revogado inteiramente a matéria de que tratava a lei anterior, ou seja, o ISS. Notadamente, não o fez. Tanto que, ao indicar os dispositivos revogados, limitou-se a alguns artigos e diplomas legais sem, em momento algum, aludir ao art. 9º ou a seu parágrafo 1º. Trata-se de norma geral que, nos termos do art. 2º, § 2º, da Lei de Introdução ao Código Civil, não tem o condão de prevalecer sobre norma especial, já que com ela não é incompatível.

Configurando disposição jurídica de caráter excepcional, o § 1º do art. 9º do Decreto-lei n. 406/68 subsiste após a edição da Lei Complementar n. 116/03, não sendo com ela incompatível. Esse dispositivo continua em vigor. Tem-se (i) a *regra geral* constante do *caput* do art. 7º da Lei Complementar n. 116/03, aplicável a todos os contribuintes que não apresentam particularidades consideradas relevantes, em que se toma como base de cálculo do ISS o preço do serviço; e (ii) a *regra especial*, relativa aos contribuintes que prestem serviços sob a forma de trabalho pessoal, caso em que o imposto será calculado nos termos do § 1º do art. 9º do Decreto-lei n. 406/68.

2. Tendo em vista a pessoalidade com que o Poder Público outorga a delegação para o exercício das funções de notário e oficial registrador, é correto afirmar que prestam eles serviços em caráter pessoal?

Perfeitamente. A pessoalidade na outorga da delegação para o exercício das atividades de notário e oficial de registro público implica prestação de serviço sob a forma de trabalho pessoal. Não faz senso cogitar da possibilidade de haver trabalho impessoal se o requisito para a própria prestação do serviço é a pessoalidade com que se opera a outorga de delegação pelo Poder Público.

Além disso, a Lei n. 8.935/94 confirma, em diversas oportunidades, o caráter personalíssimo da prestação dos serviços notariais e de registro. Em seu art. 3º, por exemplo, alude ao ato do notário ou registrador, atribuindo-lhe fé pública. Nesse mesmo dispositivo, prescreve serem eles "profissionais do direito". Ora, a menção ao vocábulo "profissional" indica, por si só, que a atividade há de ser exercida, necessariamente, por pessoa física. Ainda, há a exigência de que se trate de profissional do direito, abrangendo categoria em que se incluem os advogados, juízes, promotores, delegados e demais profissionais da área jurídica, os quais necessitam ser graduados em Direito por instituição de ensino superior reconhecida pelo Ministério da Educação e Cultura.

O art. 14 da Lei n. 8.935/94, por sua vez, relaciona uma série de requisitos pessoais necessários para o exercício dessa atividade profissional, sendo imprescindível, dentre outros caracteres pessoais, conhecimento intelectual específico, devidamente comprovado mediante concurso público de provas e títulos e diploma de Bacharel em Direito.

Com suporte nessa legislação, verifica-se que a atividade dos notários e registradores demanda formação intelectual específica, o que, como anotei no desenvolvimento deste estudo, consiste em uma das características do trabalho pessoal.

3. É pessoal a responsabilidade dos notários e registradores pelos atos praticados nas serventias das quais são titulares?

Sim. A responsabilidade pessoal dos notários e registradores pelos atos praticados nas serventias de que são titulares é enunciada no art. 236 da Constituição da República e confirmada pelo art. 21 da Lei n. 8.935/94.

É preciso esclarecer, também, que o fato de existirem escreventes e auxiliares como empregados, conforme facultado pelo art. 20 da Lei n. 8.935/94, não descaracteriza a prestação do serviço sob a forma de trabalho pessoal do próprio contribuinte. Isso porque, conforme prescreve o art. 21 desse Diploma Normativo, a responsabilidade dos notários e registradores é sempre pessoal e exclusiva. Sobre o assunto, já decidiu o Superior Tribunal de Justiça que, apesar de os notários e oficiais de registro poderem contratar empregados, isso não exclui sua responsabilidade pessoal.

Nos termos do art. 22 da Lei n. 8.935/94, os notários e registradores respondem pessoalmente pelos danos que eles e seus prepostos causarem a terceiros, na prática dos atos próprios da serventia, reiterando, com isso, sua responsabilidade. Até mesmo na esfera tributária esses profissionais respondem pelos débitos decorrentes dos atos em que intervierem ou pelas omissões de que forem responsáveis, conforme previsto pelo art. 134, VI, do CTN.

4. Qual o tratamento jurídico conferido aos notários e oficiais registradores pela legislação do Imposto sobre a Renda? E pela legislação previdenciária?

Tanto a legislação do Imposto sobre a Renda como a legislação previdenciária consideram os notários e registradores profissionais autônomos que prestam serviços como pessoa física, respondendo pessoalmente por seus atos. Os arts. 45 e 106 do Decreto n. 3.000/99, por exemplo, conferem aos notários e registradores o mesmo tratamento dispensado aos profissionais liberais que exercem trabalho não-assalariado, como é o caso dos médicos e advogados.

Semelhante é a disciplina conferida pela legislação previdenciária. Esta determina que o notário e o oficial de registros sejam inscritos na qualidade de contribuintes individuais, conforme se depreende do disposto no art. 9º, § 15, do Decreto n. 3.048/99, arts. 1º e 3º da Portaria MPAS n. 2.701/95 e item 5.4.1, alínea "h", da Orientação Normativa MPAS/SPS n. 8/97.

5. Em termos de tributação do ISS, os Municípios devem dispensar aos notários e oficiais registradores o mesmo tratamento dispensado aos demais prestadores de serviço em caráter pessoal, como é o caso dos advogados e médicos? A exigência do imposto municipal com base no valor bruto dos emolumentos percebidos representa violação ao princípio constitucional da isonomia?

As respostas às indagações anteriores permitem concluir que o sistema do direito positivo confere aos notários e registradores o *status* de prestador de serviço autônomo, cuja atividade é regulamentada por lei. Trata-se, portanto, de profissional liberal, necessitando de diploma de Bacharel em Direito que o habilite para o exercício de suas atividades e respondendo pessoalmente pelos danos que eventualmente venha a causar. Tanto é assim que a legislação do Imposto sobre a Renda equipara os emolumentos à remuneração da pessoa física, possuindo a mesma natureza jurídica, por exemplo, dos honorários dos advogados e médicos, os quais são tributados na forma de trabalho pessoal.

Diante de tais fatores, é inconcebível pretender tributar os notários e oficiais de registro público de forma distinta dos demais prestadores de serviços de profissão legalmente regulamentada, que atuam em caráter personalíssimo. Esse é um imperativo decorrente do princípio da isonomia tributária, pois não se admite que o legislador trate de modo diferente os contribuintes que prestem serviços de natureza semelhante.

Necessário se faz, portanto, que aos notários e registradores seja conferida disciplina tributária igual à dos demais prestadores de serviço em caráter pessoal. Aliás, os notários e registradores são profissionais do direito, motivo pelo qual não tem cabimento fazer distinção entre tais sujeitos. Eventual pretensão dos Municípios de tomar como base de cálculo do ISS o valor bruto dos emolumentos percebidos representa nítida violação ao princípio da isonomia.

6. Considerando que o valor líquido apurado em livro caixa pelos notários e oficiais registradores constitui a base de cálculo do Imposto sobre a Renda, é autorizado aos Municípios tomarem esses mesmos valores para fins de exigência do ISS?

Ao erigir o art. 9º, § 1º, do Decreto-lei n. 406/68, prescrevendo tributação diferençada para os prestadores de serviço na forma de trabalho pessoal, o legislador teve por objetivo impedir a duplicidade de incidência tributária sobre os mesmos valores, evitando, com isso, a sobrecarga tributária dessa categoria profissional.

Percebendo o perigo da superposição de impostos, o legislador nacional houve por bem estabelecer, no § 1º do art. 9º do Decreto-lei n. 406/68, que para fins de determinar a base de cálculo do imposto municipal considerar-se-ia a natureza do serviço e outros fatores pertinentes, neste não compreendida a importância paga a título de remuneração do próprio trabalho, ou seja, o preço do serviço. Tal se dá em virtude de essa remuneração do trabalho pessoal já ser tributado pelo Imposto sobre a Renda, de competência da União. Assim determinando, o legislador nacional evitou a dupla tributação sobre um mesmo rendimento, delimitando a competência de dois entes tributantes: o Município e a União.

Caso não houvesse essa tributação diferençada, conforme prescrito pelo art. 9º, § 1º, do Decreto-lei n. 406/68, ter-se-ia indevida "multiplicação de incidências tributárias" sobre a mesma base econômica, visto que os notários e registradores estão obrigados a recolher o Imposto sobre a Renda com base nos valores recebidos a título de remuneração do trabalho (emolumentos).

Por esses motivos complementares, quando ocorrer a prestação de serviços na forma de trabalho pessoal do contribuinte, a base de cálculo do ISS não pode abranger os valores dos emolumentos percebidos.

ÍNDICE DE QUESTÕES

Tema XIII – AS OPERAÇÕES DE "FACTORING" E O IMPOSTO SOBRE OPERAÇÕES FINANCEIRAS

Tema XIV – PREÇOS DE TRANSFERÊNCIA NO DIREITO TRIBUTÁRIO BRASILEIRO

Tema XV – REORGANIZAÇÃO SOCIETÁRIA EM FACE DAS HIPÓTESES DE INCIDÊNCIA DO PIS E DA COFINS

Análise de hipótese de transferência de bens dos ativos operacionais de uma empresa para a formação do capital de suas subsidiárias

Tema XVII – "CRÉDITO DE ICMS" E "CRÉDITO DE INDÉBITO TRIBUTÁRIO"

Consequências jurídicas desta distinção

Tema XVIII – ICMS IMPORTAÇÃO

Análise segundo as formas de importação "por conta própria" ou "por conta e ordem de terceiro"

Tema XX – CRITÉRIO ESPACIAL E SUJEIÇÃO ATIVA NO ICMS INCIDENTE NAS ATIVIDADES DE TV POR ASSINATURA

Tema XXI – TRIBUTAÇÃO SOBRE A PROPRIEDADE DE BEM IMÓVEL

Algumas considerações sobre as regras-matrizes do IPTU e do ITR

Tema XXII – IMPOSTO SOBRE SERVIÇOS DE QUALQUER NATUREZA

Delimitação dos serviços tributáveis pelos municípios

RR DONNELLEY

IMPRESSÃO E ACABAMENTO
Av Tucunaré 299 - Tamboré
Cep. 06460.020 - Barueri - SP - Brasil
Tel.: (55-11) 2148 3500 (55-21) 3906 2300
Fax: (55-11) 2148 3701 (55-21) 3906 2324

IMPRESSO EM SISTEMA CTP